人民法院案例选

CHINA LAW REPORT

2024年 第9辑 总第199辑

最高人民法院中国应用法学研究所 / 编

人民法院出版社

图书在版编目（CIP）数据

人民法院案例选. 2024年：总第199辑 / 最高人民
法院中国应用法学研究所编. -- 北京：人民法院出版社，
2025. 3. -- ISBN 978-7-5109-4421-5

Ⅰ. D920.5

中国国家版本馆CIP数据核字第2025FY3158号

人民法院案例选　2024 年第 9 辑（总第 199 辑）

最高人民法院中国应用法学研究所　编

责任编辑	陈晓璇
出版发行	人民法院出版社
地　　址	北京市东城区东交民巷 27 号（100745）
电　　话	（010）67550520（责任编辑）　　67550558（发行部查询）
	65223677（读者服务部）
客 服 QQ	2092078039
网　　址	http：//www.courtbook.com.cn
E - mail	courtpress@sohu.com
印　　刷	河北鑫兆源印刷有限公司
经　　销	新华书店
开　　本	787 毫米×1092 毫米　1/16
字　　数	315 千字
印　　张	15.5
版　　次	2025 年 3 月第 1 版　2025 年 3 月第 1 次印刷
书　　号	ISBN 978 - 7 - 5109 - 4421 - 5
定　　价	66.00 元

《人民法院案例选》
编审委员会

出版说明

"一个案例胜过一打文件。"案例是司法状况的真实反映，是法官智慧和经验的凝结，是法学研究和法治宣传的生动教材。《人民法院案例选》创办于 1991 年，以新近裁判生效案例为主要刊载对象，是最高人民法院最早的案例研究连续出版物，也是我国改革开放以后出版时间最早、延续时间最长、出版册数最多的案例研究书籍。自创办以来，《人民法院案例选》始终坚持"反映审判面貌，交流司法经验，启发办案思考，促进理论提升"的编选方针，从一个侧面真实记载了人民法院审判工作的发展轨迹，展示了不同时期人民法院审判工作的特点和取得的巨大成就，受到了学术界与实务界的普遍关注和喜爱，在全国法院、社会各界乃至国际上都产生了广泛影响，取得了良好声誉，得到了广泛认可，成为中国应用法学研究所乃至最高人民法院的品牌性连续出版物。

《人民法院案例选》包括"案例精析"和"专题策划"两大版块，以"案例精析"为主要部分。主要特点有二：一是以最新司法实务中的前沿、典型、疑难案件为主要刊载对象，及时反映司法实践中出现的前沿、热点、疑难问题，集中体现人民法院对上述案件在证据采信、事实认定、裁判形成以及说理论证、矛盾纠纷源头预防多元化解等方面的最新探索成果。与人民法院案例库、指导性案例相比，案例选更多关注一线法官们对前沿、典型、疑难乃至争议性案件的司法探索和理论思考,不仅是各级法院法官展现司法智慧、交流探索司法经验的良好平台,也是人民法院案例库、指导性案例的重要来源,可为人民法院案例库及时发现、提供并积累更多鲜活的案例素材。二是内容相对齐全,重点相对突出。每个案例包括正副标题、关键词、裁判要旨、相关法条、案件索引、基本案情、裁判结果、裁判理由、案例注解九个部分,与案件相关的内容较为齐全,其中案例注解部分为重点和核心。案例注解一般由案件承办法官亲自撰写,或聚焦案件中争议的法律问题,或专注于裁判方法和理念的阐释,是办案法官对裁判结果的理论证成和内心确信的逻辑展示,是对裁判要旨、裁判理由或者裁判背景的理论解析和政策说明,是法官办案时深刻思考、灵光闪现抑或困惑纠结、反复权衡的真切记载,对于启发读者思考,特别是类案办理者的思考,具有重要的参考、启发、借鉴作用。

《人民法院案例选》三十多年的发展和影响力的不断扩大,得益于广大读者和法官的大力支持和厚爱,我们表示衷心的感谢。由于水平有限,刊物在编辑过程中存在的不当之处,敬祈批评指正。

编　者

二〇二四年十月

目录 / CONTENTS

二、案例精析

刑　事

民　事

商　事

知识产权

行政与国家赔偿

一、专题策划·保险合同纠纷专题

【编者按】 近年来，保险合同纠纷案件总量持续保持高位，思考如何使保险制度在维护社会经济秩序稳定、保障人民群众生命财产安全、促进就业中发挥更大作用，显得尤其重要。当前，实体经济新业态迅速发展，既需要对保险合同纠纷中传统意义上的格式合同、保险主体、保险利益、保险标的在不同类型案件下如何认定予以思考，也需要对新就业形态下外卖平台骑手造成交通事故致损、刑民交叉保险纠纷司法救济等新型案件予以关注。特别是在"民法典时代"背景下，正确认定赔偿责任主体不仅关系权利人的生命财产安全，也关系保险业的良性、可持续发展。本专题策划围绕保险合同纠纷在审判实践中的一些法律适用问题，选取的案例从多个视角对保险合同责任认定进行了全面深入的分析，为类似案件办理提供了可资借鉴的裁判思路和规则启示，具有参考价值和理论指导意义。

某石油公司诉王某某、某物流公司等公路货物运输合同纠纷案

——任意责任保险中被保险人怠于请求支付保险金，第三者可否直接向保险人主张权利

关键词：民事　利他合同　合同相对性　责任保险　怠于请求

【裁判要旨】

责任保险的性质是利他合同，故在任意责任保险合同中，受害第三者基于合同约定可直接向保险人主张保险金赔偿。在有充分证据能够证明被保险人责任确定的情形下，被保险人不履行赔偿责任，且第三者以保险人为被告或者以保险人与被保险人为共同被告提起诉讼时，被保险人尚未向保险人提出直接向第三者赔偿保险金的请求的，可直接判决由保险人向第三者支付保险金。

【相关法条】

《中华人民共和国民法典》

第五百二十二条第二款　法律规定或者当事人约定第三人可以直接请求债务人向其履行债务，第三人未在合理期限内明确拒绝，债务人未向第三人履行债务或者履行债务不符合约定的，第三人可以请求债务人承担违约责任；债务人对债权人的抗辩，可以向第三人主张。

《中华人民共和国保险法》

第六十五条第二款　责任保险的被保险人给第三者造成损害，被保险人对第三者应负的赔偿责任确定的，根据被保险人的请求，保险人应当直接向该第三者赔偿保险金。被保险人怠于请求的，第三者有权就其应获赔偿部分直接向保险人请求赔偿保险金。

《最高人民法院关于适用〈中华人民共和国民法典〉合同编通则若干问题的解释》

第二十九条第一款 民法典第五百二十二条第二款规定的第三人请求债务人向自己履行债务的，人民法院应予支持；请求行使撤销权、解除权等民事权利的，人民法院不予支持，但是法律另有规定的除外。

《最高人民法院关于适用〈中华人民共和国保险法〉若干问题的解释（四）》

第十四条 具有下列情形之一的，被保险人可以依照保险法第六十五条第二款的规定请求保险人直接向第三者赔偿保险金：

（一）被保险人对第三者所负的赔偿责任经人民法院生效裁判、仲裁裁决确认；

（二）被保险人对第三者所负的赔偿责任经被保险人与第三者协商一致；

（三）被保险人对第三者应负的赔偿责任能够确定的其他情形。

前款规定的情形下，保险人主张按照保险合同确定保险赔偿责任的，人民法院应予支持。

第十五条 被保险人对第三者应负的赔偿责任确定后，被保险人不履行赔偿责任，且第三者以保险人为被告或者以保险人与被保险人为共同被告提起诉讼时，被保险人尚未向保险人提出直接向第三者赔偿保险金的请求的，可以认定为属于保险法第六十五条第二款规定的"被保险人怠于请求"的情形。

【案件索引】

一审：山东省东营市垦利区人民法院（2022）鲁 0505 民初 2335 号（2022 年 12 月 10 日）

二审：山东省东营市中级人民法院（2023）鲁 05 民终 876 号（2023 年 4 月 24 日）

【基本案情】

原告某石油公司诉称：2022 年 1 月 19 日，被告王某某、某物流公司承运原告的 32.1 吨甲醇，货款和运费合计 76077 元；车辆在运输过程中发生交通事故，导致货物全部损毁。被告王某某、某物流公司在被告丙保险公司投保危险货物道路运输承运人责任保险。请求法院判令：王某某、某物流公司、丙保险公司赔偿原告货物损失及运费 76077 元及利息。

被告王某某、某物流公司未作答辩。

丙保险公司辩称：本案是公路货物运输合同纠纷，我司和被告某物流公司是保险合同关系，根据合同相对性，我司不向原告承担赔偿责任。

法院经审理查明：某石油公司与某物流公司签订运输合同，约定由某物流公司承运单价 2000 元的甲醇 32.1 吨，运费为 370 元/吨，驾驶员为王某某。该车辆在运输途中发生交通事故，致使货物全部损毁。

某物流公司为承运车辆在丙保险公司购买了道路危险货物承运人责任保险，保险单约定：每次事故绝对免赔额 1000 元或损失金额的 10%，以高者为准。事故发生于保险期间内。

【裁判结果】

山东省东营市垦利区人民法院于 2022 年 12 月 10 日作出（2022）鲁 0505 民初 2335 号民事判决：一、丙保险公司于本判决生效之日起 10 日内在承运人责任保险限额内向某石油公司支付货物损失 57780 元。二、王某某、某物流公司于本判决生效之日起 10 日内向某石油公司赔偿货物损失 6420 元并支付利息损失（计算方式：以货物损失 64200 元为基数，从起诉之日即 2022 年 10 月 10 日起计算至实际清偿之日止，按照全国银行间同业拆借中心公布的贷款市场报价利率计算）。三、驳回某石油公司的其他诉讼请求。

宣判后，丙保险公司提出上诉。山东省东营市中级人民法院于 2023 年 4 月 24 日作出（2023）鲁 05 民终 876 号民事判决：驳回上诉，维持原判。

【裁判理由】

法院生效裁判认为：某石油公司与王某某、某物流公司成立公路货物运输合同关系。涉案运输车辆所载甲醇泄漏，王某某、某物流公司作为承运人应承担违约责任，赔偿原告货物损失 64200 元。原告主张运费 11877 元，因尚未向承运人支付，故不予支持。原告主张利息损失，应以货物损失 64200 元为基数，从本案起诉之日起，按照全国银行间同业拆借中心公布的贷款市场报价利率计算，对于超过部分不予支持。

关于保险公司在本案中是否承担保险责任的问题。依照《保险法》第六十五条的规定，责任保险的保险标的直接指向被保险人对第三者依法应负的赔偿责任，以填补第三者损失为最终目的。据此立法精神，《保险法》预留了责任保险中由保险人向受损第三者直接赔偿保险金的空间。根据承运人责任险的性质以及承运人在此险种中具有的保险利益，本案原告的货物损失最终指向由责任险保险金予以填平。原告诉请承运人承担货物损失，同时就其损失部分向保险人请求赔偿保险金，因其标的具有直接关联性，将涉案运输合同关系中的赔偿责任与承运人责任保险合同关系中的保险责任合并审理并予以确定，具有合理性。鉴于某物流公司在本案运输合同中应承担货物损失64200元，根据保险合同约定，应由丙保险公司在保险限额内向原告支付保险金57780元。对于丙保险公司免赔的6420元，仍由王某某、某物流公司承担。原告主张的运费及利息损失系间接损失，根据保险合同的约定不应由保险公司承担，由王某某及某物流公司承担。

【案例注解】

责任保险设立之初，是为了填补被保险人因需向第三者承担赔偿责任所导致的自身财产损失，因其客观上增强了被保险人的偿付能力，使得该制度具有了保障第三者利益的制度价值。故，责任保险制度在设立之初即具有相当程度的第三者利益属性。在理想状态下，被保险人积极履行义务并及时向保险人索赔达到的终局效果是，保险金填平了第三者的实际损失。因而，现代保险理论认为，在责任保险中，真正的利益相关者是第三者与保险人，被保险人并不会因出现保险事故而产生实质上的损失。责任保险的标的也由传统观念中的被保险人损失转化为被保险人的赔偿责任。基于此种观念上的转变，第三者得依据法律规定或合同约定直接向保险人主张保险金，保险人亦得以在保险合同约定范围内替代被保险人进行抗辩。保险理论的发展带来了三方面的积极意义：一是，作为保险金实际受益者的第三者，避免了因被保险人主观故意或客观不能而无法获得赔偿的风险；二是，责任保险人因具有替代被保险人抗辩的义务，可有效防范被保险人与保险人合谋骗保的风险；三是，第三者直接向保险人行使请求权，可有效简化其求偿程序，节约诉讼成本。但是，面对现实司法实践的需要，传统责任保险理论中的"分离原则"[1] 无法为其提供理论支撑。这一矛盾在任意责任保险合同引发的纠纷中显得尤为突出。[2] 在任意责任保险中，是否承认第三者对保险人的直接请求权？对该制度的解释应如何与《民法典》

---

[1] 责任保险中的分离原则是指：在责任保险的保险人、被保险人、侵权损害的受害第三人之间，存在两个独立的法律关系，即保险人与被保险人之间因保险合同而发生的"保险关系"，被保险人与受害第三人之间因侵权损害而发生的"责任关系"。在保险人与受害第三人之间并不存在任何法律上的权利义务关系。基于债的相对性原理，"保险关系"与"责任关系"应严格加以区分，二者应分别认定，互不影响。

[2] 相较于强制责任保险中的第三者请求权具有法律上的明确规定，任意责任保险中第三者的请求权对被保险人的请求权依附性更高，故在任意责任保险中作为受害人的第三者是否享有对保险人保险金的直接请求权，目前理论界仍有争论。

合同编中的相关规定相协调？现行法律规定中第三者直接请求权的适用条件应当如何理解？上述问题，在理论界及司法实务中尚未有定论。本案最大的争议焦点在于，作为受害人的第三人是否享有向任意责任保险人请求赔偿的直接请求权？如果享有，应当如何行使？该案的审理思路恰为上述问题提供了一种解答思路。

一、任意责任保险中受害人实体请求权的法律性质

（一）现行法律规定

《保险法》第六十五条第一款、第二款涉及受害第三人直接请求权。[①] 理论界存在将《保险法》第六十五条第一款解释为受害人直接请求权的观点。[②]《保险法》第六十五条第二款规定了第三人直接请求权，但对其实际行使规定了被保险人"赔偿责任确定"与"怠于请求"两个限制条件。《最高人民法院关于适用〈中华人民共和国保险法〉若干问题的解释（四）》（以下简称《保险法司法解释四》）第十四条、第十五条分别以列举的方式对上述两个限制条件进行了明确。[③]

从现行法律规定看，《保险法》第六十五条第一款并未明确赋予第三人直接请求权，只是赋予了保险人向受害人或向被保险人给付保险金的选择权。这意味着保险人并不直接对受害人负担义务。《保险法》第六十五条第二款赋予了受害人附条件的直接请求权，第三人直接请求权以"赔偿责任确定"与"被保险人怠于请求"为前提。

可见，我国现行法并未固守传统的"分离原则"，而是"根据实际生活的

---

① 《保险法》第六十五条第一款规定：保险人对责任保险的被保险人给第三者造成的损害，可以依照法律的规定或者合同的约定，直接向该第三者赔偿保险金。第二款规定：责任保险的被保险人给第三者造成损害，被保险人对第三者应负的赔偿责任确定的，根据被保险人的请求，保险人应当直接向该第三者赔偿保险金。被保险人怠于请求的，第三者有权就其应获赔偿部分直接向保险人请求赔偿保险金。

② 参见邹海林：《责任保险论》，法律出版社 1999 年版，第 214 页。

③ 《最高人民法院关于适用〈中华人民共和国保险法〉若干问题的解释（四）》第十四条规定："具有下列情形之一的，被保险人可以依照保险法第六十五条第二款的规定请求保险人直接向第三者赔偿保险金：（一）被保险人对第三者所负的赔偿责任经人民法院生效裁判、仲裁裁决确认；（二）被保险人对第三者所负的赔偿责任经被保险人与第三者协商一致；（三）被保险人对第三者应负的赔偿责任能够确定的其他情形。前款规定的情形下，保险人主张按照保险合同确定保险赔偿责任的，人民法院应予支持。"第十五条规定："被保险人对第三者应负的赔偿责任确定后，被保险人不履行赔偿责任，且第三者以保险人为被告或者以保险人与被保险人为共同被告提起诉讼时，被保险人尚未向保险人提出直接向第三者赔偿保险金的请求的，可以认定为属于保险法第六十五条第二款规定的'被保险人怠于请求'的情形。"

本质要求，遵循体系化的债法原理，规定合同的效力范围"。① 进行这样制度设计的原因在于：责任保险合同与其他一般合同不同，在一般合同当事人未作其他约定的情形下，第三人与合同并无任何关系，合同当事人也并不存在将第三人纳入合同权利义务关系的意思，此时，若突破合同相对性原则，将会剥夺合同当事人基于合同享有的利益。然而在责任保险合同中，受害的第三者并非与责任保险合同无任何关联的第三人，即使严格依照"分离原则"，受害人自被保险人处获得赔偿也是保险金给付义务的触发条件，若承认受害人对保险人的权利，则意味着被保险人债务的减损或消灭，对于被保险人而言，不会产生任何不利，也不会剥夺被保险人的权利。这样看来，反对赋予受害第三者直接请求权的只能是保险人，因为这使得保险人丧失了在被保险人未向受害人赔偿下的抗辩事由。不过，从当事人之间利益衡量的角度看，此种情形下对合同相对性的坚守实质是对责任保险人利益的维护。在对这些个体利益进行衡量时，不应机械地以坚守合同相对性原则为由而置受害第三者利益于不顾。②

（二）《保险法》中第三者实体请求权的法律性质

目前，对于任意责任保险中第三者实体请求权的理论基础，存在"债务加入"理论和"利他合同"理论两种解释。

"债务加入"理论认为，责任保险的保险人与被保险人在面对第三者赔偿请求时，属于并存的债务加入关系。保险人通过收取保费的方式与被保险人签订保险合同，并依据合同约定承诺加入对未来债务的承担中。一旦保险事故发生，上述债务确定，保险人即加入此确定债务的债务承担中。同时，因原债务人即被保险人并不脱离该债务关系，因而上述行为属于并存的债务加入。至此，被保险人和保险人之间对受害人承担连带责任，但在保单承保范围内被保险人承担不真正连带责任，保险人承担的是最终责任。③ 在共同债务加入中，被保险人并不脱离于受害人的债务，故在保单范围之外的债务仍由被保险人承担。这种并存的债务加入关系增加了受害人债权实现的可能性，因此，责任保险合同不需要受害人同意即可对其产生债务承担的效果。④ 在此基础上，受害人作为债权人，享有对保险人的直接请求权，并拥有索赔上的选择权，既可以向被保险人主张债权，也可以向保险人主张保险金给付请求权。

---

① 崔建远：《为第三人利益合同的规格论——以我国〈合同法〉第64条的规定为中心》，载《政治与法律》2008年第1期。

② 杨勇：《任意责任保险中受害人直接请求权之证成》，载《政治与法律》2019年第4期。

③ 朱琴：《责任保险第三人直接请求权规则研究——对〈保险法〉第65条的检讨》，华东政法大学2018年专业学位硕士学位论文。

④ 实际上这也是我国关于合同的相关法律没有规定债务加入需拟制债权人同意的原因。参见杜康：《论债务加入》，载《湖北经济学院学报（人文社会科学版）》2009年第6期。

"利他合同"理论认为，任意责任保险合同属于利他合同，责任保险合同中约定的向第三者直接履行的条款赋予了第三者独立向保险人主张保险金的直接请求权。保险人向第三者履行后，原债务在履行范围内消灭，实质是一种替代被保险人的履行行为。

上述两种理论的本质区别在于，第三者请求权的权利来源不同。在债务加入理论中，实际存在三种基本法律关系：第三者与被保险人之间的债权债务关系（原债务关系）、保险人与被保险人的保险合同关系（债务加入合同）以及保险人向第三者承诺加入原债务的单方允诺（体现为承保条款）。第三者系基于保险人的单方允诺而享有了对保险人的债权，其债权内容以原债务范围为限。① 在此种解释下，任意责任保险产生的法律效果是，保险人与被保险人对第三者承担不真正连带责任。② 因而，在此种理论下，第三者直接请求权并未突破合同相对性。因第三人直接请求权来源于保险人的单方允诺，保险人对第三者的抗辩权仅以债务加入时被保险人对第三者的抗辩权为限，因第三者直接请求权并不来源于保险合同，故保险人不得以保险合同中对抗被保险人的抗辩对抗第三者。在利他合同理论中，第三者直接请求权源自保险合同的约定或法律的直接规定。在此种理论基础下，第三者的直接请求权突破了合同相对性。保险人的抗辩权来源有二：一是基于保险合同中对被保险人的抗辩事由，二是被保险人对第三者的抗辩事由。运用该理论解释任意责任保险合同第三者直接请求权，产生的法律效果是：第三者独立享有对保险人的直接请求权，保险人替代被保险人履行原债务，保险人履行后，原债务与责任保险合同之债同时消灭。但是需注意的一点是，由于第三者不是任意责任保险合同的当事人，第三者取得的仅仅是基于合同产生的请求权，解除权、撤销权等决定合同地位的权利，第三者不得行使。③

笔者认为，任意责任保险第三者直接请求权的理论基础为利他合同。第三者直接请求权的性质为依据保险人与被保险人约定或法律规定而产生的直接针对保险人的保险金请求权。第三者直接请求权的来源是合同约定，保险人代替被保险人向第三者支付保险金后，即产生原债务与保险合同债务消灭的结果。同样，保险人也负担着代替被保险人抗辩的义务，故其得以保险合同和原债权债务关系中的抗辩权对抗第三者。债务加入理论中对保险人抗辩权的限制，违反了公平原则。本案中，某物流公司与某保险公司签订的保险合同中"因合

---

① 陈国军：《债务加入的独立性辩析》，载《政治与法律》2022 年第 12 期。

② 朱琴：《责任保险第三人直接请求权规则研究——对〈保险法〉第 65 条的检讨》，华东政法大学 2018 年专业学位硕士学位论文。

③ 参见最高人民法院民事审判第二庭、研究室编著：《最高人民法院民法典合同编通则司法解释理解与适用》，人民法院出版社 2023 年版，第 336 页。

同约定的意外事故造成车辆上装载的危险货物的毁损、灭失，依照法律应由被保险人承担的经济赔偿责任，保险人按照本保险合同约定负责赔偿"的约定，明确了第三者直接请求权来源于合同约定，符合利益第三人合同的基本构造，虽然突破了合同相对性，却有效地保障了第三者、保险人和被保险人三方的权利，且这种突破严格限制在合同约定和法律规定范围内，亦属适度。因此，笔者认为，某石油公司作为受损害的第三者，有权以保险人某保险公司为被告提起诉讼，本案主体适格。

二、任意责任保险第三者直接请求权的适用条件

《保险法》第六十五条第二款规定了第三者直接请求权的适用条件：一是被保险人对第三者应负的赔偿责任确定，二是被保险人怠于请求。《保险法司法解释四》第十四条、第十五条分别对上述两个适用条件采取列举方式予以明确。但现实中，仍然存在法院以"赔偿责任"尚未确定等理由驳回第三者对保险人的诉讼请求和法院直接根据证据认定被保险人的责任后径直作出由保险人在保险责任范围内向第三者赔偿保险金两种截然相反的判决结果的情况。基于此，明确对"赔偿责任确定"和"怠于请求"两项条件的理解，对统一司法裁判具有重要意义。

（一）关于"赔偿责任确定"的理解

根据《保险法司法解释四》第十四条的规定，被保险人对第三者赔偿责任的确定包括：（1）经人民法院生效裁判、仲裁裁决确认的责任；（2）经被保险人与第三者协商一致认定的责任；（3）被保险人对第三者应负的赔偿责任能够确定的其他情形。对第一项、第二项规定的理解，可操作性较强，在此不再赘述。对于兜底条款，在司法实践中具体适用时，需要结合具体案情，对何种情形属于"其他情形"作出判断，予以适用。兜底条款所规定的其他情形应理解为与前两项情形具有同质性的情形，一般是指有充分证据能够确认被保险人给第三者造成损失的具体数额的情形。

有充分证据证明被保险人责任确定，涉及举证义务和证明标准问题。根据"谁主张，谁举证"原则，在第三者直接请求保险人支付保险金的情形下，第三者为行使向保险人直接请求赔偿保险金的权利，需要承担证明被保险人对其所负赔偿责任确定这一前提条件达成的举证责任。对于证明标准，当事人提交的证据必须达到足以认定赔偿责任数额的确定程度；虽有证据，但不足以使赔偿责任得以确定，则不属于被保险人对第三者应负的赔偿责任确定。实务中仍

应依照民事证据相关规定予以综合认定。① 本案中，原告某石油公司提交的交通事故责任认定书、合同书、保险合同等证据能够证实被告某物流公司所应承担的赔偿责任，故在本案中，法官认定某物流公司对某石油公司所负的赔偿责任已然确定。

（二）关于"怠于请求"的理解

《保险法司法解释四》第十五条规定，被保险人赔偿责任确定后，被保险人不履行赔偿责任，且第三者以保险人为被告或者以保险人与被保险人为共同被告提起诉讼时，被保险人尚未向保险人提出直接向第三者赔偿保险金的请求的，可以认定为"被保险人怠于请求"的情形。该条规定以"可以"表述，可以理解为对被保险人怠于请求情形的不完全列举。对于"怠于请求"的理解，笔者认为可以依据以下方式确定。

1. 关于"怠于"的理解。笔者认为，由于"怠于"是一种不情愿不主动的主观意愿，它通常以被保险人对保险赔偿漠不关心、消极抵触、推诿或者拖延等客观行为来体现。因为主观意愿难以量化，故应当通过审查确定的客观时间区段内，被保险人是否存在"怠于请求"的行为以考量被保险人是否存在"怠于"的心理状态。笔者认为，该时间段应自"保险事故发生后"到"第三者以保险人为被告提起诉讼时"较为妥当。因为一般情况下，第三者在保险事故发生后有证据证明被保险人应负责任时，均会多次要求被保险人进行赔偿，在被保险人明确表示不予赔偿或者推诿拖延的情况下才会向保险人提出赔偿请求，只有在双重请求均无法实现的情况下才向保险人提起诉讼。因此，该时间边界在通常情况下已充分地给予了被保险人向保险人提起索赔请求的合理时间。如果在该时间段内被保险人有积极行为或有正当理由则不构成"怠于"，而若在该时间段内被保险人无积极行为亦无正当理由则构成"怠于"。本案中，从事故发生之日至立案之日已经过去了近 10 个月，被告某物流公司依旧未向保险公司提出索赔请求，应当认定为怠于请求。当然，如果出现了"急不可待"的第三者，未给被保险人提出请求的合理期间就将保险人诉至法院，则法院仍需要在该时间段内审查被保险人是否存在消极推诿等"怠于"的情形，如果被保险人提出了合理正当的理由则不构成"怠于"。

2. 关于"请求"的理解。笔者认为，《保险法》责任保险中对"怠于请求"行为的认定标准应结合《保险法》的相关内容和保险实践要求予以综合考虑。《保险法》中的"怠于请求"应为保险事故发生后被保险人既不积极向受损第三者进行赔偿，又不主动请求和协助保险人对受损第三者进行保险赔偿

---

① 参见最高人民法院民事审判第二庭编著：《最高人民法院关于保险法司法解释（四）理解与适用》，人民法院出版社 2018 年版，第 293~294 页。

的行为，其重点在于被保险人应当且能够请求保险人赔偿保险金，但完全不请求赔偿或迟延索赔。被保险人应当承担已向保险人提出请求、启动了保险理赔程序的证明责任。只要有证据证明被保险人已启动了该程序，则可认定其已向保险人请求。司法实践中，不仅要审查被保险人向保险人提出向第三者理赔请求的初步证据，还应进一步审查被保险人是否提交了理赔所需的资料和证明，保险人是否在30日内向被保险人出具核定结果通知或拒绝给付保险金通知书等，从而综合判定"提出请求"证据的真伪，以及请求行为是否真实发生。①

三、保险人的抗辩权

前文已经提到，任意责任保险合同实质上是一种利他合同，作为保费的对价，保险人基于保险合同的约定应承担替代被保险人抗辩的义务。该抗辩权包含保险人基于保险合同对被保险人的抗辩权和原债务关系中被保险人对第三者的抗辩权。在基于保险合同的抗辩中，被保险人对第三人已确定的赔偿责任，并不一定属于责任保险合同约定的保险责任范围，保险人在承担保险责任之前，仍需审查该赔偿责任即责任保险的保险事故是否属于保险责任范围，责任保险合同是否在有效期内以及是否存在免赔额、免赔率等情况，以最终确定保险责任的承担。《保险法司法解释四》第十四条第二款赋予了保险人主张依照责任保险合同约定确定赔偿责任的权利。

四、关于程序的处理

现实中，不乏生效判决以主体不适格或"被保险人赔偿责任尚未确定，不存在怠于请求"为由驳回第三者对保险人诉讼请求的例子。② 此类判决造成的直接后果就是对一个第三者请求赔偿的案件，法院要处理两起诉讼。这不仅徒增第三者索赔的难度和成本，亦是对司法资源的过度使用。笔者认为，对于第三者请求保险人支付保险费案件，完全可以通过一案审理即告终结。具体理由如下：第一，因任意责任保险合同属于利他合同，第三者拥有对保险人的直接请求权，故第三者得以被保险人为被告提起诉讼；第二，对于"责任确定"的认定，可以第三者有充分证据证明被保险人责任为标准，以截至起诉时被保险人的行为特征判断"怠于履行"的时间区段，只要第三者证据充分，行使直接请求权的条件就不能再成为保险人抗辩的理由；第三，保险人依据保险合同，应当承担代替或协助被保险人抗辩的义务，第三者、保险人、被保险人同

① 王寰瑾：《责任保险项下被保险人"怠于请求"的判断标准》，载LOCC风云控服务中心微信公众号，2024年11月16日访问。
② 参见湖北省石首市人民法院（2017）鄂1081民初771号民事判决书。

时参加诉讼，有利于案件事实的查清；第四，在同一诉中认定被保险人和保险人各自应当承担的责任数额，能够节约司法资源，保障当事人权利。

具体构建程序如下：

当第三者仅起诉被保险人，又有初步证据证明针对该损害存在任意责任保险时，法院应发挥释明权，提示原告或依职权追加诉讼参与人。当原告仅提起侵权之诉或仅与被保险人相关的合同之诉时，应追加任意责任保险保险人作为有独立请求权第三人参加诉讼；当原告提起保险合同之诉时，法院应当追加任意责任保险人作为被告参加诉讼。当原告在保险责任纠纷中仅起诉保险人时，法院应在审查初步证据后，依职权追加被保险人为被告，以防止诉讼程序空转。

总之，本案将任意责任保险制度归于利他合同的理论中进行解释，明确了第三者直接请求权的来源，并通过在此基础上明晰第三者直接请求权的法律适用条件的理解，扫除了在一次诉讼中确定保险责任的司法程序。第三者直接请求权在程序上的简化运用，有助于督促被保险人积极应对赔偿请求，更有利于减轻当事人诉累，更好地促进纠纷公正、高效地实质性化解。

（一审法院独任审判员　孙建平
二审法院独任审判员　王　辉
编写人　山东省东营市垦利区人民法院　薛　艺
责任编辑　李　明
审稿人　刘　敏）

某甲保险公司诉王某某、某乙财险公司等保险人代位求偿权纠纷案

——新就业形态下外卖平台骑手造成交通事故致损的赔偿主体、顺序及金额的司法认定

关键词：民事　保险人代位求偿权　外卖骑手　平台经营者　提示说明义务　保险责任

【裁判要旨】

1. 外卖平台骑手驾驶机动车发生交通事故造成的财产损失，应当先由交强险保险公司在交强险范围内承担保险责任；如投保了机动车商业险，不足部分由机动车商业险承保公司承担保险责任；如仍有不足，由骑手承担赔偿责任。骑手在交通事故发生时系履行职务行为的，应由雇主承担替代责任；如投保了雇主责任险，则雇主的赔偿责任应由承保雇主责任险的保险公司在保险范围内承担保险责任。

2. 互联网投保模式下，雇主责任险保险公司应当根据《保险法》第十七条及《最高人民法院关于适用中华人民共和国保险法若干问题的解释（二）》第十二条就免除责任条款履行提示说明义务，否则该条款对投保人不生效。

【相关法条】

《中华人民共和国保险法》

第十七条　订立保险合同，采用保险人提供的格式条款的，保险人向投保人提供的投保单应当附格式条款，保险人应当向投保人说明合同的内容。

对保险合同中免除保险人责任的条款，保险人在订立合同时应当在投保单、保险单或者其他保险凭证上作出足以引起投保人注意的提示，并对该条款的内容以书面或者口头形式向投保人作出明确说明；未作提示或者明确说明的，该条款不产生效力。

第六十条第一款 因第三者对保险标的的损害而造成保险事故的，保险人自向被保险人赔偿保险金之日起，在赔偿金额范围内代位行使被保险人对第三者请求赔偿的权利。

《最高人民法院关于审理道路交通事故损害赔偿案件适用法律若干问题的解释》

第十三条第一款 同时投保机动车第三者责任强制保险（以下简称交强险）和第三者责任商业保险（以下简称商业三者险）的机动车发生交通事故造成损害，当事人同时起诉侵权人和保险公司的，人民法院应当依照民法典第一千二百一十三条的规定，确定赔偿责任。

【案件索引】

一审：北京市朝阳区人民法院（2022）京 0105 民初 14563 号（2022 年 7 月 28 日）

二审：北京金融法院（2023）京 74 民终 125 号（2023 年 5 月 29 日）

【基本案情】

原告（被上诉人）某甲保险公司诉称：2019 年 11 月 5 日，耿某驾驶 A 号摩托车与王某某驾驶的 B 号二轮摩托车在北京市朝阳区相撞，交管局出具道路交通事故认定书，认定王某某负事故的全部责任。A 号摩托车在某甲保险公司投保了机动车损失保险。事故发生后，某甲保险公司履行了保险义务，支付了修车费用 7 万元，被保险人向某甲保险公司出具了权益转让书。某甲保险公司认为，王某某作为事故责任方应当承担相应的赔偿责任。丙保险公司承保 B 号二轮摩托车交强险，应当在交强险责任限额范围内承担保险责任。事发时，北京某快递公司、某科技公司系王某某的雇主，王某某正在履行职务，其以某科技公司的名义提供外卖送餐服务，某快递公司、某科技公司应当承担赔偿责任。某快递公司为王某某在某乙财险公司投保了雇主责任险，某乙财险公司应当承担相应的保险责任。请求法院判令：（1）判令王某某、某快递公司、某科技公司向某甲保险公司支付保险赔偿款 7 万元；（2）判令丙保险公司在交强险责任限额范围内承担保险责任；（3）判令某乙财险公司在雇主责任险责任范围内承担 5 万元的赔偿责任；（4）本案诉讼费用由王某某、丙保险公司、某快递公司、某科技公司、某乙财险公司负担。

被告（被上诉人）王某某称：认可事故事实和责任划分，对方主张赔偿金额过高，王某某是某网络公司骑手，应当由公司来承担责任。

被告丙保险公司辩称：B 号二轮摩托车在丙保险公司投保交强险，出险时间在保险期间内，诉讼费不属于保险责任。

被告（被上诉人）某快递公司辩称：丙保险公司承保 B 号摩托车交强险，某乙财险公司承保的雇主责任险第三者限额赔偿 5 万元，因此丙保险公司应当赔偿 2000 元，某乙财险公司应当赔偿 5 万元；认可王某某是其员工，认可职务行为，某快递公司承包某网络公司的送餐相关业务，双方是合作关系，某快递公司负责给骑手投保事宜，案涉保险通过平台购买，涉案事故应由丙保险公司、某乙财险公司先行理赔，再由某快递公司赔付。

被告（被上诉人）某科技公司辩称：某科技公司作为被告主体不适格，应当予以驳回。某科技公司系网络平台经营者，仅为商户和用户提供交易平台的网站，并不参与实际商业行为，并非交易主体；某快递公司负责在约定的配送区域内进行配送服务及运营工作，某快递公司配送服务人员及其他人员与某科技公司不存在任何劳动、劳务或者劳动派遣关系，某快递公司配送服务人员在配送过程中出现的任何用工问题，包括但不限于工伤、意外事故、交通事故、对第三方造成侵权等均由某快递公司自行承担。

被告（上诉人）某乙财险公司辩称：某快递公司为王某某投保了雇主责任险，其中第三者财产损失限额为 5 万元，财产损失享有 300 元免赔额。根据保险条款，因王某某具有驾驶机动车的行为，属于保险条款的责任免除范围，因此某乙财险公司不应当承担赔偿责任。

法院经审理查明：2019 年 11 月 5 日，在北京市朝阳区，王某某驾驶 B 号二轮摩托车由东向西遇红灯掉头向东行驶，耿某驾驶的 A 号普通二轮摩托车由西向东遇放行信号行驶，王某某车前部与耿某车左侧相接触，造成两车损坏，王某某受伤。交通管理部门认定王某某负事故全部责任，耿某无责任。A 号摩托车在某甲保险公司处投保了机动车损失险，被保险人为耿某，案涉交通事故发生在保险期间内。事故发生后，耿某将 A 号摩托车进行维修并就其车损向某甲保险公司索赔，某甲保险公司于 2020 年 4 月 14 日赔偿耿某 7 万元车辆维修费，耿某出具了权益转让书。

王某某驾驶证准驾车型为 D，其所驾驶 B 号二轮摩托车交强险承保公司为丙保险公司。某科技公司为某网络公司外卖平台的经营者，某快递公司为王某某的雇主。事故发生时，王某某正在配送某网络公司的外卖。

某快递公司作为投保人向某乙财险公司投保雇主责任（1999 版）附加第三者责任保险，某乙财险公司出具《中小微企业"金福保"组合保险框架保险单（电子保单）》（以下简称《保险单》），保险金额 65 万元，保险期间自 2019 年 11 月 5 日 5 时起至 2019 年 11 月 6 日 2 时止，被保险人为某快递公司。保单特别约定：在保险期间内被保险人及其指定的雇员在中国境内为"某公司""某公司外卖"提供配送服务的过程中发生意外事故（包括交通事故），造成第三者人身伤亡或财产损失，对依照中国法律应由被保险人承担的经济赔偿责任，某乙财险公司依照本保险合同约定负责赔偿，第三者财产损失赔偿限额为5万元，第三者财产损失每次事故免赔额为300元，雇主责任险雇员清单列明王某某。

某乙财险公司提交《雇主责任保险条款附加险条款》、雇主责任险投保流程图、某网络公司网络投保流程视频，欲证明涉案保险采取网上投保方式，保险种类、承保范围、条款等在某网络公司保险网上进行展示，投保人需阅读保险说明和条款后才能进行购买且每天进行投保，某乙财险公司已经对免责条款尽到了提示说明义务。《雇主责任保险条款附加险条款》中的责任免除条款一节加粗加黑载明，下列责任保险人不负责赔偿：被保险人工作人员因驾驶各种机动车辆造成第三者人身伤亡或财产损失所引起的赔偿责任。经法庭查询，前述《保险单》、投保流程及某网络公司网络投保流程视频中，均无"被保险人工作人员因驾驶各种机动车辆造成第三者人身伤亡或财产损失所引起的赔偿责任"属于免责条款的记载。

【裁判结果】

北京市朝阳区人民法院于2022年7月28日作出（2022）京0105民初14563号民事判决：一、丙保险公司在交强险责任限额范围内给付某甲保险公司赔偿金2000元；二、某乙财险公司向某甲保险公司支付保险赔偿款49700元；三、某快递公司向某甲保险公司支付保险赔偿款18300元；四、驳回某甲保险公司的其他诉讼请求。

某乙财险公司向北京金融法院提出上诉。北京金融法院于2023年5月29日作出（2023）京74民终125号民事判决：驳回上诉，维持原判。

【裁判理由】

法院生效裁判认为：本案的争议焦点为某乙财险公司是否应就其承保的雇主责任险承担保险责任。《最高人民法院关于适用〈中华人民共和国保险法〉若干问题的解释（二）》（以下简称《保险法解释二》）第十二条规定："通过网络、电话等方式订立的保险合同，保险人以网页、音频、视频等形式对免除保险人责任条款予以提示和明确说明的，人民法院可以认定其履行了提示和明确说明义务。"涉案保险系通过网络订立，故判定某乙财险公司是否尽到提示说明义务应在此前提下予以考量。因保险人的提示和明确说明有确定的载体，只要保险人能够严格根据《保险法》第十七条的规定进行了提示即可以认定保险公司尽到了义务。

某乙财险公司提供了某公司网络投保流程视频。视频显示，进入保险页面前需点击某公司外卖雇主责任险说明的链接，其中责任免除项中载明的16项责任免除事由中并不包括某乙财险公司所述的被保险人工作人员因驾驶各种机动车辆造成第三者人身伤亡或财产损失属于免责情形。因此，某乙财险公司虽然提供了视频资料，但仍不能证明其已经通过网页、音频、视频等形式对免除保险人责任条款予以提示和明确说明。除此以外，《保险单》中亦无被保险人工作人员因驾驶各种机动车辆造成第三者人身伤亡或财产损失属于免责情形的记载。

《雇主责任保险条款附加险条款》与某公司外卖雇主责任险说明、《保险单》载明的责任免除范围并不一致，某乙财险公司不能举证证明就《雇主责任保险条款附加险条款》中载明的免责条款已经向投保人进行提示或者明确说明，该免责条款不产生效力。因此，某乙财险公司应在扣除绝对免赔额300元后向某甲保险公司承担49700元赔偿责任。

【案例注解】

随着互联网"平台经济"的高速发展，快递员、外卖员、网约车驾驶员、代驾等新就业形态人员数量激增，涉新业态从业人员民事纠纷频发。本案系新业态模式下，外卖平台骑手在送餐过程中发生交通事故致人损害所引发的纠纷，涉及的焦点问题主要为：（1）外卖骑手驾驶摩托车发生交通事故导致他人财产损失，赔偿主体、赔偿顺序及赔偿金额的认定。（2）雇主责任附加第三者责任保险的保险人应否在其承保的保险范围内承担保险责任。具体而言，在互联网投保模式下，保险人以存在免责情形为由拒赔时，保险人对免责条款履行提示说明义务的司法认定。

司法实践中，关于外卖员发生交通事故致人损害，其责任主体的判定，尤其是混同用工情况下雇主的认定，以及平台投保"骑手险"的保险人是否应当在保险人代位求偿权纠纷中一并审理存在诸多争议，亦是审理的难点。笔者结合本案案情，就涉及新就业形态从业人员纠纷中，平台从业人员、用人单位、平台经营者及保险人应否承担赔偿责任及赔偿顺序进行解读，同时对互联网投保模式下保险人履行提示说明义务的司法认定进行分析。

一、机动车发生交通事故致人损害的一般赔偿认定规则

（一）交强险保险公司应按第一顺位进行先行赔付

根据《民法典》第一千二百一十三条的规定，机动车发生交通事故造成损害，属于该机动车一方责任的，先由承保机动车强制保险的保险人在强制保险责任限额范围内予以赔偿；不足部分，由承保机动车商业保险的保险人按照保险合同的约定予以赔偿；仍然不足或者没有投保机动车商业保险的，由侵权人赔偿。因此，在机动车发生交通事故造成损害时，赔偿主体及顺序一般为：机动车交强险保险责任→机动车商业险保险责任→侵权人。本案中，王某某所骑行的二轮摩托车投保了交强险，且无证据证明存在无证、醉酒、故意制造交通事故等《机动车交通事故责任强制保险条例》第二十二条规定的法定免责情形，因此，其交强险保险公司应当首先在交强险财产限额内赔偿2000元。

（二）交强险免责事项由法律进行规定

我国实行机动车第三者责任强制保险制度，为了保障机动车道路交通事故受害人依法得到赔偿，促进道路交通安全，因此要求上路行驶的机动车必须投保交强险。交强险的免赔事由也由法律直接规定，《机动车交通事故责任强制保险条例》第二十二条规定了特定情形下所造成的抢救费用应当由交强险保险公司进行垫付，且其后可以向致害人追偿，而对于该特定情形下导致的财产损失，在交强险保险范围内可以免责。从规定的几种情形来看，无证、醉酒、盗抢机动车驾驶等均属于驾驶人有严重过错甚至触及刑事犯罪的情形，因此由法律直接规定，对上述行为导致的财产损失交强险免赔。

二、平台经营者及其他相关主体应根据其与从业人员之间的法律关系判定是否担责

在互联网平台用工模式下，外卖骑手通常情况下骑行的是电动车，无法投保机动车交强险及商业险，而在外卖骑手骑行摩托车的情形下，也仅能投保机动车交强险，财产损失赔偿限额仅为2000元，通常情况下不足以弥补其所造成的财产损失。此种情形下通常涉及骑手本人或其他相关主体（包括但不限于平台经营者、区域代理商、劳务外包公司、"骑手险"保险人）应当担责的情形。

判断平台经营者应否对骑手造成的损害承担赔偿责任，首先应当对平台经营者与骑手之间的法律关系进行认定。目前，外卖平台的配送经营模式主要分为自营配送模式、外包配送模式、众包配送模式，此外也有少部分劳务派遣模式、商家自行配送模式、个体工商户模式等。纵横交错的用工模式给各方主体之间的法律关系认定、责任主体辨析、事实查明难度及劳动者的权益保护带来

了挑战。

第一种，平台自营模式。系平台经营者与骑手直接订立劳动合同或承揽、合作等劳务合同，由平台对骑手进行用工管理。在此种情况下，实践中有可能认定为劳动关系或事实上的劳动关系，导致平台经营者对骑手送餐中致损承担责任。因平台为规避法律责任、降低成本，平台"去劳动关系"化日益凸显，自营模式逐渐减少。

第二种，外包配送模式。平台经营者将特定区域的配送业务交由第三方外包公司，由第三方外包公司负责在特定区域组建站点、招募、管理骑手，完成特定区域外卖配送服务及运营工作。在此种模式下，平台与外包公司之间以分包、加盟、委托等形式签订协议，合同一般会约定配送服务期间发生的所有用工风险或给第三方造成的人身财产损失由外包公司负责。实践中，外包公司可能将配送业务继续分包或通过劳务派遣方式进行用工，或通过关联公司进行混合用工等方式规避法律责任，给法院关于劳动关系及责任主体的事实查明造成较大障碍。

第三种，众包模式。平台仅提供劳务需求信息，不参与实际交易行为，由商家发布劳务需求信息，不特定的从业人员可以自行在平台上注册成为骑手，自行选择何时接单、是否抢单、何时关闭接单，众包骑手与平台签订的服务协议通常会约定骑手执行劳务服务期间发生的用工风险和纠纷及其他相关的人身财产损失，或给第三人造成的人身财产损失均由骑手个人负责。与自营、外包模式相区别，众包模式下，骑手类似于"自由职业"，并无固定的用人单位。

本案中，王某某采取的是第二种劳务外包模式，某快递公司与某科技公司的关联方致某科技公司签订的《配送服务协议》约定由某快递公司组建站点，在约定的配送区域内进行配送服务及运营工作，配送服务期间发生的所有用工风险或给任何第三方造成的人身伤害和财产损失均由某快递公司承担责任并保证致某科技公司免责。事故发生后，某快递公司还向致某科技公司出具情况说明，认可王某某系其员工，承诺会妥善处理该事件。诉讼中，某快递公司亦认可王某某为其员工，认可案涉交通事故发生时王某某为职务行为。在本案的情形下，笔者认为应当由某快递公司根据雇主责任的相关规定承担替代责任，而致某科技公司作为平台的经营者仅提供信息撮合服务，与王某某不存在劳动或劳务雇佣关系，且其在此次事故中对损害的发生亦不存在过错，因此无须就王某某造成的损害承担责任。

司法实践中，在当事人就骑手与平台之间或骑手与外包公司之间是否属于劳动关系、劳务关系或职务行为发生争议是审理平台用工案件的难点，此时应结合各方签订的合同内容、平台运营模式、派单接单流程、报酬支付情况、社保缴纳主体、实际用工主体、人事管理主体以及平台对从业人员的管理监督方式等因素进行综合判定。

三、"骑手险"保险人应否承担保险责任的司法认定

（一）保险人代位求偿权纠纷中是否可以合并处理"骑手险"保险赔付

为了给骑手提供职业伤害保障，在当日接单配送前平台会推送保险购买链接，由骑手点击购买后方可接单，保险费自佣金中自动扣款。根据骑手配送模式的不同，较为常见的为雇主责任险或骑手意外险。

骑手意外险，系骑手或合作商以骑手为被保险人向保险人投保，保险责任为保险期间内（首单至次日某时），被保险人发生意外事故导致身故或伤残，由保险人一次性支付保险金；或因意外事故而发生的医疗费用，由保险人进行补偿；或骑手因意外事故导致的三者死亡、伤残、医疗、物损所应当承担的赔偿责任，由保险人在保险范围内赔付。雇主责任险，系骑手的雇主作为投保人，以雇主为被保险人，保险责任为在保险期间内被保险人指定的雇员在雇用期间进行配送时发生意外事故所致伤残或死亡，或提供配送服务过程中发生意外事故（包括交通事故）造成第三者人身伤亡或财产损失，应由被保险人承担的经济赔偿责任，由保险人负责赔偿。

在道路交通事故导致车损的情形下，保险人代位求偿权纠纷系根据《保险法》第六十条的规定，由车损险的保险人代位行使被保险人对第三人的损害赔偿请求权，因此其请求权基础系被保险人与第三人（交通事故的责任方）之间的侵权法律关系，而"骑手险"的保险人承担保险责任系基于其与投保人之间的保险合同法律关系。司法实践中，为减轻自身赔偿责任，骑手或用人单位均会申请追加"骑手险"保险人参加诉讼，并主张由保险人在保险范围内承担先行赔付责任。能否将两种不同的法律关系在一个案件内进行解决，司法实践中存在不同做法。

笔者认为，根据《保险法》第六十五条的规定，保险人对责任保险的被保险人给第三者造成的损害，可以依照法律的规定或者合同的约定，直接向该第三者赔偿保险金。……被保险人怠于请求的，责任保险中的第三者有权就其应获赔偿部分对保险人享有直接请求权。《最高人民法院关于审理道路交通事故损害赔偿案件适用法律若干问题的解释》第二十二条第二款规定，人民法院审理道路交通事故损害赔偿案件，当事人请求将承保商业三者险的保险公司列为共同被告的，人民法院应予准许。无论是基于法律规定，还是从一次性解决纠纷、减少当事人诉累的角度，在当事人申请追加"骑手三者险"保险人作为被告承担保险责任的情形下，法院可以一并处理保险合同项下的赔偿责任事宜。

（二）"骑手险"保险人的诉讼时效抗辩

由于当事人行使索赔权不及时、不规范等原因，"骑手险"保险人诉讼中往往以交通事故或保险代位事实发生距离提起诉讼已过诉讼时效为由进行抗辩。根据《保险法》第六十五条第三款的规定，责任保险的被保险人给第三者造成损害，被保险人未向该第三者赔偿的，保险人不得向被保险人赔偿保险金。因此，"骑手责任险"保险人承担保险责任的诉讼时效应当自被保险人向第三人履行赔偿义务时起算，即骑手或其雇主向对方履行赔偿义务之时。在保险人代位求偿权纠纷中，在责任方尚未赔偿的情况下，不存在"骑手责任险"已过诉讼时效的问题。

（三）互联网签约模式下，保险人就免责条款的提示说明义务履行的司法认定

本案中，某乙财险公司表示因王某某骑行的是二轮摩托车而非电动车，属于驾驶机动车的行为，因机动车较电动车车速快、危险性高、发生事故时导致的损伤程度可能较高等原因，属于雇主责任险保险条款中的免责范围。由于一、二审中某乙财险公司均未能充分举证证明其就前述免责条款尽到了提示说明义务，因此最终判决某乙财险公司应当在保险范围内承担赔付责任。

关于保险人就免责条款的提示说明义务，其立法宗旨系平衡商品的信息偏在、体现保险合同当事人的意思自治、保护作为保险商品消费者的投保大众的利益，简言之即避免信息不对称导致侵害消费者利益。《保险法》第十七条规定，对免除保险人责任的条款，保险人在订立合同时应当在投保单、保险单或者其他保险凭证上作出足以引起投保人注意的提示，并对该条款内容以书面或者口头形式向投保人作出明确说明，否则该条款不产生效力。

"互联网＋"时代背景下，电子投保已经逐渐取代传统的投保方式。新业态模式下，"骑手保险"一般通过平台进行网络投保，骑手、雇主等投保人仅需点击投保链接，按照指示进行操作即可完成投保流程。此举大大提高了交易效率，提升了骑手职业伤害保障力度，但是相较于传统的面对面投保模式，网络投保改变了保险消费者在阅读和磋商方面的传统模式，扩大了信息不对称因素，保险人履行提示说明义务以平台为载体进行，一方面，互联网投保的快速阅读模式使投保人未阅读或未充分阅读保险条款即可点击确认，此种情况下判断保险人是否履行提示说明义务应当考虑保险消费者的阅读习惯、理解能力和合同条款设置的繁杂度、清晰度等，以判断提示说明方法的正当性及合理性。另一方面，即便保险人履行了提示说明义务，也需要在诉讼中举证证明。这对于平台投保的全程留痕、网络存证、回溯管理要求更高，因而对保险人履行提示说明义务的举证难易程度要求更高。

根据《保险法解释二》第十二条的规定，通过网络、电话等方式订立的保险合同，保险人以网页、音频、视频等形式对免除保险人责任条款予以提示

和明确说明的，人民法院可以认定其履行了提示和明确说明义务。因此，在互联网投保场景下，如保险人能够证明投保时通过网页、音频、视频等方式对免责条款予以提示说明则可以在免责情形存在时免除赔付义务，具体提示说明方法可以通过跳出网页对话框单独展示免责条款并点击确认，视频强制播放宣读免责情形并保持一定时长，设置投保人问答模块对免责条款概念、内容、法律后果等进行专项解答，在线签署免责条款知晓声明，要求投保人提供电子邮箱并自动发送保险单、保险条款等方式。

由于互联网投保载体为平台，保险人即便履行了提示、说明义务，也需要其举证证明，而相关的数据信息通常保存在平台，因此需要平台与保险人合作对投保流程进行记录保存，确保投保全流程可回溯。银保监会于 2020 年发布的《关于规范互联网保险销售行为可回溯管理的通知》要求加强互联网保险销售行为可回溯管理，即保险机构（保险公司或保险中介）通过销售页面管理和销售过程记录等方式，对在自营网络平台上销售保险产品的交易行为进行记录和保存，使其可供查验。第十五条规定，保险机构应当将投保人、被保险人在销售页面上的操作轨迹予以记录和保存，操作轨迹应当包含投保人进入和离开销售页面的时点、投保人和被保险人填写或点选销售页面中的相关内容及时间等。第十六条规定，保险机构应当记录和保存投保期间通过在线服务体系向投保人解释说明保险条款的有关信息。由此，平台及保险公司可通过区块链、第三方电子数据平台或是证据公证等方式，保存还原回溯投保时的相关内容、操作轨迹、重要节点、点选内容，尤其是免责条款的提示说明的相关信息。

随着新就业形态的蓬勃发展，通过平台下单叫外卖、送快递、叫网约车、叫代驾等成为日常生活的一部分。这导致平台投保量巨大。对每一份电子保险合同投保进行存证、回溯的成本与电子投保便捷、成本低廉、价格透明的特点相冲突，但是诉讼中并不会因此降低保险人的相应举证责任，保险公司与平台方及第三方科技公司可以共同研讨开发出更经济、便捷、高效的存证系统，以满足诉讼中对于电子证据的相关要求，有效减轻诉讼中的举证责任压力。

（一审法院独任审判员 刘 茹

二审法院合议庭成员 周 易 李默菡 李 楠

编写人 北京市朝阳区人民法院 刘 茹

责任编辑 李 明

审稿人 刘 敏）

许某诉某保险公司、第三人许某某保险合同纠纷案

——两全型保险的受益人变更及保险利益归属之判定

关键词：民事　保险　合同目的　两全保险　受益人变更　保险利益

【裁判要旨】

两全型保险具备保障和投资的双重属性，在司法实践中需要就不同险种的不同情形区别对待。保险合同投保时被保险人系未成年人，其监护人（投保人）意外去世的，应根据《保险法》关于人身保险受益人变更的相关规定以及满期保险保费缴纳、保险金实际用途等情况合理判定应否变更受益人以及保险利益的归属。

【相关法条】

《中华人民共和国保险法》

第二条　本法所称保险，是指投保人根据合同约定，向保险人支付保险费，保险人对于合同约定的可能发生的事故因其发生所造成的财产损失承担赔偿保险金责任，或者当被保险人死亡、伤残、疾病或者达到合同约定的年龄、期限等条件时承担给付保险金责任的商业保险行为。

第十八条　保险合同应当包括下列事项：

……

受益人是指人身保险合同中由被保险人或者投保人指定的享有保险金请求权的人。投保人、被保险人可以为受益人。

……

第二十条　投保人和保险人可以协商变更合同内容。

变更保险合同的，应当由保险人在保险单或者其他保险凭证上批注或者附贴批单，或者由投保人和保险人订立变更的书面协议。

《中华人民共和国民事诉讼法》

第六十七条第一款　当事人对自己提出的主张，有责任提供证据。

《最高人民法院关于适用〈中华人民共和国保险法〉若干问题的解释（三）》

第九条　投保人指定受益人未经被保险人同意的，人民法院应认定指定行为无效。

当事人对保险合同约定的受益人存在争议，除投保人、被保险人在保险合同之外另有约定外，按以下情形分别处理：

（一）受益人约定为"法定"或者"法定继承人"的，以民法典规定的法定继承人为受益人；

（二）受益人仅约定为身份关系，投保人与被保险人为同一主体的，根据保险事故发生时与被保险人的身份关系确定受益人；投保人与被保险人为不同主体的，根据保险合同成立时与被保险人的身份关系确定受益人；

（三）约定的受益人包括姓名和身份关系，保险事故发生时身份关系发生变化的，认定为未指定受益人。

《最高人民法院关于适用〈中华人民共和国民事诉讼法〉的解释》

第九十条　当事人对自己提出的诉讼请求所依据的事实或者反驳对方诉讼请求所依据的事实，应当提供证据加以证明，但法律另有规定的除外。

在作出判决前，当事人未能提供证据或者证据不足以证明其事实主张的，由负有举证证明责任的当事人承担不利的后果。

【案件索引】

一审：上海市黄浦区人民法院（2022）沪 0101 民初 28702 号（2023 年 3 月 22 日）

【基本案情】

原告许某诉称：2002 年 8 月 19 日，其母亲戎某为原告在被告处购买了《××××两全保险（分红型）》，保险费为每年 10279 元。2007 年 11 月 6 日，原告母亲戎某意外去世，其去世时已交 5 年保费。原告未获得本保险的任何利益，也未收到保险公司的通知。成年后，原告意外获知有该保险的存在，并得知 2008 年 5 月 8 日该保险投保人由原来的原告母亲戎某改成原告父亲许某某。因当时原告未成年，该保险合同年金的领取人为投保人，合同未明确说明保险受益人。原告现已成年，告知被告要求将投保人和受益人变更为本人，被告告知原告变更需要投保人同意。根据《保险法》第四十一条的规定，被保险人或者投保人可以变更受益人并书面通知保险人。保险人收到变更受益人的书面通知后，应当在保险单或者其他保险凭证上批注或者附贴批单。投保人变更受益人时须经被保险人同意。原告作为被保险人有当然的权利变更受益人。且该保险具有分红储蓄的性质，在原告母亲戎某投保时，勾选了年金受领人是投保人，原告母亲戎某去世后，投保人变更，受益人未明确，该保险利益应归被保险人所有。现要求被告将本保险合同受益人明确为原告，明确告知并交付已经产生的保险利益。为维护原告的合法权益，故诉至法院请求判令：（1）被告将《××××两全保险（分红型）》的受益人变更为原告许某；（2）被告向原告支付已到期的保险利益127481元，其中包含高中教育年金32335元、大学教育年金95146元；（3）被告承担本案诉讼费用。

被告辩称：（1）合同投保时，主险合同项下保险责任包括身故保险责任和满期保险责任，身故保险项下有身故保险金受益人，投保时原投保人戎某指定了该保险金受益人为本人，案外人戎某身故后，该合同项下无指定的身故保险金受益人。（2）合同约定了满期金应给付于投保人，因此原告作为被保险人，如果指定其本人为身故保险金受益人是不符合保险合同约定的，也无法获得保险利益。根据保险合同约定，投保人经过被保险人或者其监护人同意，可以申请变更保险金受益人（身故保险金），但是被告从未收到第三人作为监护人的变更申请，满期保险金在满期后支付给投保人，符合《保险法》第十八条有关受益人的规定。（3）根据合同约定，教育金（高中、大学）及红利、主险项下的增值红利、满期金均给付投保人，除了尚未到期的，被告均根据合同将相关保险利益支付给了投保人即第三人许某某，其中，高中教育年金32335元，大学教育年金95146元。主险项下的增值红利在2024年8月19日到期后大约会有5万元的满期金及增值红利，会在合同满期后支付。因此，原告无权获得诉请（2）中的保险利益。综上，请求驳回原告的诉讼请求。

法院经审理查明：2002年8月19日，案外人戎某（原告许某生母）向被告投保儿童人身保险，其中戎某为投保人，原告为被保险人，险种中包括寿险主合同即《××××两全保险（分红型）》、儿童意外伤害保险（附加加惠意外伤害医药补偿、加惠每日重病监护给付、加惠手术费补偿、加惠住院费用补偿）、儿童重大疾病、××××高中教育年金、××××大学教育年金。《××××两全保险（分红型）》保险责任包括身故保险金给付和满期金给付，身故保险金受益人为戎某。

2008年4月21日，因案外人戎某意外去世，本案第三人许某某（原告许某生父）向被告申请变更案涉保险的投保人，并向被告提交了戎某死亡证明、户籍信息、出生医学证明书、身份证等材料。被告经审查后，将第三人许某某变更为案涉保险的投保人，保险项目和保费收取标准均保持不变，合同期满日为 2024 年 8 月 19 日。案涉保险合同共缴费 15 期，主险及附加险均已缴费期满且足额缴纳保险费。其中，2002 年至 2007 年保费由原投保人戎某缴纳，共缴纳 6 期，合计 61554 元；2008 年至 2016 年保费由第三人许某某缴纳，共缴纳 9 期，合计 86001 元。被告分别于 2014、2015、2016 年保单周年日向第三人许某某支付《附加×××高中教育年金保险（分红型）》项下教育金，共计 32335 元；分别于 2017、2018、2019、2020 年保单周年日向第三人许某某支付《附加×××大学教育年金保险（分红型）》项下教育金，共计 95146 元。

【裁判结果】

上海市黄浦区人民法院于 2023 年 3 月 22 日作出（2022）沪 0101 民初 28702 号民事判决，驳回原告全部诉讼请求。宣判后，原告、被告、第三人均未提出上诉，判决已发生法律效力。

【裁判理由】

法院生效裁判认为：本案系因当事人履行以两全保险为主险的人寿保险合同引发的纠纷，本案的主要争议焦点为原告是否有权要求被告将案涉保险的受益人变更为原告。

对此，首先，从案涉保险合同的性质研判，《××××两全保险（分红型）》系典型的两全保险。所谓两全保险，一般是指被保险人在保险合同约定的保险期间内身故，或在保险期间届满后仍生存时，保险公司按照保险合同约定应承担给付保险金责任的人寿保险。本案中的两全保险责任即由身故保险责任和满期保险责任组成。身故保险作为以被保险人死亡作为给付条件的保险责任，具备"受益人"的概念，但受益人一般应为被保险人的法定继承人，原告作为被保险人显然不能同时作为受益人存在。而满期保险中，并无"受益人"的概念，原告对此将受益人的概念作夸大解释，即认为满期保险下的受益人即为满期红利的给付对象。但案涉主保险合同中已明确约定，满期时的满期金应给付投保人，附加的两份教育年金险中，也同样约定了教育年金应给付投保人，故满期红利的给付对象应为投保人，原告仅以被保险人的身份同样不能要求获得满期保险中"受益人"的相应地位和利益。

其次，本案的投保人由案外人戎某变更为第三人许某某具有合同依据，应属合法有效。本案的原投保人戎某意外身亡后，案涉保险方履行 5 年，如果此时终止保险合同，显然有违投保初衷，有损被保险人利益，而根据合同约定，投保人经被保险人或被保险人的监护人同意，可提出本合同权益转让的书面申请，因投保人已死亡，被保险人原告尚年幼，第三人许某某作为原告的生父，系法定监护人，其当然有权向被告申请变更投保人、延续案涉保险合同。被告在收到第三人提交的申请和相应身份关系证明材料后，尽到合理审查义务，作出了同意变更的决定，具有合同和法律依据，应属合法有效。

最后，教育年金给付第三人许某某具有合同依据。如前所述，涉案附加的高中教育年金和大学教育年金的约定给付对象均为投保人。该保险条款的设计初衷，即是考虑到案涉保险的被保险人为未成年人，投保人作为被保险人的监护人，往往在被保险人的成长和教育过程中承担着重要的财力支出，教育年金定期、定额给付的特点，可以为子女教育提供一定的稳定资金支持。故教育年金的给付对象一般为投保人。本案中，第三人均按时按约支付保费，故至合同约定的支付周期到来时，被告向第三人支付相应的教育年金，具有合同依据，原告要求受领案涉两笔教育年金，并无合同依据。

【案例注解】

两全保险责任由身故保险责任和满期保险责任组成。首先，就身故保险责任而言，给付条件是被保险人死亡，受益人一般为被保险人的法定继承人。本案原告的母亲在投保时指定了该保险金受益人为本人，原告的母亲身故后，该合同项下无指定的身故保险金受益人，原告作为被保险人，显然不能以自身作为自己身故保险金的受益人；其次，就满期保险责任而言，并无受益人的概念存在，且保险合同约定了满期金应给付投保人，原告当时尚未成年，第三人作为原告的生父，是其法定继承人和监护人，且第三人在原告母亲身故后申请变更投保人的行为符合法律和合同的约定，其一直持续缴纳保险费，因此满期保险金在满期后应支付给投保人即第三人。

一、非合同约定的特殊情况下身故保险金的受益人变更以及受益权归属之探

人身保险合同的受益人专指人身保险合同中由被保险人或者投保人指定的享有保险金请求权的人。受益权是指受益人依法享有的保险金请求权，该权利的来源是被保险人保险金请求权的让与。除合同另有约定外，受益人所取得的权利仅以保险金请求权为限，如保险合同变更和解除权、保险费返还请求权、保险单现金价值返还请求权、取得红利的权利等，除合同另有约定外，原则上应属于投保人享有，而不是由受益人享有。就受益权的归属，在保险事故发生

前是期待权，保险事故发生后受益权从期待权转化为既得权。① 同时，根据我国《保险法》的规定，被保险人是享有保险金请求权的人，投保人指定或者变更受益人时须经被保险人同意。案涉人身保险合同的特殊性在于，其包含了以被保险人死亡作为保险金给付条件的身故保险责任，身故保险金通常应支付给明确指定的受益人。而根据《最高人民法院关于适用〈中华人民共和国保险法〉若干问题的解释（三）》（以下简称《保险法解释三》）第九条的规定，投保人指定受益人未经被保险人同意的，人民法院应认定指定行为无效。当事人对保险合同约定的受益人存在争议，除投保人、被保险人在保险合同之外另有约定外，按以下情形分别处理：（1）受益人约定为"法定"或者"法定继承人"的，以《民法典》规定的法定继承人为受益人。（2）受益人仅约定为身份关系，投保人与被保险人为同一主体的，根据保险事故发生时与被保险人的身份关系确定受益人；投保人与被保险人为不同主体的，根据保险合同成立时与被保险人的身份关系确定受益人。（3）约定的受益人包括姓名和身份关系，保险事故发生时身份关系发生变化的，认定为未指定受益人。本案中，原告的母亲在投保时被保险人尚属未成年人，投保人约定自己为身故保险的受益人，后投保人去世，原告作为被保险人，也无法获得自身身故保险的受益权，因此，就身故保险金而言，应被认定为未指定受益人的情形，原告主张将身故保险金的受益人变更为自己，不符合法律规定。

二、受益人变更、延续保险合同符合人身保险合同设立的初衷

《保险法解释三》对于变更受益人采用了作出主义，投保人或者被保险人变更受益人，当事人主张变更行为自变更意思表示发出时生效的，人民法院应予支持。权利人指定或者变更受益人无须征得受益人明示接受、同意或者保险人的同意，即使受益人拒绝被指定，受益人的指定仍为有效，但受益人对生效的受益权可以放弃。受益人的指定或者变更也不以通知保险人和保险人在保险单批注或者其他保险凭证上附贴为生效要件。若保险人未在保险单上批注或者附贴批单，受益人的指定或变更仍对保险人发生法律效力，保险人不能以其未批注或者附贴批单为由，否认指定或变更的效力，也不能以其未批注为由对变更后的受益人进行抗辩并拒绝向其履行给付保险金的责任。但无论是受益人指定、变更还是撤销，通知保险人都是有必要的，因为受益权的行使需要保险人履行保险金给付义务来实现。

本案中，就满期保险金而言，是指在保险合同规定的期限到达时，由保险

---

① 李利、许崇苗：《对人身保险合同受益权基本理论问题的研究——兼论受益权的行使、保护与限制》，载《保险研究》2016 年第 7 期。

公司向投保人支付的一笔固定金额的保险金。通常情况下，投保人需要按照约定的缴费方式和金额在合同期限内不间断地向保险公司支付保费，以换取满期保险金。相对于其他类型的保险，满期保险金更加注重长期规划和储蓄功能。满期保险金作为一种长期规划的理财工具，可以帮助投保人实现储蓄和财产增值的目标，为今后的生活安排提供更多的资金支持。本案中保险合同约定的满期保险金系高中教育年金和大学教育年金，投保的初衷是为被保险人的教育作支出积累，后因为原告的母亲（投保人）去世，当时被保险人原告尚年幼，第三人作为原告的生父，系法定监护人，承担着原告的教育支出，其向被告申请变更投保人，延续案涉保险合同，被告在合理审查第三人的身份后作出变更投保人的行为，具有合同和法律依据，应属合法有效。原告主张被告支付教育年金的请求没有合同和法律支持。

三、应基于合同目的和现实情况合理界定人身保险合同受益权归属

从受益权的性质等进行分析，行使受益权的条件一般包括：（1）人身保险合同合法有效；（2）受益人未丧失受益权；（3）保险事故发生使受益权从期待权转化为既得权；（4）保险事故发生时受益人仍生存。具备上述条件，受益人即可履行法律和合同约定的相关义务来行使受益权、取得保险金。《保险法解释三》对保险合同约定的受益人存在争议时如何处理进行了规定，但是我国《保险法》没有法定受益人的概念，且不能将"法定"解释为受益人与被保险人的关系，故应认定为未指定，保险金应作为被保险人的遗产由其继承人继承。而涉案保险签订及履行前期被保险人系未成年人，在有另外法定监护人的情况下，该法定监护人向保险公司申请变更投保人并无不妥，符合常理，后续保险合同也得到了正常的履行，故应认定保险事故发生时与被保险人有保险单载明的关系的人为受益人，即被保险人的监护人，使其身故时与其有指定关系的人享有保险金请求权，这也是符合保险合同目的实现的合理解释。

两全保险属于结合了人身保障和投资储蓄的综合性保险，旨在为被保险人或者投保人提供一定的风险保障和资产增值。一方面，其可以在被保险人遭受身故或者伤残风险时向被保险人或受益人提供经济补偿；另一方面，其也可以作为一种投资工具，为被保险人或投保人提供定期和固定的收益。涉案两全型保险因为投保人去世、未重新指定受益人而产生纠纷，被保险人在投保时系未成年人，因此应分情况就两类保险险种的保险利益获得作出判定。一方面，身故保险的保险利益因为投保人的去世导致受益人的不确定，应首先依保险合同约定判定，如合同无约定，应依照《保险法》的相关规定确定受益人；另一方面，满期保险因具备投资属性，应合理考虑投保人实际支付保费的情况以及

保险利益的用途等因素，确认投保人身份变更的有效性，以保障保险合同目的的实现。

（一审法院独任审判员　陈梦琪

编写人　上海市黄浦区人民法院　姜雪梅　陈梦琪

责任编辑　李　明

审稿人　刘　敏）

束某某诉某保险公司、郑某某等财产保险合同纠纷案

——刑民交叉型保险合同诈骗类案件中投保人司法救济路径及保险公司责任认定规则

关键词：民事　刑民交叉　财产保险　合同诈骗　表见代理过错赔偿责任

【裁判要旨】

1. 行为人（公司职员或代理人或与公司业务有关联的人员）从事名义上与公司业务相关的行为涉嫌或已被法院认定构成犯罪，与公司建立该业务关系的相对方有权通过民事诉讼向公司主张权利。

2. 行为人对第三方（公司）构成职务行为或代理行为，行为人的行为后果可以约束公司，公司应按此后果向相对人履行义务；行为人对第三方（公司）不构成职务行为或代理行为，但第三方（公司）对该犯罪行为造成的经济损失存在过错的，应按其过错程度确定其对上述损失应承担的赔偿责任。反之，公司不承担责任。

【相关法条】

《中华人民共和国民法典》

第一百七十条第一款　执行法人或者非法人组织工作任务的人员，就其职权范围内的事项，以法人或者非法人组织的名义实施的民事法律行为，对法人或者非法人组织发生效力。

第一百七十二条　行为人没有代理权、超越代理权或者代理权终止后，仍然实施代理行为，相对人有理由相信行为人有代理权的，代理行为有效。

第一千一百六十五条第一款　行为人因过错侵害他人民事权益造成损害的，应当承担侵权责任。

《最高人民法院关于在审理经济纠纷案件中涉及经济犯罪嫌疑若干问题的规定》

第十条　人民法院在审理经济纠纷案件中，发现与本案有牵连，但与本案不是同一法律关系的经济犯罪嫌疑线索、材料，应将犯罪嫌疑线索、材料移送有关公安机关或检察机关查处，经济纠纷案件继续审理。

【案件索引】

一审：北京市朝阳区人民法院（2021）京 0105 民初 54787 号（2022 年 12 月 28 日）

【基本案情】

原告束某某诉称：经郑某某、魏某介绍，束某某于 2017 年 12 月 31 日在某保险公司办公点签订保险合同，购买国寿年金保险，保费缴费期间是 5 年，每年 30 万元。郑某某和魏某表示后续的保费可以建立万能账户，将剩余 120 万元存入万能账户中，有利息，之后的保费可以直接打入保险账户。2018 年 1 月 5 日，郑某某、魏某带着 POS 机到束某某住处，束某某刷卡支付 120 万元，郑某某、魏某承诺过几天将合同及发票一并送给束某某。后，郑某某、魏某送来一份合同，又以需要换正式发票为由将合同要回。出于对某保险公司、郑某某、魏某的信任，束某某没有提出异议。直至 2019 年 11 月 1 日，束某某才知晓 120 万元保费系郑某某、魏某用 POS 机转至别的账户，并非某保险公司账户。事后，束某某找到郑某某、魏某，二人承诺这笔钱由二人归还，但郑某某通过魏某仅偿还 10 万元，其余款至今未还。束某某认为，郑某某、魏某作为某保险公司的员工，为束某某办理保险业务是职务行为，束某某系基于对某保险公司的信任才办理保险业务，至于郑某某、魏某的行为属于某保险公司管理的问题。同时，基于郑某某、魏某系直接责任人，应对束某某的投资款及利息承担连带给付责任。请求法院判令：（1）某保险公司、郑某某、魏某返还投资本金 110 万元；（2）某保险公司、郑某某、魏某赔偿利息损失（以 110 万元为基数，自 2020 年 1 月 5 日起至实际支付之日止，按照年利率 5% 计算）；（3）诉讼费由某保险公司、郑某某、魏某负担。

被告某保险公司辩称：第一，魏某、郑某某与某保险公司之间是保险代理关系，并非劳动关系，郑某某、魏某以虚构交易项目骗取束某某 120 万元的行为并非所谓"职务行为"，某保险公司未收到束某某刷卡的 120 万元，其行为后果不应由保险公司负担。第二，郑某某、魏某的行为也不符合表见代理的法定构成要件，二人行为与某保险公司无关。束某某并非善意且无过失的相对方，未提供证据证明涉案120万元对应的交易项目与某保险公司有关且有足以使其相信郑某某、魏某具有代理权的外观。第三，束某某没有实际损失，涉案120万元汇入乙管理（北京）有限公司（以下简称乙公司），束某某没有证据证明其通过诉讼或其他方式向乙公司主张返还过款项，且郑某某、魏某也答应束某某偿还该笔款项，且已实际偿还一部分。第四，即便不考虑前述请求，仅从过错角度而言，束某某主张的利率明显过高且其在支付120万元的过程中存在明显过错，某保险公司无须对束某某的过错导致的损失承担任何责任。

被告郑某某、魏某未到庭，未作答辩。

法院经审理查明：2017年12月31日，束某某在某保险公司处投保《国寿年金保险》及《某型年金保险（万能型）（乐惠版）》，销售渠道为机构代理，销售人员为郑某某，《国寿年金保险》的标准保费为30万元，交费期间为5年，保险费交费方式为年交，续期交费方式为银行转账，转账授权保险费交费账户为尾号0549的农村信用社账户。同日，束某某在某保险公司处刷卡支付保险费30万元，刷卡凭条显示的收单银行为中国工商银行，收款单位为某保险公司，束某某在客户签名处签字。2018年1月1日，某保险公司向束某某开具30万元保险费发票。

2018年1月5日，束某某使用尾号0549农村信用社银行卡刷POS机支出100万元，使用尾号0574农业银行银行卡刷POS机支付20万元。束某某提供的银行客户回单显示对方户名为乙公司。束某某表示，郑某某、魏某在其投保上述保险时告知其可将剩余4年的保费120万元存入万能账户，某保险公司在收取后4年保险费时可从该万能账户中直接扣款，同时郑某某、魏某可就此提供上门服务；2018年1月5日，郑某某、魏某身穿某保险公司制服、手持POS机来到束某某住处，束某某通过该POS机支付120万元，用以预存剩余4年保费。

2018年12月17日、2019年2月26日，某保险公司通过系统向束某某发送短信，催促其缴纳国寿年金保险保费30万元。2019年3月14日，某保险公司通过短信告知束某某国寿年金保险由于未及时缴费，合同效力暂时中止。束某某表示其未交纳第2年保险费，因其认为某保险公司会从预存款120万元中直接扣除；直至2019年10月，束某某接到某保险公司电话，得知郑某某、魏某所办业务存在问题后，才查账发现上述120万元存入的并非某保险公司账户，而是乙公司账户；为免除第1年保费损失，束某某选择复效保单、继续交纳保费。

2019年10月至11月，多名案外人及束某某以其被郑某某、魏某诈骗陆续向派出所报案，相关派出所出具受案回执。

魏某于 2020 年 6 月 9 日向束某某转账 10 万元。

【裁判结果】

北京市朝阳区人民法院于 2022 年 12 月 28 日作出（2021）京 0105 民初 54787 号民事判决：驳回束某某全部诉讼请求。判决已发生法律效力。

【裁判理由】

法院生效裁判认为：（1）本案中，所涉刑事案件为郑某某、魏某个人涉嫌对束某某构成诈骗，而束某某主张某保险公司返还投资款的请求权基础为郑某某、魏某收取束某某 120 万元系履行某保险公司的职务行为或对某保险公司构成表见代理，二者所涉主体不一致，故法院有权受理并审理束某某主张某保险公司承担民事责任的起诉，但束某某主张郑某某、魏某返还 120 万元及利息与刑事案件系同一法律关系，鉴于刑事案件目前尚未审结，故束某某对郑某某、魏某的起诉不属于民事案件受理范畴，法院不予处理。（2）郑某某、魏某为某保险公司委托代理销售保险产品的代理人，并非某保险公司员工，其刷取束某某 120 万元的行为不构成履行某保险公司授权的职务行为。（3）从保单内容和交付保费流程分析，郑某某、魏某并不具有使束某某产生合理信赖的权利外观，且束某某对郑某某、魏某所产生的信赖并非善意且无过失，郑某某、魏某刷取束某某 120 万元的行为不构成对某保险公司的表见代理。综上，对于束某某要求某保险公司、郑某某、魏某返还投资本金 110 万元并赔偿利息损失的诉讼请求不予支持。

【案例注解】

近年来，一些保险公司员工、代理人打着销售保险的旗号行诈骗之实，"假保单"等保险合同诈骗事件屡禁不止，如何通过司法救济最大限度挽回损失成为无数受害者的共同疑问。然而对于保险公司员工、代理人从事名义上与公司业务相关的行为涉嫌或已被法院认定构成犯罪，投保人能否通过民事诉讼向保险公司主张权利，保险公司是否需承担民事责任及具体责任如何认定，司法实践中裁判尺度并不统一。本案即围绕上述问题进行了充分论证。本文结合本案案情，以类案分析为方法，对当前涉及保险公司员工或代理人诈骗的刑民交叉案件中投保人民事救济现状及相关法律问题进行分析。

一、司法救济路径样本分析

本文以"保险合同""诈骗""表见代理"为关键词，在中国裁判文书网进行全文检索，检索到 2012～2023 年涉及保险纠纷案由的民事案件共计 164 件。本文以该 164 件案件为样本进行分析，发现该类型案件具有以下特点：

1. 刑民交叉。样本中案件均涉及保险公司员工或代理人涉嫌刑事犯罪被立案侦查或经生效刑事判决确认构成刑事犯罪的情况，涉及的罪名主要表现为两大类：一是职务侵占罪/贪污罪/挪用资金罪，二是诈骗罪/合同诈骗罪/集资诈骗罪。提起民事诉讼的原告多为受害者，即投保人个人，保险公司均为被告，个别案件中受害人会将涉嫌刑事犯罪的保险公司职工或代理人作为被告、第三人共同起诉。

2. 群发性明显。该类案件中，涉嫌刑事犯罪的保险公司职工或代理人往往利用其为保险公司销售渠道负责人或业务人员的身份，实施私刻印章，伪造保险单证、保险合同或相关权益证书，销售第三方理财产品及个人收取保费等行为，侵害投保人利益，受害人人数较多，且多集中于某一地区。以前述 164 件案件为例，25 件案件为某保险代理人范某某合同诈骗引发的民事诉讼，16 件案件为某保险公司员工宫某某挪用资金罪引发的民事诉讼。

3. 上诉、发改率高。样本案件中二审、再审案件占比约为 62.2%，其中 25 件案件存在二审法院撤销原裁判结果并发回、改判情况，12 件案件存在再审撤销原裁判结果或改判的情况，甚至有个别案件存在二次再审的情况。上诉率、发改率高，反映出司法实践中针对该类案件，不同法院、法官裁判尺度不统一，裁判规则不明晰。

二、救济次序之裁判分歧及理念分析

就保险公司员工、代理人涉嫌诈骗投保人，投保人就此产生的损失能否向保险公司提起民事诉讼，司法实践中，裁判结果并不统一。以前述 164 件案件为例，7 件案件一审被裁定驳回起诉，裁判理由为涉嫌刑事犯罪，不符合民事起诉条件。其中 3 件案件二审法院认为符合起诉条件，裁定撤销原裁定，指令一审法院进行审理；1 件案件二审法院驳回上诉，维持原裁定。在案情相似甚至同一案件的情况下，不同地区、不同层级法院的不同法官裁判结果分歧的背后是"刑民交叉"案件处理原则的理念差异。

司法实践中，一种观点认为，只要行为人与犯罪行为有关，便不再通过民事案件处理，而直接移送相关机关，通过刑事诉讼程序对犯罪行为人的刑事责任和对被害人的经济损失救济一并解决；在刑事案件已经作出认定的情况下，相对人在民事诉讼中主张的损失属于行为人犯罪赃款，应属刑事追赃退赔范围。① 该种观点秉持的即为"先刑后民"的司法救济次序。另一种观点则秉持"先民后刑"的司法救济次序，认为应首先判断保险公司员工或代理人的行为是否属于职务行为或对公司的代理行为，再行确定涉嫌犯罪行为的罪名。如员工或代理人的行为构成职务行为或对公司的代理行为，则所涉嫌犯罪的罪名应为职务侵占罪/贪污罪/挪用公款罪，因该罪名项下被侵犯的客体为公司，而非投保人，故投保人可在民事诉讼中按照双方约定向公司主张承担民事责任；如职员或代理人的行为不构成职务行为或对公司的代理行为，则行为人所涉嫌犯罪的罪名应为诈骗罪/合同诈骗罪/集资诈骗罪，在此情况下，民事所涉法律关系与刑事所涉民事法律关系为同一法律关系，按照《最高人民法院关于在审理经济纠纷案件中涉及经济犯罪嫌疑若干问题的规定》第十一条的规定，应当移送公安机关或检察机关进行处理，投资人的损失也应在刑事案件中一并处理。

本文认为，上述两种观点的处理方式均有所不足，值得商榷。观点一忽视了对投保人作为善意第三人的合同权利保护，观点二的后半部分则忽视了即便员工或代理人的行为构成对公司的无权代理，若公司在该行为中存在过错，则仍应向相对人承担过错民事责任的情况。根据《最高人民法院关于在审理经济纠纷案件中涉及经济犯罪嫌疑若干问题的规定》第十条、第十一条的规定，刑事案件与民事案件涉及"同一事实"的，原则上应通过刑事诉讼方式解决，刑事程序吸收民事程序；不属"同一事实"的，刑事和民事案件分别审理，即"刑民并行"，民事案件当事人双方与刑事案件的主体不一致的，不能认定为"同一事实"。② 由此，在有第三方（公司）介入的个人涉嫌合同诈骗类刑民交叉案件中，在民事案件当事人与刑事案件主体不一致的情况下，应当采用"刑民并行"的处理方式，在两类案件当事人一致的情况下，应当遵循刑事程序吸收民事程序的处理方式。

本案即秉持上述理念，在公安机关已对郑某某、魏某涉嫌诈骗束某某等进行刑事立案的情况下，束某某再行在本案中对二人提起的民事诉讼与刑事诉讼属于"同一事实"，故本案的民事诉讼程序应被刑事案件处理程序吸收，束某某对二人的起诉应予驳回。同时，基于刑事案件所涉嫌疑人为郑某某、魏某个人，并非某保险公司，故束某某向某保险公司提起的涉案民事诉讼与刑事案件并非"同一事实"，其有权通过民事诉讼向某保险公司主张权利。

---

① 参见河南省高级人民法院（2021）豫民申 10087 号民事裁定书。
② 刘贵祥：《关于金融民商事审判工作中的理念、机制和法律适用问题》，载《法律适用》2023年第 1 期。

三、第三方（公司）民事责任认定之裁判规则构建

通过对 164 起样本案件所涉诉讼请求、争议焦点及裁判结果进行分析可知，在诉讼请求方面，涉诈骗类刑民交叉型保险合同民事案件中原告的诉讼请求主要分为两类：一是要求保险公司继续履行合同，二是要求保险公司返还保险金并支付收益或资金占用利息。在争议焦点方面，该类型案件的争议焦点多围绕保险公司员工或代理人是否构成职务行为或表见代理及保险公司、投保人是否存在过错展开。在裁判结果方面，按照过错比例部分支持原告诉讼请求的案件为 23 件，认为构成职务行为或表见代理支持原告全部诉讼请求的案件为 42 件，判决驳回原告诉讼请求的案件为 39 件。本文认为，确定保险公司民事责任的承担，需首先确定原告（受害人）的请求权基础，上述两类诉讼请求所依据的请求权基础主要包括两种：一种为合同责任，一种为侵权责任。请求权基础不同，所对应的裁判审查要点亦有所不同，具体情况如下：

（一）合同责任请求权基础下的裁判规则

在该类请求权基础下，要确定投保人与保险公司之间是否就"诈骗事实"成立有效的保险合同关系，即要对保险公司员工或代理人是否构成职务行为或对保险公司是否构成表见代理进行认定。司法实践中，存在"职务行为"与"表见代理"概念混淆[①]及二者性质界定不清[②]的情况。本文认为，职务行为，是指工作人员行使职务的行为，是履行职责的活动，与工作人员的个人行为相对应。表见代理，是指虽然行为人事实上无代理权，但善意相对人有理由相信行为人有代理权，且基于此与其进行法律行为，该代理行为的法律后果由被代理人直接承担的制度。表见代理的实质是无权代理，职务代理为有权代理，二者具有质的区别，不存在既构成职务代理又构成表见代理的情况。根据《民法典》第一百七十条、第一百七十二条的规定可知，职务行为的构成要件主要为：（1）职务行为人必须是法人或非法人组织的工作人员；（2）职务行为人实施的行为必须是其职权范围内的事项；（3）职务行为人必须以法人或者非法人组织的名义实施行为，若以个人名义对外实施行为，则属于个人行为。表见代理的构成要件为：（1）表见代理为无权代理，即无权代理人在实施代理行为时，对其所实施的代理行为不具有代理权；（2）表见代理人具有使相对人产生合理信赖的权利外观；（3）相对人对无权代理人产生的信赖善意且无过失。行为人构成表见代理的前提是相对人对表见代理人的权利外观所产生

---

① 参见山东省威海市中级人民法院（2020）鲁 10 民终 1704 号民事判决书。

② 参见河北省唐山市中级人民法院（2018）冀 02 民终 9766 号民事裁定书、山东省临沂市中级人民法院（2019）鲁 13 民终 6449 号民事判决书。

的合理信赖是善意且无过失的。"善意且无过失"即指相对人不知道行为人没有代理权，且对其"不知道"没有主观上的过失。在构成职务行为或代理行为的情况下，员工或代理人的行为后果可以约束保险公司，保险公司应按此后果向投保人履行义务。

本案中，若可以认定郑某某、魏某的行为系职务行为或对某保险公司构成代理（含表见代理），则某保险公司应按郑某某、魏某的承诺将120万元视为束某某预交国寿年金保险剩余4期的保费，相应的国寿年金保险继续履行。但实际上，郑某某、魏某并非保险公司员工，不符合职务行为的构成要件；束某某虽主张郑某某、魏某对某保险公司构成表见代理，但一方面，其未举证证明郑某某、魏某的"代理行为"存在诸如合同书、公章、印鉴等有权代理的客观表象形式要素，郑某某、魏某不具有使束某某产生合理信赖的权利外观；另一方面，结合保单内容及此前保费交付流程可知束某某在刷卡支付120万元时亦非基于善意且无过失情形，故本案认定郑某某、魏某刷取束某某120万元的行为不构成对某保险公司的表见代理。

（二）侵权责任请求权基础下的裁判规则

在不构成职务行为或表见代理的情况下，投保人还能否向保险公司主张承担民事责任？本文认为，在合同不成立或无效的情况下，投保人可基于侵权责任进行主张。根据《民法典》第一千一百六十五条第一款"行为人因过错侵害他人民事权益造成损害的，应当承担侵权责任"之规定，人民法院判断保险公司是否需向投保人承担侵权赔偿责任主要需对保险公司、投保人是否存在过错及该过错与投保人的损失是否存在因果关系、因果关系的大小进行审查。实践中，保险公司的过错主要表现为保险公司是否充分履行对保险公司员工或代理人的监督、管理职责，是否存在管理上的漏洞，例如允许员工或代理人代收保费，放任已经离职的员工、代理人出入办公场所，印章等管理不善等。对投保人过错的判断主要审查投保人是否履行了审慎注意义务，例如投保流程是否符合交易惯例、保单内容是否存在明显瑕疵、转账刷卡账户是否正确等。结合投保人及保险公司的过错程度，法院可酌定比例要求保险公司对投保人的损失进行赔付。

需要注意的是，鉴于该类案件中投保人请求权基础的不同会影响法院的审查认定路径及结果，故建议法院在审理过程中先行向当事人释明不同法律关系所对应的不同请求权基础的区分，并在当事人选择其请求权基础后再行就案件事实进行审查及认定，以确保当事人诉讼权利的正当行使。本案中，束某某即以财产保险合同纠纷为由提起诉讼，请求权基础为合同责任，在经法院释明后，束某某仍坚持该请求权基础，故本案围绕该请求权基础所对应的法律关系进行审查认定即可。此外，对于保险公司赔付后能否向犯罪人追偿，本文认为，保险公司所负的赔偿责任与犯罪人的赔偿责任属于因不同原因而对同一债权人产生的债的义务，但由于民事责任发生的根源在于犯罪行为，犯罪行为人应为终局责任人，保险公司承担了相应的赔偿责任后有权向犯罪人追偿。

（一审法院合议庭成员　孙璟钰　张素恩　王来昌

编写人　　　北京市第三中级人民法院　孙璟钰
　　　　　　北京市朝阳区人民法院　史素英

责任编辑　李　明

审稿人　刘　敏）

某烤鱼店诉某保险公司
责任保险合同纠纷案
——保险合同中格式免责条款的认定

关键词：民事　保险合同纠纷　免责条款　格式条款

【裁判要旨】

保险条款将"意外事故"约定为"道路交通机动车事故"，缩小了保险人的赔偿责任，属于免责条款，保险人未履行提示义务的，该条款不产生效力；停工留薪期工资属于保险条款中"误工费用"的赔偿范围，保险约定已经免除了另行赔付误工费用的责任，已尽提示说明义务的，该格式免责条款有效。

【相关法条】

《中华人民共和国保险法》

第十七条　订立保险合同，采用保险人提供的格式条款的，保险人向投保人提供的投保单应当附格式条款，保险人应当向投保人说明合同的内容。

对保险合同中免除保险人责任的条款，保险人在订立合同时应当在投保单、保险单或者其他保险凭证上作出足以引起投保人注意的提示，并对该条款的内容以书面或者口头形式向投保人作出明确说明；未作提示或者明确说明的，该条款不产生效力。

《最高人民法院关于适用〈中华人民共和国保险法〉若干问题的解释（二）》

第九条　保险人提供的格式合同文本中的责任免除条款、免赔额、免赔率、比例赔付或者给付等免除或者减轻保险人责任的条款，可以认定为保险法第十七条第二款规定的"免除保险人责任的条款"。

保险人因投保人、被保险人违反法定或者约定义务，享有解除合同权利的条款，不属于保险法第十七条第二款规定的"免除保险人责任的条款"。

第十一条　保险合同订立时，保险人在投保单或者保险单等其他保险凭证上，对保险合同中免除保险人责任的条款，以足以引起投保人注意的文字、字体、符号或者其他明显标志作出提示的，人民法院应当认定其履行了保险法第十七条第二款规定的提示义务。

保险人对保险合同中有关免除保险人责任条款的概念、内容及其法律后果以书面或者口头形式向投保人作出常人能够理解的解释说明的，人民法院应当认定保险人履行了保险法第十七条第二款规定的明确说明义务。

第十三条　保险人对其履行了明确说明义务负举证责任。

投保人对保险人履行了符合本解释第十一条第二款要求的明确说明义务在相关文书上签字、盖章或者以其他形式予以确认的，应当认定保险人履行了该项义务。但另有证据证明保险人未履行明确说明义务的除外。

【案件索引】

一审：江苏省无锡市新吴区人民法院（2022）苏0214民初6097号（2022年11月15日）

【基本案情】

原告某烤鱼店诉称：其向某保险公司投保了雇主责任险，雇员曹某某在列。根据《雇主责任保险条款》《雇主责任保险附加险》的约定，对于被保险人的雇员在境内上下班途中遭受意外事故而导致被保险人依法应承担的经济赔偿责任，保险人按照主险条款规定负责赔偿。曹某某在上班途中发生交通事故受伤，江苏省无锡市某区人力资源和社会保障局认定曹某某受到的伤害属于工伤，经劳动仲裁调解，确定曹某某一次性伤残补助金41049元、停工留薪期补贴2951元，共计44000元，由其向曹某某一次性支付44000元予以了结，其向曹某某支付了44000元工伤赔偿款。其后，其依据保险合同向某保险公司申请理赔，某保险公司拒赔。其认为，附加条款中对上下班途中遭受意外事故限制为道路交通机动车事故系格式免责条款，某保险公司未作提示和解释，应当认定该条款无效。其主张的停工留薪期补贴属于保险条款中的误工费用，应当由某保险公司理赔。某保险公司提供的保险条款中的概念错误，未使用工伤产生费用的名称，所谓劳动能力鉴定等同于保险条款中经医疗机构诊断确认为永久丧失全部或者部分工作能力的解释等无法律依据，且未尽提示义务，应当作出不利于某保险公司的解释。请求法院判令：某保险公司向其支付理赔款44000元及逾期利息（以44000元为基数，自2021年9月28日起至实际付款之日止，按全国银行间同业拆借中心公布的贷款市场报价利率计算）。

被告某保险公司辩称：（1）双方之间的保险合同合法有效。根据雇主责任保险附加保险条款（2011 版）附加境内公出及上下班途中附加条款约定，曹某某发生的交通事故属于非机动车之间的交通事故，不属于保险理赔范围。该条款不是格式条款或者免责条款，是在主险免责情况下对保险范围的适当扩大，是利好条款。（2）某烤鱼店主张的停工留薪期补贴不属于任何理赔种类，如果认为属于误工费用，因保险条款中约定了误工费用与伤残赔偿金不可兼得，且已加粗加黑提示，故不应另行赔付。（3）《道路交通安全法》明确区分了机动车和非机动车，某烤鱼店以购买保费较低的相应的保险条款，而要把风险全部转移给某保险公司，对某保险公司是不公平的。（4）某烤鱼店诉请中主张的逾期利息没有事实及法律依据，其不予认可。

法院经审理查明：2019 年 8 月 1 日，某烤鱼店向某保险公司投保了雇主责任险，保单号：1035317012019000×××，保险期限为 2019 年 8 月 1 日至 2020 年 7 月 31 日；雇员职业类别为厨师，人数 40 人；工伤伤残赔偿金限额 60 万元，按 1 ~ 10 级伤残，100% ~ 10% 比例赔付；误工费用每人赔偿限额 27000 元，每天 150 元，误工天数免赔 3 天，赔付天数限额为 180 天等。曹某某在某烤鱼店雇员清单中，岗位为切配。《雇主责任保险条款（2018 版）》第三条约定："在保险期间内，被保险人的雇员在中华人民共和国境内因从事保险单所载明的工作而遭受意外事故或患与工作有关的国家规定的职业性疾病所致伤、残或死亡，依照中华人民共和国法律应由被保险人承担的下列经济赔偿责任，保险人依据本保险合同的约定负责赔偿：一、死亡赔偿金；二、伤残赔偿金；三、误工费用；四、医疗费用。"第五条约定："下列原因造成的损失、费用和责任，保险人不负责赔偿：……（十一）被保险人的雇员因工外出期间以及上下班途中遭受意外事故而导致的伤、残或死亡……"第二十八条约定："在保险期间内，发生保险责任范围内的事故，保险人根据投保人或被保险人提供的雇员名册，对被保险人依法承担的对其发生伤、残或死亡的每个雇员的经济赔偿责任，在保险单中载明的各项赔偿限额内给付下列赔偿金：……（二）伤残赔偿金：按保险人认可的伤残鉴定机构依据、《劳动能力鉴定职工工伤与职业病致残等级》为标准确定的伤残等级，根据下列'伤残等级赔偿限额比例表'对应的赔偿限额比例乘以每次事故每人人身伤亡赔偿限额所得金额进行赔偿。……伤残等级九级，赔偿限额比例 10%……（三）误工费用：保险事故导致被保险人雇员暂时丧失工作能力超过 5 天（不含 5 天），并经二级以上（含二级）医院及被保险人证明的，保险人按本保险单明细表中载明的标准负责赔偿被保险人雇员暂时丧失工作能力期间的误工费用，至工伤医疗期满或确定伤残程度后停发，最长赔付天数为 365 天，且以保险单约定的每人误工费用赔偿限额为限。若被保险人暂时丧失工作能力的雇员经医疗机构诊断确定为永久丧失全部/部分工作能力，则按本条第（二）款确定的伤残赔偿金额赔付，不再另行赔付本款规定的误工费用，已付误工费用在应付的伤残赔偿限额内予以扣除。"该约定中自"若被保险人暂时丧失工作能力的雇员"至"已付误工费用在应付的伤残赔偿限额内予以扣除"部分的字体进行了加粗加黑。

某烤鱼店购买的《雇主责任保险附加险/附加条款明细》中"附加境内公出及上下班途中附加条款"第一款约定，本保险条款为雇主责任保险（主险）的附加批单，若主险条款与本附加批单互有冲突，以本附加批单为准。本附加批单未尽事宜，以主险条款为准。第二款约定，经投保人与保险人协商一致，对于被保险人的雇员在境内因工外出期间由于工作原因遭受意外事故及上下班途中遭受意外事故而导致被保险人依法应承担的经济赔偿责任，保险人按照主险条款规定负责赔偿。第三款约定，本附加险所指上下班途中遭受意外事故是指被保险人雇员在上下班的规定时间和必经路线上，发生本人无责任或者非本人主要责任的道路交通机动车事故。该条款字体未加粗加黑。

投保单"投保人声明"处载明：投保人填写本投保单之前，保险人已经就本投保单及后附的保险条款的内容，尤其是关于保险人免责的条款及投保人和被保险人义务条款向投保人作了明确说明。某烤鱼店在"投保人签字（盖章）"处盖章。

2020年4月1日，杜某某驾驶号牌为常熟0961×××的电动自行车在无锡市某路由东往西直行通过某路口时（违反交通信号指示通行），遇曹某某驾驶号牌为无锡C32×××的电动自行车在某路由北向南直行通过，结果发生碰撞，致杜某某、曹某某受伤和车辆损坏的交通事故。经无锡市公安局交通警察支队无锡经济开发区大队认定，杜某某负全部责任，曹某某无责任。曹某某于2020年4月1日入住无锡市某医院治疗，于2020年4月12日出院，出院时该院对曹某某建议休息3个月，期满后又于2020年7月13日、9月13日分别建议休息2个月、1个月，合计建议休息6个月。

2020年12月8日，无锡市某区人力资源和社会保障局出具《工伤认定决定书》，认定曹某某于2020年4月1日在上班途中遭受交通事故伤害，诊断为L1椎体压缩性骨折、多发性软组织损伤，认定为工伤。2021年1月22日，无锡市劳动能力鉴定委员会出具《无锡市劳动能力鉴定结论通知书》，认定曹某某致残程度为九级。后无锡市某区劳动人事争议仲裁委员受理申请人曹某某与被申请人某烤鱼店劳动争议一案，经调解，曹某某与某烤鱼店达成调解协议：一、双方确认曹某某一次性伤残补助金数额为41049元、停工留薪期补贴数额为2951元，共计44000元，该款项某烤鱼店同意并确认于2021年9月30日之前（含当日）一次性支付给曹某某。二、若被申请人逾期支付上述款项，则需支付申请人违约金5000元。三、本调解书生效后，双方劳动权利义务全部清结，再无其他争议。无锡市某区劳动人事争议仲裁委员会于2021年8月30日据此作出仲裁调解书。2021年9月17日，某烤鱼店向曹某某支付44000元。此后某烤鱼店向某保险公司理赔，某保险公司以不属于保险责任为由于2021年9月28日通知某烤鱼店拒赔。

又查明：曹某某因已超过法定退休年龄，于2019年7月21日与某烤鱼店签订《劳务协议》，劳务协议期限自2019年7月21日起至2020年7月20日止，岗位为厨师，月基本工资2020元。某烤鱼店自2019年8月起向曹某某支付劳务报酬，至曹某某受伤前月平均工资为3499.83元。

【裁判结果】

江苏省无锡市新吴区人民法院于2022年11月15日作出（2022）苏0214民初6097号民事判决：一、某保险公司于判决发生法律效力之日起10日内赔偿某烤鱼店保险金41049元及利息损失（以41049元为基数，自2021年9月28日起至实际给付之日止，按照全国银行间同业拆借中心公布的贷款市场报价利率计算）。二、驳回某烤鱼店的其他诉讼请求。宣判后，双方当事人未提出上诉，判决已发生法律效力。

【裁判理由】

法院生效裁判认为，本案的主要争议焦点为：（1）案涉附加境内公出及上下班途中附加条款中将将意外事故约定为道路交通机动车事故是否有效；（2）某烤鱼店主张的"停工留薪期补贴"是否适用保险条款中的误工费用免责约定，该免责条款是否有效。

关于争议焦点一，案涉附加境内公出及上下班途中附加条款第二款约定："上下班途中遭受意外事故而导致被保险人依法应承担的经济赔偿责任，保险人按照主险条款规定负责赔偿。"未对意外事故是否为道路交通机动车事故作出限定。而第三款将上下班途中遭受的意外事故约定为"道路交通机动车事故"，缩小了保险人的赔偿责任，属于免除保险人责任条款，应当在保险合同中作出足以引起投保人注意的提示，而该第三款内容的字体未作加粗加黑或其他标识，无法区别于其他部分的内容，故应认为保险人未履行提示义务，该条款不产生效力。

关于争议焦点二，保险条款中虽未有"停工留薪期补贴"的赔偿项目，但根据案涉相关保险条款的文义，工伤待遇中的停工留薪期工资应当属于保险条款中"误工费用"的赔偿范围。根据保险条款第二十八条第三项"误工费用"的赔偿约定，"若被保险人暂时丧失工作能力的雇员经医疗机构诊断确定为永久丧失全部/部分工作能力，则按本条第二款确定的伤残赔偿金额赔付，不再另行赔付本款规定的误工费用"，该部分内容免除了保险人另行赔付误工费用的责任，属于免责条款，但该部分内容已进行加粗加黑提示，某烤鱼店亦以在投保单上盖章的形式确认了某保险公司已经就保险人免责的条款作了明确说明，故某保险公司已尽到充分提示和明确说明义务，该免责条款有效。因曹某某致残程度为九级，应当属于经医疗机构诊断确定为丧失部分工作能力的情形，故某烤鱼店主张的"停工留薪期补贴"应当适用保险条款第二十八条第三项"误工费用"的赔偿约定，某保险公司在向某烤鱼店赔偿一次性伤残补助金的情形下，无须另行赔偿停工留薪期工资。

本案中，某烤鱼店在某保险公司投保了雇主责任险，系双方真实意思表示，该保险合同关系合法有效。曹某某作为某烤鱼店的雇员在上下班途中因意外事故致伤，属于保险合同理赔责任范围，某保险公司应当承担相应的理赔责任。关于某烤鱼店主张的一次性伤残补助金 41049 元，因曹某某在受伤前的平均工资未超过无锡市平均工资标准，根据曹某某致残程度为九级的伤情，其应得一次性伤残补助金为 7602 元/月 × 60% × 9 个月，即 41050.8 元，现某烤鱼店主张 41049 元，低于曹某某应得的一次性伤残补助金金额，且某烤鱼店已向曹某某支付，故该款应当由某保险公司向某烤鱼店赔偿。关于某烤鱼店主张的停工留薪期补贴 2951 元，根据前述理由，因法院已认定某保险公司应当赔偿一次性伤残补助金，依照保险合同中生效的免责条款约定，某保险公司无须另行赔付该笔属于保险条款中"误工费用"的停工留薪期工资。关于某烤鱼店主张的利息损失，其中一次性伤残补助金 41049 元的利息损失符合法律规定，法院予以支持；其余利息损失法院不予支持。

【案例注解】

本案系因保险合同格式免责条款适用引发的纠纷。在保险合同纠纷中，以格式条款规定保险公司免责情形的情况并不少见，但由于实践中保险合同格式条款说明义务的履行形式多种多样、对格式条款免责内容范围的理解各不相同，因此，在保险事故发生后产生相关纠纷时，保险公司方通常认为保险事故符合格式免责条款情形而应当免除其赔偿责任，被保险人则通常认为保险公司未尽到格式免责条款的说明义务或保险事故并不属于免责条款的情形，争议由此产生。解决此类争议的关键即在于格式免责条款说明义务履行的认定以及格式免责条款内容范围的确定。

一、格式免责条款的内涵

通常而言，广义上的免责条款，是指当事人双方在合同中事先约定的，旨在限制或免除其未来责任的条款。免责条款是当事人双方在意思自治的基础上，用以分配风险和平衡利益的重要手段，它排除了受害人的请求权，具有重要的法律地位。免责条款的内容既可以是免除全部责任，即受害人不能再行使本应有的请求权，也可以是免除部分责任，即受害人只能在一定额度范围内行使请求权。

格式条款是当事人为了重复使用而预先拟定，并在订立合同时未与对方协商的条款。正因其系重复使用而预先拟定，故在订立时双方无法就合同内容进行具体磋商，因此格式条款最实质的特征即在于"未与对方协商"而非"重复使用而预先拟定"。此外，格式条款通常是由优势一方预先拟定，若不给相对劣势方充分磋商的机会则可能造成不公平的结果。基于民事活动应当遵循公平原则，法律对格式条款的设置进行了一定的限制，比如要求格式条款的设置方采取合理方式进行说明、不得滥用优势地位设置不公平条款等。

保险合同中的格式免责条款，一般是以一方（通常是保险公司）预先拟定的方式制作的、相对方（通常是投保人或被保险人）对内容无法进行具体磋商的、约定免除或者限制保险公司责任的条款。保险合同中的格式免责条款一般具有以下特征：第一，格式免责条款具有约定性。不同于法定免责，保险合同中的格式免责条款内容是双方当事人约定的，当事人可以约定"限制赔偿数额""免除某种事故发生的责任"等，条款发生效力的条件也不同于法定免责。第二，格式免责条款的提出应当以明示的方式作出，以默示的方式作出的免责条款通常是无效的。《保险法》规定了保险人应当对免责条款履行提示说明义务，否则免责条款不发生效力。第三，格式免责条款具有免责性。格式免责条款的目的就是排除或者限制当事人责任。这种免责可以是部分免责（限制），也可以是全部免责（排除）。在保险合同中，免责条款设置的目的通常是免除保险公司责任。

正因保险合同中的格式免责条款具有免除保险公司责任的作用，《保险法》第十七条规定："订立保险合同，采用保险人提供的格式条款的，保险人向投保人提供的投保单应当附格式条款，保险人应当向投保人说明合同的内容。对保险合同中免除保险人责任的条款，保险人在订立合同时应当在投保单、保险单或者其他保险凭证上作出足以引起投保人注意的提示，并对该条款的内容以书面或者口头形式向投保人作出明确说明；未作提示或者明确说明的，该条款不产生效力。"在实践中，对于保险合同的某一条款是否属于格式条款几乎不存在争议，但对于某一条款是否属于免责条款或者保险公司对该条款是否已经尽到了提示说明义务则经常产生争议。

二、格式免责条款的判断

在保险合同纠纷中，保险公司经常以保险事故属于免除赔偿责任的情形为由进行抗辩。如何正确认定免责条款的范围以及免责条款的适用是案件处理的关键。上文已经分析了格式免责条款的内涵，关于免责条款的确定以及适用，也应当从上述三个特征出发进行判断。

本案中，保险附加条款中约定"被保险人的雇员在境内，因工外出期间由于工作原因遭受意外事故及上下班途中遭受意外事故而导致被保险人依法应承担的经济赔偿责任，保险人按照主险条款规定负责赔偿"，又约定"本附加险所指上下班途中遭受意外事故是指被保险人雇员在上下班的规定时间和必经路线上，发生本人无责任或者非本人主要责任的道路交通机动车事故"，原告雇员发生事故后与原告达成和解协议，原告依照协议赔偿后要求某保险公司理赔，被告某保险公司抗辩认为原告某烤鱼店雇员发生非机动车间交通事故，不属于道路交通机动车事故，且认为该约定是在主险免责情况下对保险范围的适当扩大，是利好条款，因此不属于免责条款。人民法院经审理认为，保险合同中的该约定事实上缩小了保险人赔偿责任的范围，应当认定为免责条款，保险人未尽到提示说明义务的，免责条款不发生效力。

本案中，保险条款还约定"若被保险人暂时丧失工作能力的雇员经医疗机构诊断确定为永久丧失全部/部分工作能力，则按本条第二款确定的伤残赔偿金额赔付，不再另行赔付本款规定的误工费用，已付误工费用在应付的伤残赔偿限额内予以扣除"，且该部分内容字体进行了加黑加粗，某保险公司抗辩认为原告主张的停工留薪期补贴不属于任何理赔种类，如果认为属于误工费用，因保险条款中约定了误工费用与伤残赔偿金不可兼得，且已加粗加黑提示，故不应另行赔付。人民法院经审理认为，根据案涉保险合同相关条款的文义，工伤待遇中的停工留薪期工资应当属于保险条款中"误工费用"的赔偿范围，保险合同中已经约定了免除保险人另行赔付误工费用的责任，且该免责条款通过字体加黑加粗的方式进行了提示说明，可以发生某保险公司免责的效力。

三、结语

对于双方自行约定免责的，基于私法自治原则，法律通常不应进行干涉和限制。但在格式合同设置免责条款的情况下，由于格式条款自身特征的特殊性，此种免责条款的设置与一般协商的免责条款的设置又存在不同，因而需对其认真分析。

不同于普通公平交易主体之间的免责，在保险纠纷领域，投保人、被保险人购买保险，其目的即在于规避现实生活中可能遇到的风险，或者说是将遭遇风险而遭受的经济损失转嫁或部分转嫁给保险人，因此可以认为投保人或被保险人对于保险合同中免除保险人责任的条款应当是尤其重视的。另外，保险公司作为强势一方商事主体，其保险合同的订立相对方往往处于弱势地位，无论是在条款的理解能力上还是保险专业知识上都可能更加欠缺，此时更应当注重避免因过分扩大理解免责条款所规定的免责情形而导致投保人和被保险人利益难以得到维护。

应当看到，从法律设置的本意与初衷来说，格式条款的设置目的在于方便快捷交易，而非变相剥夺一方当事人的自主协商权，故对于未履行提示说明义务以保障非格式条款提供方知晓相应内容的格式条款不必然发生效力；同时，免责条款在根本上限制了一方权利，是在特殊情况下对公平原则的突破，故对其免责内容范围的理解也应当更加谨慎；最后，基于格式条款的解释原则，在双方对格式条款理解不一致且又无通常理解时，应当从维护非格式条款提供方的角度出发进行解释。综上，把握上述三点，即可从本质上找寻某一保险合同中的格式免责条款能否发生相应效力的答案。

具体到本案中，双方争议的主要是案涉附加境内公出及上下班途中附加条款中将意外事故约定为道路交通机动车事故是否是对保险公司方责任的免除，是否应当受到格式免责条款适用的限制；某烤鱼店主张的"停工留薪期补贴"是否适用保险条款中误工费用免责约定，该免责条款是否有效。由上文分析可知，将意外事故约定为道路交通机动车事故事实上是缩小了应赔付保险事故的范围，限制了被保险人的权利，本质上符合免责条款的定义，且其以格式条款的形式作出，因此将其认定为格式免责条款而应受到相应规定的限制并无不妥。

但同时也应当注意，格式条款的设置依然应当满足其便利交易需要，苛责保险人对提示说明义务的履行也可能会加重其负担，因此法律规定，只要满足《最高人民法院关于适用〈中华人民共和国保险法〉若干问题的解释（二）》第十一条规定，保险人在投保单或者保险单等其他保险凭证上，对保险合同中免除保险人责任的条款，以足以引起投保人注意的文字、字体、符号或者其他明显标志作出提示的，人民法院应当认定其履行了《保险法》第十七条第二款规定的提示义务。因此本案中，关于停工留薪期补贴保险人是否已经尽到提示说明义务的判断，根据案涉相关保险条款的文义，工伤待遇中的停工留薪期工资应当属于保险条款中"误工费用"的赔偿范围，保险公司已经就误工费用的责任免除以加黑加粗的方式进行了提示说明义务的履行，故本案中，对于某烤鱼店的该部分请求，法院不予支持。

保险合同条款的内容多种多样，法律规定难以通过穷尽列举各种情形的方式对保险合同内容进行规范，但只要把握住对保险合同内容理解认定的本质，即可作出正确判断。

（**一审法院独任审判员** 姚凤华

编写人 江苏省无锡市新吴区人民法院 姚凤华 谈雪薇

责任编辑 李 明

审稿人 刘 敏）

某保险公司诉上海某公司
人身保险合同纠纷案

——人身保险合同中投保人具有保险利益的审查与认定

关键词：民事 人身保险 短期健康保险 保险利益 高度盖然性

【裁判要旨】

以人的身体为保险标的的人身保险，投保人既非被保险人本人或近亲属，亦非与其存在劳动关系的用人单位，投保人与保险人虽均无法提供订立合同时被保险人同意投保人为其投保的直接证据，但从保单上对被保险人身份信息的记载，以及被保险人对药店理赔授权委托书中援引的保单编号，以及委托药店理赔并提供身份证和处方复印件等行为，足以推定被保险人知晓且同意投保人为其订立案涉保险合同，应视为投保人对被保险人具有保险利益，保险合同有效。

【相关法条】

《中华人民共和国保险法》

第三十一条 投保人对下列人员具有保险利益：

（一）本人；

（二）配偶、子女、父母；

（三）前项以外与投保人有抚养、赡养或者扶养关系的家庭其他成员、近亲属；

（四）与投保人有劳动关系的劳动者。

除前款规定外，被保险人同意投保人为其订立合同的，视为投保人对被保险人具有保险利益。

订立合同时，投保人对被保险人不具有保险利益的，合同无效。

《最高人民法院关于适用〈中华人民共和国保险法〉若干问题的解释（三）》

第三条 人民法院审理人身保险合同纠纷案件时，应主动审查投保人订立保险合同时是否具有保险利益，以及以死亡为给付保险金条件的合同是否经过被保险人同意并认可保险金额。

【案件索引】

一审：上海市静安区人民法院（2022）沪0106民初44825号（2023年11月23日）

【基本案情】

原告某保险公司诉称：2021年7月起，其与某公司合作开展团体医药费用补偿保险业务，业务开展之初，双方合作正常。但随着时间进展，某公司开始拖欠保费。经多次催讨后，某公司虽归还部分欠款，但始终未能按其自行制订的还款计划执行。故某保险公司请求判令：确认其对某公司享有债权35343487.57元及利息损失。

被告某公司辩称：其对于投保事实及保单、己方发给某保险公司的函件中确认拖欠的保费金额予以认可，但对某保险公司主张的利息损失不予认可。

法院经审理查明：2021年7月起，某保险公司、某公司合作开展团体医药费用补偿保险业务。现有保单显示，某公司为投保人，某保险公司为保险人，被保险人均为自然人，适用条款为《团体医药费用补偿保险（2020版）》。特别约定部分载明，保单无等待期，最多可逾期8天支付保费（自保单生效当天计算），逾期8天后仍未支付保费，该次投保申请无效，保险人不承担任何责任。《团体医药费用补偿保险（2020版）条款》载明，该合同的投保人应为具有完全民事行为能力的被保险人本人或对被保险人有保险利益的其他人或团体。保险责任为在保险期间内，被保险人因遭受意外伤害或罹患疾病，且经合同约定的医疗机构诊断后，在合同约定的医疗机构或指定的药店支出的约定范围内的合理且必需的医药费用，保险公司在合同约定的该被保险人的医药费用保险金额的限额内扣除约定的免赔额后，按约定的赔偿比例赔偿。

合同履行过程中，在某公司未足额支付保费时，被保险人就已出具理赔授权委托书给药店，并在委托书中注明委托该药店就特定保单号的保险合同的理赔事宜作为其代理公司，因药品费用是药店为其垫付/先行理赔，故其"同意"将理赔款汇至药店的指定账户。被保险人于该委托书上签名，并提交其身份证复印件、处方。保险公司赔款后，药店向其开具增值税专用发票。

2023 年 3 月 10 日，某公司向某保险公司出具函件，确认截至 2022 年 11 月，某公司应付未付保费合计 35343487.57 元，认可某保险公司已实际赔付。

2023 年 9 月 8 日，上海市第三中级人民法院作出民事裁定，受理债权人对某公司的破产清算申请。同月 13 日，该院出具决定书，指定上海某律师事务所担任某公司的管理人。

【裁判结果】

上海市静安区人民法院于 2023 年 11 月 23 日作出（2022）沪 0106 民初 44825 号民事判决：一、确认某保险公司对某公司享有保险费 35343487.57 元的债权；二、确认某保险公司对某公司享有逾期支付保险费利息的债权，以保险费 35343487.57 元为基数，按全国银行间同业拆借中心公布的一年期贷款市场报价利率（LPR），自 2022 年 12 月 13 日计算至 2023 年 9 月 7 日。一审判决后，各方当事人未提起上诉，一审判决已发生法律效力。

【裁判理由】

法院生效裁判认为：人身保险的投保人在保险合同订立时，对被保险人应当具有保险利益。订立合同时，投保人对被保险人不具有保险利益的，合同无效。本案焦点在于，投保人某公司订立保险合同时是否具有保险利益？案涉保险为以人的身体为保险标的的人身保险，然而其投保人既非被保险人本人、近亲属，也非与其存在劳动关系的用人单位，但法院仍认为投保人对被保险人具有保险利益。理由如下：法律规定，被保险人同意投保人为其订立合同的，视为投保人对被保险人具有保险利益。从查明的事实来看，某保险公司、某公司目前均无法提供订立合同时被保险人同意投保人为其投保的直接的意思表示。但从保单上对被保险人身份信息的记载，以及被保险人对药店理赔授权委托书中援引的保单编号、委托药店理赔，并提供身份证和处方复印件的行为，足以推定被保险人知晓且同意投保人为其订立案涉保险合同。故法院认为投保人对被保险人具有保险利益，保险合同有效。

因双方人身保险合同关系合法有效，投保人某公司应当按照约定交付保险费。现经双方确认，案涉保单项下，某公司欠付保险费共计 35343487.57 元。依约，案涉保单自保单生效当天计算最多可逾期 8 天支付保费。某保险公司主张确认其按全国银行间同业拆借中心公布的 LPR 计算自起诉之日 2022 年 12 月 13 日起至实际履行之日止的利息损失。某保险公司主张的计算基数、起始时间、计算标准均有事实与法律依据，法院予以确认。但就计算截止时间，《企业破产法》规定，附利息的债权自破产申请受理时停止计息。因法院于2023年9月8日裁定受理对某公司的破产清算申请，故本案债权利息应计算至2023年9月7日。

【案例注解】

投保人订立保险合同时是否具有保险利益，是本案中探讨研判的重点问题，审判中应如何把握相关标准，主要从以下三个方面进行分析：一是在人身保险合同中投保人在"投保时"应当具有投保利益；二是被保险人"同意"的意思表示形成时间应严格限定于合同订立时，不可以事后追认的形式产生；三是在当事人主张通过结合保险合同履行情况推断被保险人"同意"的，法院应审查后予以判定。

一、非"法定具有保险利益"的人员投保应当取得被保险人的"同意"

根据《保险法》第三十一条第一款规定，投保人应具有保险利益，即投保人为被保险人本人或与被保险人具有《保险法》规定的亲属或劳动关系，或投保人为被保险人投保经被保险人"同意"。保险利益的存在关系到保险合同的效力问题，而保险合同的效力是整个保险行为的前提要件，因此，保险利益的重要性不言而喻。而且在人身保险中，对保险利益的要求相较于财产保险也更加严格，对保险利益存在的时间节点要求也更早。对于价值取向而言，人的生命健康利益永远是高于财产的，在人身保险中必须严格确认人身保险利益的有效性，才能更好地保障生命健康权利。

在人身保险纠纷案件中，有关保险利益有无和被保险人是否"同意"，法院应主动予以审查，即在当事人主张合同有效时，法院需要对存在保险利益、被保险人"同意"的事实进行双重审查。具体而言，在被保险人也是案件当事人的情形下，询问其是否于"投保时""同意"他人投保，签名是否属实等；在被保险人不是案件当事人时，可以要求主张合同有效的当事人以及受益人提交被保险人"同意"的相关证据。

案涉保险为以人的身体为保险标的的人身保险，涉及保单68份、被保险人2651人，然而合同的被保险人并非本案的当事人，其投保人既非被保险人本人、近亲属，也非与其存在劳动关系的用人单位，因此，投保人、保险人能否完成相关具体投保情况的举证，以及对保险利益是否存在进行认定就成了处理本案纠纷的关键。而且，案涉保险利益应当在合同订立时即享有。

二、被保险人"同意"的意思表示形成时间应严格审查

《保险法》第三十一条第三款规定，订立合同时，投保人对被保险人不具有保险利益的，合同无效。

值得考虑的是，该处的被保险人"同意"的时间点可否为事后？案涉保险合同，保险人与投保人均无法提供订立合同时患者作为被保险人"同意"投保人为其投保的直接意思表示，患者本人的签名仅出现在其给药店的理赔授权委托书中，注明事项为委托药店就特定保单号的保险合同的理赔事宜作为其代理公司。该组证据的认定对案件的审理走向至关重要。

出于对产生道德风险的事先防范，法律强制要求人身保险合同订立时应当存在保险利益，即被保险人有关保险利益"同意"应限于"投保时"，事后"同意"是不允许的，尤其是事故发生后的"同意"和拟制"同意"应当被绝对禁止。如果准许"投保时"没有保险利益，而后于事故发生时取得保险利益即可，将会导致灾难性的后果，陷被保险人于危难之中。因此，就保险利益的存在时间点，法院在审查时必须以"投保时"为准，故对当事人认为理赔授权委托书系被保险人的事后追认，法院不予采信。

三、法院穷尽证据可能后运用高度盖然性原则判断"同意"的时间节点

在审查内容上，本案的审查采取了兼顾利益与同意主义的审查原则。根据法律规定，人身保险的保险利益范围不仅包括基于身份关系所产生的血亲与姻亲关系，同时也包括诸如劳动关系的利益关系，对于缺乏这一类关系的主体之间，则加入了被保险人"同意"的介入意思表示，从而弥合保险利益要素。这一规定也使审查范围更加具体，在充分保障保险合同各方主体权益的同时，也能够应对各种复杂的社会关系影响。

本案中，由于某公司是短期健康险的平台，某保险公司过度依赖该平台，将原始投保资料、索赔资料的电子数据都留存在平台外租的第三方服务器中，己方仅持有保单。某公司审理前期未到庭，后期又进入破产状态，而管理人无法掌握第三方服务器中的证据材料，故案涉当事人将面临举证不能的困境，给还原"投保时"的真实情况造成障碍。

法院穷尽证据可能后，运用高度盖然性原则判断订立合同时投保人对被保险人具有保险利益。理由如下：从查明的事实来看，投保人、保险人目前均无法提供订立合同时被保险人"同意"投保人为其投保的直接意思表示。但保单上对被保险人身份信息的记载，以及被保险人对药店理赔授权委托书中援引的保单编号、委托药店理赔，并提供身份证和处方复印件的行为，足以推定被

保险人知晓且"同意"投保人为其订立案涉保险合同。故经综合审查证据，法院认为订立合同时被保险人"同意"投保人为其投保，投保人对被保险人具有保险利益，保险合同有效。

此外，不考虑本案举证僵局的情况下，法院可以通过审查投保材料、回访、交纳保险费、更新签名、签收纸质保单、保险理赔等环节的证据，推断出被保险人订立合同时的意思表示。

（一审法院合议庭成员 倪　强　陆　茵　沈勤德
编写人 上海市静安区人民法院　陆　茵
责任编辑 李　明
审稿人 刘　敏）

二、案例精析

刑　事

陆某某诈骗案

——骗取医保基金行为类型化
分析与路径规制

关键词：刑事　诈骗罪　骗取医保基金　篡改检测报告

【裁判要旨】

1. 行为类型化是准确认定医保骗保行为性质的基础。对于自然人利用医保卡套现、冒用他人医保卡、虚假申报以及医疗机构实施的骗保应认定为诈骗罪；盗窃他人医保卡并盗刷的，成立盗窃罪；定点医疗机构、医保经办机构等国家工作人员利用职务便利骗取医保基金，构成贪污罪。

2. 在认定是否涉嫌骗取医保基金行为时，应立足行为时的医保报销条件和范围，坚持形式与实质相统一的标准，综合判断是否对医保基金和医保秩序造成损害。对于在报销过程中，虽然存在违规行为，但不是以虚构事实、隐瞒真相的方式骗取医保基金并对国家医保基金造成实质性损失的，不属于骗取医保基金的行为。

【相关法条】

《中华人民共和国刑法》

第二百六十六条　诈骗公私财物，数额较大的，处三年以下有期徒刑、拘役或者管制，并处或者单处罚金；数额巨大或者有其他严重情节的，处三年以上十年以下有期徒刑，并处罚金；数额特别巨大或者有其他特别严重情节的，处十年以上有期徒刑或者无期徒刑，并处罚金或者没收财产。本法另有规定的，依照规定。

【案件索引】

一审：上海市浦东新区人民法院（2023）沪0115刑初2651号（2024年1月3日）

【基本案情】

上海市浦东新区人民检察院指控：2020年10月至2021年4月间，被告人陆某某作为某医药（上海）有限公司医药代表，为完成公司的药品奥希替尼销售指标，明知患者徐某某、赵某某、宋某某经某公司所做的个体化诊疗检测报告中EGFR Exon20 - T790M基因突变检测阴性，不符合国家医保关于使用肺腺癌靶向药奥希替尼的规定，仍使用"WPS"软件将患者徐某某、赵某某、宋某某的上述检测报告结果修改成阳性，后由东某医院呼吸内科医师陆某甲、尹某、胡某某依照报告，为上述三名患者开具奥希替尼药品，并由国家医保予以支付，造成国家医保损失。

被告人陆某某对指控基本事实和罪名均无异议，自愿认罪认罚。

辩护人认为：（1）用血液做基因检测，结果可能是假阴性，即T790M实际存在突变但检测不出来，所以被告人的篡改行为实质不影响正常进医保，故目前案件事实存在疑问，应作出有利于被告人的认定，其篡改行为与医保资金损失只有事实上的因果关系，并无刑法上的因果关系，因篡改行为而成立诈骗罪，属诈骗未遂；（2）2021年3月1日后奥希替尼开始纳入医保，所以篡改检测报告的行为不影响医保正常支付，属于无危害行为，应在指控金额中将3月后产生的损失予以扣除，涉案金额应为人民币27500余元；（3）关于患者宋某某部分指控事实系医生教唆被告人实施篡改行为，该部分犯罪中被告人属从犯，依法应当从轻、减轻处罚。综上，认为根据现有证据及被告人归案后的自首、认罪态度，协助警方侦破尚未掌握的案件事实，具有立功情节等，建议适用缓刑。

法院经审理查明：被告人陆某某系某医药（上海）有限公司医药代表。为完成公司的奥希替尼销售指标，在2020年10月至12月间，明知患者徐某某、宋某某等人经某公司所做的个体化诊疗检测报告中EGFR Exon20 - T790M基因突变检测阴性，不符合国家医保关于使用肺腺癌靶向药奥希替尼的规定，仍使用"WPS"软件对患者的上述个体化诊疗检测报告进行修改，将其中的EGFR Exon20 - T790M基因突变检测阴性结果修改成阳性，后由东某医院呼吸内科医师陆某甲于2020年10月26日，依照上述阳性报告为患者徐某某使用医保报销开具奥希替尼 1 盒，骗取国家医保支付 9180 元；由东某医院呼吸内科医师胡某某于 2021 年 1 月 4 日、29 日，依照上述阳性报告为患者宋某某使用医保报销开具奥希替尼 2 盒，骗取国家医保支付 18360 元；共造成国家医保资金损失 27540 元。

【裁判结果】

上海市浦东新区人民法院于 2024 年 1 月 3 日作出（2023）沪 0115 刑初 2651 号刑事判决：一、被告人陆某某犯诈骗罪，判处有期徒刑八个月，并处罚金人民币 7000 元。二、退赔在案的违法所得予以发还。判决后，被告人未上诉，公诉机关未抗诉，该判决已生效。

【裁判理由】

法院生效裁判认为：首先，奥希替尼片作为二线药物纳入医保支付的政策只要求基因检测 T790M 突变阳性即可，并未要求基因检测的部位或者类型，涉案患者通过采血检测基因，其结论是 EGFR Exon20 – T790M 阴性，从执行医保政策角度来说，医生为患者开具奥希替尼片就不能纳入医保支付。现因被告人陆某某篡改基因检测结果的行为，医生可以在医保系统内给患者开具奥希替尼片，直接使用医保基金负担部分药品费用，故被告人的篡改行为与医保资金损失之间具有刑法意义上的因果关系。其次，被告人陆某某篡改基因检测结果，致患者可以通过医保支付系统享受优惠，现已造成医保基金损失，其行为属犯罪既遂。最后，政策颁布机构的医保局工作人员周某的证言对奥希替尼药物进医保报销的政策给予详细说明，证实在 2021 年 3 月 1 日之后，不管有无被告人陆某某篡改检测报告的行为，涉案患者的情况实质上符合医保报销政策，也就是说，被告人陆某某篡改检测结果的行为在 2021 年 3 月 1 日以后并不会造成医保损失的实害性结果，故对该部分损失可不纳入犯罪金额计算。

【案例注解】

医疗保障基金是人民群众的"看病钱""救命钱"，事关人民群众切身利益，事关医疗保障制度健康持续发展，更事关国家长治久安。截至 2023 年年底，基本医疗保险参保人数达 13.34 亿人，参保覆盖面稳定在 95% 以上，基本医疗保险基金（含生育保险）总收入、总支出分别为 33355.16 亿元、

28140.33 亿元。① 我国基本医疗保险制度的建立对维护人民基本医疗切身利益，缓解贫困群众医疗问题发挥了重要作用。但随着我国医保基金池不断扩容，不法分子将触角伸向了群众的"看病钱""救命钱"，骗取医保基金的案件频发，严重损害了人民群众的切身利益，扰乱了社会基本医疗的保障体系。

一、骗取医保基金的行为类型

实践中，涉医保案件犯罪主体多元，骗保主体既有定点医疗机构、零售药店、参保人员、医药代表、医保工作人员，甚至还有专门从事医保欺诈的个人或团伙。犯罪手段也呈多样化，既有伪造病历、票据，虚假报销、虚增诊疗费用的方式，也有冒用他人医保卡骗取医保基金的方式。基于性质认定的需要，须先对复杂多样的医保骗保行为进行类型化梳理。结合犯罪主体，具体可将骗保行为分为以下几种类型：

1. 由自然人实施的骗保行为。一是利用医保卡套现。医保卡是参保人就医、购药享受医保优惠的身份凭证，但由于医保卡的社会属性，其应仅限于支付就医或购药时所产生的相关费用。但近年来出现越来越多利用医保套现的行为，行为人通过医保购药后，转手低价将药出售给他人。② 二是冒用他人医保卡。冒用情形下，一般被冒名者知情。例如，在家庭里，非参保人员冒名参保人员就医。③ 在二元制医保体系下，城乡报销比例不同，具备城乡居民医保资格的，为了享受更高的报销比例，冒用城镇职工医保卡。④ 三是盗刷他人医保卡。不同于被冒用者知情，医保卡持卡人是在不知情的情况下被盗刷的。⑤ 四是虚假申报。实践中多表现为伪造、变造检测报告等报销材料，或虚构医疗医药服务项目等向医保机构虚假申报，骗取医保基金。⑥

2. 由医疗机构实施的骗保行为。一是不合理医疗。即医疗服务提供方为了获取非法利益，采取诸如分解住院、分解项目收费、开具"大小处方"、过度医疗或用药等方式多收取医疗费用，最终由医保基金买单的行为。⑦ 二是虚构医疗服务等材料。相较于其他主体而言，医疗机构掌握着开具处方权和诊断权，其编造虚假的医疗服务项目、虚开医疗服务费用等也更便捷。⑧

---

① 数据来源于《2023 年医疗保障事业发展统计快报》。
② 浙江省长兴县人民法院（2021）浙 0522 刑初 241 号刑事判决书。
③ 湖南省醴陵市人民法院（2020）湘 0281 刑初 175 号刑事判决书。
④ 浙江省杭州市上城区人民法院（2016）浙 0102 刑初 149 号刑事判决书。
⑤ 上海市静安区人民法院（2019）沪 0106 刑初 466 号刑事判决书。
⑥ 湖北省孝感市中级人民法院（2021）鄂 09 刑终 144 号刑事裁定书。
⑦ 江苏省淮安市淮安区人民法院（2019）苏 0803 刑初 184 号刑事判决书。
⑧ 河南省濮阳市中级人民法院（2021）豫 09 刑终 49 号刑事裁定书。

3. 由医保经办机构实施的骗保行为。医保经办机构直接负责医保基金的管理和结算、医保报销的审核、医疗服务的监督。但司法实务中，有些医保经办机构的工作人员为了获取不正当利益，利用职务便利，套取医保基金。甚至不乏一些医保经办机构工作人员与他人勾结，骗取国家医保基金。①

本案即属于自然人通过虚假申报骗取医保基金的行为。被告人陆某某作为某医药（上海）公司医药代表，明知患者检测报告不符合国家医保关于使用肺腺癌靶向药奥希替尼的规定，为完成销售业绩，篡改患者检测报告，从而使医师根据该报告为患者开具使用该药的处方，并由国家医保予以报销支付费用。

二、骗取医保基金行为的类型化性质分析

从审理实践看，医保骗保的刑事案件，主要涉及诈骗、合同诈骗、贪污和掩饰、隐瞒犯罪所得等罪名。从规范层面看，为有效应对骗保行为认定混乱的问题，2014 年，全国人民代表大会常务委员会对《刑法》第二百六十六条作出立法解释，将以欺诈、伪造证明材料或其他手段骗取养老、医疗、工伤、失业、生育等社会保险金或其他社会保障待遇的，解释为诈骗公私财物的行为。2021 年，最高人民法院发布 7 件依法惩处医保骗保犯罪典型案例。2024 年，最高人民法院、最高人民检察院、公安部共同发布《关于办理医保骗保刑事案件若干问题的指导意见》，同时又公布了 8 件"两高"关于依法惩治医保骗保犯罪典型案例。进一步指出，根据骗取医保基金的行为方式、是否存在利用职务便利等因素，准确认定医保骗保行为性质。只有根据骗取医保行为手段的不同，细致区分不同行为所侵犯的法益，才能作出科学合理的定性结论。

1. 明确骗保行为所侵犯的法益。我国基本医疗保险采用医保统筹账户和个人账户相结合的复合模式。70% 来源于统筹账户，30% 划入个人账户。个人账户主要来源于个人交纳的部分，个人账户的本金和利息均为个人所有，只是使用范围受到限制。故实施骗取个人账户资金的行为虽不会危害医保基金的秩序，但其属于对个人财产的侵犯，依然可以评价为相应的财产犯罪。统筹账户主要来源于单位交纳的部分和国家财政补助，统筹账户资金能否成为侵财类犯罪的客体？通说观点认为，诈骗罪的客体为公私财物所有权，从资金来源看，统筹账户具有公益性质，属于社会公共资源的性质，其所有权属于国家，当然属于侵财类犯罪中公共财产的范围。

2. 明确行为的方式及其性质。

（1）自然人利用医保卡套现、冒用他人医保卡、虚假申报以及医疗机构

---

① 河南省信阳市中级人民法院（2018）豫 15 刑终 518 号刑事裁定书。

实施的骗保行为应认定为诈骗罪。一般而言，诈骗罪的构成为：被告人的欺骗行为—被害人陷入错误认识—基于错误认识处分财产—被告人获取财产—对方遭受损失。首先，判断是否有欺骗行为。上述无论是自然人或医疗机构冒用他人医保卡，还是虚假申报等，都属于虚构事实、隐瞒真相的欺骗行为。其次，判断被害人是否陷入错误认识。判断的基础在于谁是骗保行为的被害人。结合我国医保支付情况，绝大部分地区医疗机构或定点零售药店都开通了医保实时结算业务。以公立医院为例，参保人入院治疗，一般先由本院财政基金先行垫付需要报销的部分，而后在下个月统一报至医保经办机构结算。① 即使不是实时结算的机构，患者先行垫付医药费用，之后凭结算凭证等材料再去医保经办机构进行报销结算。从上述流程可以看出，无论是否实时结算，其审核的主体都是医保经办机构，也就是说，一旦被告人骗保成功，必然意味着医保经办机构陷入错误认识。再次，判断被害人是否基于错误认识而处分财产。一般而言，医保基金属于公共资源，其所有权属于国家。而医保经办机构根据其职责界定，是指负责有关基本医疗保险各项业务的部门，负责基本医疗保险基金的统筹、管理，与定点医疗机构、零售药店签订基本医疗保险服务合同，并对其履行情况进行监督，负责基本医疗保险费的结算和支付等。从其职责可以看出，医保经办机构更像是管理者和决定者，医保基金所有权虽不属于医保经办机构，但其有权利进行处分。这种所有权与处分权分离，本质上完全符合"三角诈骗"的逻辑构造。最后，判断财产的变动情况。一般而言，诈骗犯罪，一方获得财产，另一方必然存在财产损失，但二者有时也不完全对等。

（2）盗窃他人医保卡并盗刷的应定盗窃罪。前述冒用他人医保卡，也存在被冒名者不知情的情形，从本质上看，这也是一种盗刷行为。但与该行为不同的是，构成盗窃罪的盗刷行为，其前提在于获取他人医保卡是以一种不平和的盗窃方式获得。很多冒用他人医保卡的情况，获取他人医保卡时多采用一种平和的占有方式。如此定性的不同在于，一方面，从相对方而言，行为人通过正确的交易密码完成交易，医保经办机构并未陷入错误认识；另一方面，从行为方式看，医保基金具有财产属性，可以成为盗窃罪的对象，行为人一旦窃取他人医保卡，实际上就转移了医保基金的占有，也破坏了原持卡人对医保基金的支配，建立了新的支配关系，符合盗窃罪"排除＋利用"的功能。其与盗窃信用卡并使用构成盗窃罪的基本原理相似。

（3）定点医疗机构、医保经办机构等国家工作人员利用职务便利骗取医保基金的，构成贪污罪。1988年，国务院印发《关于建立城镇职工基本医疗保险制度的决定》，确定由医保经办机构确定定点医疗机构和药店，并与其签

---

① 刘汴鹤：《医保骗保行为的刑法适用问题研究》，载《医学与法学》2023年第4期。

订合同管理基本医疗保险。随着医药卫生体制的深化和基本医疗制度的整合，根据《关于深化医疗保障制度改革的意见》的要求，进一步理顺其权责关系。定点医疗机构和药店落实医保政策规定，按协议要求提供服务，向医保经办机构报送信息，配合医保经办机构开展医保费用审核等。《刑法》第九十三条规定了事业单位、人民团体中从事公务的人员也属于国家工作人员，并明确以"从事公务活动"作为界定主体身份的实质性特征。定点医疗机构从事医保事项的活动，以及医保经办机构日常的结算等事项都属于从事公务活动，符合国家工作人员主体身份的要求。故其在从事医保服务工作中利用职务便利，侵占、盗窃、骗取医保基金的行为，应成立贪污罪。

3. 排除是否存在违法阻却事项。理论上，任何一种人证不符的情形都是冒用的行为，但实践中不可能要求所有患者在所有环节都自己持医保卡就医、购药。对于代委托行为，从其实质上看，参保人的就医、购药行为都是真实的，也符合医保报销条件，阻却了此处"冒用"的违法性。另，《最高人民法院、最高人民检察院、公安部关于办理医保骗保刑事案件若干问题的指导意见》规定，对于参保人员个人账户按照有关规定为他人支付在定点医疗机构就医发生的由个人负担的医疗费用，以及在定点零售药店购买药品、医疗器械、医用耗材发生的由个人负担的费用，不属于使用他人医疗保障凭证冒用就医、购药。这是由于个人账户本身就来源于个人交纳的费用，所有权归个人，其有一定程度的支配权。

三、医保骗保行为的司法决断

就本案而言，患者一开始并不符合医保用药条件，被告人陆某某为了完成销售业绩，篡改患者检测报告，使医师开具使用该药的处方，并由医保予以支付。由于医保目录调整后，扩大了医保用药范围，患者又符合医保用药的实质条件了。也就是说，虽然被告人只有一个篡改检测报告的行为，但由于医保目录的调整，导致客观上分裂为两个阶段。如何评价被告人陆某某的行为？本案犯罪金额如何计算？

案件审理中，存在三种观点。观点一认为，对被告人行为应作整体性评价，被告人是基于同一的概括故意实施的篡改检测报告行为，故应从整体上评价被告人的行为构成诈骗罪。犯罪金额也应整体评价，即医保目录调整前和调整后的都属于犯罪金额。观点二认为，应整体性评价被告人的行为性质，但由于医保目录调整，患者之后符合实质性报销条件，故从有利于被告人的角度，应将医保目录调整后的医保报销部分扣除。观点三认为，对被告人的行为应从实质角度予以评价，医保目录调整后，患者符合实质性报销条件，所篡改的检测报告即不具有法益侵害性，故不构成犯罪。被告人的行为只在医保目录调整前具有法益侵害性，故仅在该阶段成立诈骗罪。笔者赞同第三种观点，理由如下：

第一，主观上，综合判断被告人行为的概括故意。概括的犯罪故意是指行为人对于认识的具体内容并不明确，但明知自己的行为会发生一定的危害结果，希望或放任该结果发生的心理态度。根据行为人认识的具体内容不同，可分为对行为性质认识不明确的概括故意、对行为对象认识不明确的概括故意以及对危害结果认识不明确的概括故意。对行为性质和对象认识不明确一般不影响犯罪的成立。对危害结果认识不明确是指行为人明知自己的行为会导致某种危害结果的发生，但会造成多大的危害结果，处于不确定状态。

本案中，被告人篡改患者检测报告，以扩大其所代理的药品销量，并通过医保报销。其对自己行为的性质以及行为针对的对象都有明确的认识，唯一不明确的是被告人不知自己的行为会对医保基金造成多大的损害。从主观犯意上看，被告人确实是基于概括的故意实施的犯罪行为。

第二，客观上，准确界定骗取医保基金的实行行为。实践中，基于同一或概括的犯罪故意，连续实施性质相同的数个行为，属于连续犯。数次行为具有连续性，且数次行为必须触犯同一罪名，原则上按一罪处罚。法律明确规定多次实施犯罪行为的情形，如多次盗窃。虽然所实施的性质相同的数个行为单独都不成立犯罪，但单个行为都具有一定的危害性，从犯罪的状态看，至少达到犯罪的着手。如上所述，医保支付目前存在两种报销方式：一种是实时报销方式，实时报销下，医院直接予以垫付，患者只需支付需要自费的部分，故该种报销方式下，决定医师开具医保处方的行为即是实行行为。另一种是事后报销方式，需要患者先垫付就诊费用，之后依据票据等结算证明去医保经办机构申请报销。在事后报销方式下，从手段上看，向医保经办机构提交申请时才属于骗取医保基金的着手。但由于医保经办机构不会对治疗的方案、开具的处方进行实质审核，其只是对结算等相关票据进行形式审核，故在事后报销方式下，真正起关键作用的也是促使医师开具医保处方的行为。

本案中，被告人的直接目的是扩大其公司药品使用范围，以此完成自己的销售业绩，而对其行为所造成的医保基金的危害持放任态度。从行为数量看，被告人将患者徐某某等的检测报告结果修改成阳性，属于连续实施多个篡改检测报告的行为。从医保报销方式看，本案属于实时报销，患者只需支付自付部分，故该份篡改检测报告即决定了医生开具医保处方，被告人篡改检测报告的行为即为骗取医保基金的着手，患者支付自付部分取药即是本案的既遂。

第三，法益上，坚持形式与实质相统一的行为性质判断标准。在罪刑法定原则下，一个行为是否成立犯罪以及成立何种犯罪，应坚持形式与实质的统一。罪刑的判断必须以《刑法》条文的规定为前提，故形式要件是刑法适用的前提与基础，它设定了司法的限度。但随着经济的快速发展，刑法的滞后性以及法律条文留白的局限越来越凸显，故需要实质性判断并准确理解《刑法》条文的时代价值和目的，避免形式认定的表面性和不确定性。尤其是应科学划定罪与非罪的界限，避免将不具有犯罪本质的行为认定为犯罪。如王某军非法经营再审改判无罪案，应从实质角度判断王某军的行为是否破坏了粮食流通的主渠道以及对市场秩序的扰乱情况。①

本案中，由于医保目录的调整，客观上将被告人骗取医保基金的行为分裂为两个阶段，对每一阶段被告人行为的危害性都应坚持形式和实质相统一的判断标准。根据医生证言，医师是根据患者就诊记录、检测报告来开具处方，检测报告决定能否开具医保用药。本案的主治医生也是在看到思某公司的检测报告后，在医保系统内为三名患者开具奥希替尼，可以看出患者检测报告在就诊过程中发挥着重要作用。

从形式上看，被告人篡改患者检测报告，以此骗取医保基金，符合诈骗罪的构成。从实质上看，医保目录调整前（2021年3月1日前），涉案药品奥希替尼属于二线药物，若要进保必须要求基因检测T790M阳性。而在2020年10月至12月间，患者徐某某、宋某某等人所做的个体化诊疗检测报告显示，外显子19缺失或者外显子21突变，T790M基因突变检测阴性，不符合国家医保关于使用肺腺癌靶向药奥希替尼的规定，是被告将其T790M基因突变检测结果修改为阳性。故在医保目录调整前，被告人的行为具有实质危害性。故该阶段被告人行为构成诈骗罪。医保目录调整后（2021年3月1日后），扩大了进保范围，除上述T790M基因突变检测阳性外，表皮生长因子受体（EGFR）外显子19缺失或外显子21（L858R）置换突变的局部晚期或转移性非小细胞肺癌（NSCLC）成人患者的一线治疗也可以纳入医保统筹支付。也就是说，在2021年3月1日后，患者用药本身即符合医保报销条件，患者本身即符合医保优惠对象要求，被告人篡改的检测报告并不对医保基金的支付造成错误认识，也未对医保基金造成任何损失，该阶段被告人的行为不具有法益的侵害性，其造成的危险状态也已停止，在3月1日之后报销部分不属于被告人的犯罪金额。

四、依法规制骗取医保基金行为的路径选择

本案是一起由医药代表篡改患者检测报告引发的骗取医保基金案件，案件审理中也反映了两大问题：一是如何在具体案件中认定骗取医保基金的行为，二是如何通过个案打击骗取医保基金的行为。

---

① 何荣功：《认定犯罪应坚持形式与实质统一》，载《检察日报》2022年12月10日第3版。

　　在案件审理中应坚持形式与实质的统一。医保基金是公共资源，是保证基本医疗保险制度正常运转的首要条件。国家建立医疗保障制度是为了最大范围覆盖需要医药服务的广大人民群众。但医保基金的有限性和普惠性决定了医疗保障制度无法覆盖所有药物，为使有限的公共资源尽可能惠及更为需要的患者，国家规定了医保报销药品名单，设置了准予报销条件，有效实现医保基金使用的普惠性和持续性。故使不符合医保报销政策的患者享受医保优惠，无形中挤占了本该用于大多数参保人的有限公共资源，对造成医保基金损失的行为应严厉打击。但医保报销范围不是一成不变的，国家医保部门每年都会根据患者用药需求进行医保报销目录的调整，故是否涉嫌骗取医保基金的认定，应立足当下的医保报销目录和准予报销条件，有效实现医保基金使用的普惠性和持续性。在医保报销过程中，当然也存在一些违规行为，但若不是以虚构事实、隐瞒真相方式骗取的医保基金，从实质上看未对医保基金和医保秩序造成损害，不符合诈骗罪的构成要件。

　　由个案推动行业秩序的规范。2015年《中华人民共和国职业分类大典》首次把医药代表列入职业，并对其工作职能予以界定。医药代表本应在药品生产企业与医务人员之间做好药品信息传递、沟通、反馈的媒介，但随着医药行业的不断发展，医药代表的不规范行为越来越多，甚至为了销售业绩实施骗取医保基金的行为。① 医保政策与医药代表及其背后所代表的医药公司从来都不是对立关系，而是在兼顾患者利益的同时，鼓励和支持医药的创新。药企降低药品价格承担更多的社会责任，以利润空间的收缩换取更广范围的药品的销量，最终实现公共利益和个体利益的双赢。故医药代表应肩负起医院与企业枢纽的作用，推动医学进步、保障患者用药安全。本案拟向相关单位发送司法建议，建议以案释法、以案促改，加强培训教育，提升行业监管力度，充分发挥个案在推动社会治理中的大效用。

　　（一审法院合议庭成员　王海瑛　陆燕芳　周明官
　　编写人　上海市浦东新区人民法院　王海瑛　罗晓楠
　　责任编辑　周海洋
　　审稿人　刘树德）

---

　　① 如"两高"关于依法惩治医保骗保犯罪典型案例中的案例四高某诈骗案。

刘某某倒卖文物案

——倒卖文物罪主观故意与犯罪形态的认定

关键词：刑事　倒卖文物　禁止经营　主观故意　犯罪形态

【裁判要旨】

1. 倒卖文物罪的认定，应当以一般人的认识为标准并结合其他客观情况综合判断审查行为人是否知道或者应当知道所买卖的文物为国家禁止经营，或者审查行为人主观上是否明知涉案文物是非法所得。

2. 倒卖文物罪是牟利型犯罪，宜遵循此类犯罪一般的既未遂标准，已经着手购买、出售文物，因意志以外的原因被查获而未能倒卖成功的，宜认定为未遂。

【相关法条】

《中华人民共和国刑法》

第二十三条　已经着手实行犯罪，由于犯罪分子意志以外的原因而未得逞的，是犯罪未遂。

对于未遂犯，可以比照既遂犯从轻或者减轻处罚。

第三百二十六条第一款　以牟利为目的，倒卖国家禁止经营的文物，情节严重的，处五年以下有期徒刑或者拘役，并处罚金；情节特别严重的，处五年以上十年以下有期徒刑，并处罚金。

《中华人民共和国文物保护法》（2017 年修正）

第五十一条①　公民、法人和其他组织不得买卖下列文物：

……

---

① 《文物保护法》已于 2024 年修订，第五十一条修改为第六十八条："禁止买卖下列文物：……（二）国有不可移动文物中的壁画、雕塑、建筑构件等，但是依法拆除的国有不可移动文物中的壁画、雕塑、建筑构件等不属于本法第三十一条第四款规定的应由文物收藏单位收藏的除外；……"

（三）国有不可移动文物中的壁画、雕塑、建筑构件等，但是依法拆除的国有不可移动文物中的壁画、雕塑、建筑构件等不属于本法第二十条第四款规定的应由文物收藏单位收藏的除外；

……

【案件索引】

一审：福建省厦门市翔安区人民法院（2023）闽0213刑初612号（2023年12月14日）

【基本案情】

福建省厦门市翔安区人民检察院指控：2021年5月，被告人刘某某以16万元的价格向厦门某艺术品商铺经营者廖某某购得一尊"铜鎏金凤凰"。后经其查阅资料、现场查看等，知道该"铜鎏金凤凰"可能系某庙屋顶上的构件，仍以150万元作为保留价委托保利（厦门）国际拍卖有限公司进行拍卖，随后因在拍卖预展期间被群众举报，被有关部门撤拍及查获。经文物局专家组确认，该"铜鎏金凤凰"属于国有珍稀文物。经福建省考古研究院鉴定评估，该"铜鎏金凤凰"系二级文物。被告人刘某某以牟利为目的，倒卖国家禁止经营的二级文物，情节特别严重，应当以倒卖文物罪追究其刑事责任。被告人刘某某已经着手实施犯罪，由于意志以外的原因未得逞，系犯罪未遂。被告人刘某某认罪认罚，建议对其判处有期徒刑二年六个月，同时宣告缓刑。

被告人对公诉机关指控的罪名和量刑建议没有异议，自愿认罪认罚。

辩护人辩称：（1）案涉文物并未实际出售，被告人刘某某系犯罪未遂，可以比照既遂犯减轻处罚。（2）被告人在艺术品中心商店购得案涉文物后，签订委托拍卖合同、经专家审核拍品、向相关部门报备拍品、预展、拍卖等，整个过程都是合规、合法的，被告人刘某某主观恶性较小，犯罪情节轻微，依法可以免予刑事处罚或适用缓刑。

法院经审理查明：2021年5月，被告人刘某某以16万元的价格向厦门某艺术品商铺经营者廖某某购得一尊"铜鎏金凤凰"。后经其查阅资料、现场查看等，已知该"铜鎏金凤凰"可能系某庙屋顶上的构件，仍以150万元作为保留价委托保利（厦门）国际拍卖有限公司进行拍卖。2021年11月初，上述"铜鎏金凤凰"在拍卖预展期间因群众举报被撤拍并被厦门市文化市场综合执法支队查获。经文物局专家组确认，该"铜鎏金凤凰"是某市某庙屋顶独有的清代铜鎏金角兽，属于国有珍稀文物。经福建省考古研究院鉴定评估，该

"铜鎏金凤凰"应为某市某庙屋顶的清代铜鎏金脊兽，现存实物很少。该文物造型优美，工艺精湛，具有重要的历史、艺术、科学价值，定为二级文物。

2022年4月11日，厦门市文化市场综合执法支队经查处后将被告人刘某某等人涉嫌倒卖文物的犯罪线索移送公安机关审查处理，公安机关于次日立案侦查。2023年3月28日，被告人刘某某经民警电话通知未到指定地点接受调查，后在北京其所经营的店铺内被民警抓获，归案后对上述犯罪行为供认不讳。

【裁判结果】

福建省厦门市翔安区人民法院于2023年12月14日作出（2023）闽0213刑初612号刑事判决：被告人刘某某犯倒卖文物罪，判处有期徒刑二年六个月，缓刑三年，并处罚金人民币2万元。判决后，被告人未上诉，公诉机关未抗诉，判决已发生法律效力。

【裁判理由】

法院生效裁判认为：被告人刘某某以牟利为目的，倒卖国家禁止经营的二级文物，情节特别严重，其行为已构成倒卖文物罪。公诉机关指控的罪名成立。被告人刘某某已经着手实施犯罪，由于意志以外的原因而未得逞，系犯罪未遂，依法可以比照既遂犯减轻处罚。被告人刘某某到案后如实供述自己的罪行，具有坦白情节，依法可以从轻处罚。被告人刘某某自愿认罪认罚，依法可以从宽处罚。被告人刘某某倒卖国有珍贵二级文物本应予以严惩，鉴于被告人系初犯，案涉文物尚未卖出即被查获，未造成严重后果，且其尚未从中获利，归案后认罪态度较好并预交罚金，确有悔罪表现，经调查评估具备社区矫正条件，宣告缓刑对所居住的社区无重大不良影响，故决定对其宣告缓刑。

【案例注解】

倒卖文物罪是指单位或者自然人以牟利为目的，倒卖国家禁止经营的文物，情节严重的行为。近年来，国内文物收藏热悄然兴起，但文物本身的属性、法律规定不完善以及古玩市场监管混乱，合法收藏文物与倒卖文物的边界模糊，造成文物市场乱象，各种文物犯罪伴随而来。司法实践中，对倒卖文物的行为存在主观方面难以查明、犯罪形态认定存在争议等问题，导致裁判尺度不统一，影响打击效果，不利于发挥司法裁判规范文物管理和指引社会公众保护国家文物的作用。

一、倒卖文物罪的主观认定

倒卖文物罪的主观方面为故意，且以牟利为目的，即行为人知道或应当知道其倒卖的文物为国家禁止经营的文物，仍以牟利为目的进行倒卖。

边界模糊导致主观方面认定难。虽然2017年修正的《文物保护法》第五十条规定了除文物收藏单位以外的公民、法人和其他组织可以依法收藏、依法流通文物，并对文物的取得途径和流通渠道进行了规定，第五十一条规定了公民、法人和其他组织不得买卖文物的范围，但是社会公众对收藏文物和倒卖文物的边界认识模糊，甚至连长期从事"古玩"买卖生意的行为人也只泛泛而知"出水出土的不能买卖、盗窃来的不能卖、元朝以前的不能卖"等。司法实践中，行为人对于主观故意的抗辩理由集中在不知买卖的"旧物件""古董"是国家禁止经营的文物，《文物保护法》第五十条第一款第二项规定从文物商店购买的文物可以收藏并依法流通，但各地古玩城多、商铺多，大多并非具有文物经营资质的文物商店，文物商店信息公开程度有限，容易使他人误以为从古玩城买的"古董"就可以买卖，最终导致涉案人员主观故意难以认定。

主观明知的认定原则。倒卖文物罪成立的前提是行为人知道或者应当知道所买卖的文物为国家禁止经营。我国《刑法》采取的是实质故意概念，即行为人需同时认识到事实本身以及法益侵害结果。就倒卖文物罪而言，行为人不仅要认识到自己在倒卖文物，还应认识到该文物属于国家禁止经营的文物，即对其行为的违法性有认识。文物的性质最终系由文物行政部门或文物鉴定机构依法予以认定，故笔者认为，行为人对"国家禁止经营的文物"仅需要一个概括的认识。具体到本案中，被告人刘某某系从事古玩行业七八年的人，其自己供述案涉铜鎏金凤凰是一眼真的古董，其愿意花费16万元购买，并愿意花费3万元请人写宣传文章，其内心估价至少也值60万元，可以推定其知道该铜鎏金凤凰是极有价值的古董。且根据其提供的佳士得的拍卖手册，上面的介绍提及："有人说，这尊雕像是从北京故宫的一个亭子上的飞屋顶角上取下的建筑元素，即是宫廷建筑的构件。"被告人刘某某在拍卖前也特地去确认了铜鎏金凤凰和某庙屋顶的金角兽是一样的。综上，被告人刘某某主观上是明知其购买后欲拍卖的案涉铜鎏金凤凰是国家禁止经营的文物。不应以行为人系从业者、收藏者为由对其课以更高的注意义务。例如，本案证人廖某某通过庄某某在我国台湾地区经营的古玩店花费14万元购得案涉物品并放在其经营的艺术品店几年没卖掉，后以16万元价格出售给被告人刘某某。虽然廖某某是古玩从业者，但从其购入、售出文物的时间跨度长、价差少等客观事实，足以认定其主观上并未认识到案涉文物系极有价值的文物，即没有确切认识到该文物属于国家禁止经营的文物。需要注意的是，主观明知的认定应当以一般人的认识为标准。例如，《文物保护法》第五十条规定了个人可以取得文物的方式，第五十一条规定来源不符合上述规定的文物也属于国家禁止买卖的文物。司法实践中，对从古玩市场购买交易文物的，不能以古玩市场禁止交易文物直接推定相关交易行为属于倒卖文物，而应根据证据慎重审查行为人主观上是否明知涉案文物是非法所得，从而认定其行为是否构成犯罪，这样认定犯罪才符合一般人的认识，确保案件处理实现良好效果。

二、倒卖文物罪犯罪形态的认定

《最高人民法院、最高人民检察院关于办理妨害文物管理等刑事案件适用法律若干问题的解释》（以下简称《文物案件解释》）第六条规定，出售或者为出售而收购、运输、储存"国家禁止买卖的文物"的，应当以倒卖文物罪追究刑责，但并未明确尚未出售被查获的情形犯罪形态应如何认定，导致存在各地裁判不统一的情况。有的观点认为，《文物案件解释》第六条已将收购行为、运输行为和储存行为认定为"倒卖"的实行行为，参照毒品犯罪既遂的标准认定，只要行为人实施了第六条规定的行为，无论文物是否成功卖出，都可认定犯罪既遂。另一种观点认为，本罪的实行行为是"出售"，"收购"是本罪的预备行为，运输和储存是本罪的帮助行为，本罪既遂的认定标准是将文物卖出。笔者认为，从本罪的性质来说，本罪属于牟利型犯罪，系数额犯并非行为犯，毒品犯罪的既未遂标准较为特殊，不宜参照适用，宜遵循此类犯罪一般的既未遂标准，即本罪既遂标准应为"倒卖"成功，即将文物售出。具体到本案而言，被告人刘某某已购买案涉文物并着手拍卖，尚未卖出即被查获，应认定为犯罪未遂。

另需注意的是，牟利目的是本案成立的必要条件，可结合行为人的从业经历、违法犯罪记录、供述情况、交易情况、文物的来源等综合判断，行为人最终是否实现牟利目的不影响本罪成立以及既未遂的判定。

（**一审法院合议庭成员** 邓 芳 陈荣攀 许美足
编写人 福建省厦门市翔安区人民法院 邓 芳 林思思
责任编辑 周海洋
审稿人 刘树德）

周某开设赌场案

——对直接接受投注的网络赌博
代理行为的量刑考量

关键词：刑事　开设赌场　轻罪治理　跨境赌博

【裁判要旨】

在网络开设赌场犯罪中区分主从犯，应当综合考虑是否直接接受投注、是否与网站有利润分成或占股、犯罪人担任代理所涉及的赌资数额、违法所得的数额、发展参赌人数以及作案的时长、是否以此为业等因素来区分主从犯。对于直接接受投注、接受资金帮助下家上分、开码以后作为代理身份跟下家结算输赢、与网站有利润分成或占股的，原则上应当认定为主犯。对于罪行不严重的犯罪分子，即使认定为主犯，也可宽缓量刑。

【相关法条】

《中华人民共和国刑法》

第十二条　中华人民共和国成立以后本法施行以前的行为，如果当时的法律不认为是犯罪的，适用当时的法律；如果当时的法律认为是犯罪的，依照本法总则第四章第八节的规定应当追诉的，按照当时的法律追究刑事责任，但是如果本法不认为是犯罪或者处刑较轻的，适用本法。

本法施行以前，依照当时的法律已经作出的生效判决，继续有效。

第三百零三条第一款、第二款　以营利为目的，聚众赌博或者以赌博为业的，处三年以下有期徒刑、拘役或者管制，并处罚金。

开设赌场的，处五年以下有期徒刑、拘役或者管制，并处罚金；情节严重的，处五年以上十年以下有期徒刑，并处罚金。

《最高人民法院、最高人民检察院、公安部关于办理网络赌博犯罪案件适用法律若干问题的意见》

一、关于网上开设赌场犯罪的定罪量刑标准

利用互联网、移动通讯终端等传输赌博视频、数据，组织赌博活动，具有下列情形之一的，属于刑法第三百零三条第二款规定的"开设赌场"行为：

（一）建立赌博网站并接受投注的；

（二）建立赌博网站并提供给他人组织赌博的；

（三）为赌博网站担任代理并接受投注的；

（四）参与赌博网站利润分成的。

实施前款规定的行为，具有下列情形之一的，应当认定为刑法第三百零三条第二款规定的"情节严重"：

（一）抽头渔利数额累计达到3万元以上的；

（二）赌资数额累计达到30万元以上的；

（三）参赌人数累计达到120人以上的；

（四）建立赌博网站后通过提供给他人组织赌博，违法所得数额在3万元以上的；

（五）参与赌博网站利润分成，违法所得数额在3万元以上的；

（六）为赌博网站招募下级代理，由下级代理接受投注的；

（七）招揽未成年人参与网络赌博的；

（八）其他情节严重的情形。

【案件索引】

一审：广东省广州市增城区人民法院（2022）粤0118刑初701号（2023年2月23日）

二审：广东省广州市中级人民法院（2023）粤01刑终551号（2023年8月10日）

【基本案情】

广东省广州市增城区人民检察院指控：2020年5月至2021年1月期间，被告人周某为获取非法利益，在某跨境赌博网站担任代理，并组织多人进行赌博，接受他人投注的赌资累计人民币44万余元。2021年11月22日，被告人周某被抓获归案。

被告人周某对公诉机关指控的犯罪事实无异议，承认控罪，辩称其不构成情节严重。

其辩护人提出如下辩护意见：（1）对公诉机关指控的罪名没有异议；（2）被告人周某在共同犯罪中起次要作用，且获利较少，是从犯，依法应当从轻、减轻处罚；（3）被告人周某归案后如实供述，自愿认罪认罚，依法可以从轻处罚。

广东省广州市增城区人民法院经审理查明：2020年5月至2021年1月期间，被告人周某为获取非法利益，在某跨境赌博网站担任代理，组织多人进行赌博，发展下级会员7人、下级代理1人；周某担任代理并直接接受投注金额为258018.77元。

【裁判结果】

广东省广州市增城区人民法院于2023年2月23日作出（2022）粤0118刑初701号刑事判决：被告人周某无视国家法律，为赌博网站担任代理并接受投注，其行为已构成开设赌场罪。周某利用自己持有的赌博网站代理账号，通过赌博网站提供的服务平台下设下级代理账号，发展多个会员账号进行网络赌博，接受投注及返利，其犯罪地位、作用并非较轻，不予认定为从犯。周某接受的投注额已达44万余元，构成情节严重。周某归案后如实供述其罪行，系坦白，且自愿认罪认罚，依法可以从轻处罚。一审法院遂以开设赌场罪判处周某有期徒刑三年，并处罚金人民币22000元。

宣判后，周某提出上诉。广东省广州市中级人民法院于2023年8月10日作出（2023）粤01刑终551号刑事判决：上诉人周某为赌博网站担任代理并接受投注，其行为已构成开设赌场罪。原判基于其涉案时间，以及在参与网站运营过程中的具体作用，不认定其为从犯，并无明显不当，但由于认定赌资数额不当，导致认定其行为达到"情节严重"程度不当，以致量刑失当，应予纠正。周某归案后如实供述其罪行，系坦白，依法可以从轻处罚。遂以开设赌场罪改判上诉人周某有期徒刑一年，并处罚金人民币12000元。

【裁判理由】

法院生效判决认为：上诉人周某签认的某赌博网站代理账号界面截图、代理账号充值提现流水查询记录、中国农业银行开户资料及交易明细等证据互相印证，证实周某担任代理并直接接受投注金额为258018.77元。原判中将其中多笔流水重复计算导致认定赌资数额不当，根据《最高人民法院、最高人民检察院、公安部关于办理网络赌博犯罪案件适用法律若干问题的意见》有关赌资数额累计达到 30 万元以上的为"情节严重"的规定，原判认定周某行为达到"情节严重"不当，应予纠正。

对于直接接受投注、接受资金帮助下家上分、开码以后作为代理身份跟下家结算输赢、与网站有利润分成、占股的，原则上应当认定为主犯。上诉人周某在本案中直接接受下线会员投注，原判将其认定为主犯，并无明显不当。

【案例注解】

在早期网络不发达时代，跨境赌博案件往往是行为人带领赌客或者为赌客牵线，由赌客本人亲自前往境外进行赌博。随着网络的不断发展与普及，网络跨境赌博案件越来越多。经统计，2021 年 6 月以后此类案件大量出现，也随之出现了许多新的犯罪方式，给审判裁量提出了新的问题，其中，如何区分网络跨境赌博案件的主从犯引发了广泛的争议。

一、争议焦点与评析

本案争议焦点在于上诉人周某应该认定为主犯还是从犯，即对于"直接接受投注"的代理的主、从犯认定问题。对此，主要有两种观点。

观点一：对于具有"直接接受投注"行为的代理原则上应认定为主犯。该观点认为：被告人直接接受投注、接受资金帮助下家上分、开码后作为代理跟下家结算输赢、与网站有利润分成或占股的，原则上认定为主犯；被告人没有直接接受投注、不与下家结算输赢、不参加利润分成的，根据参与程度和产生的危害后果、犯罪持续时间、是否以此为业等要素综合判断构成主犯或从犯。

本案中，上诉人周某存在"直接接受投注"的行为，故应认定为主犯。

观点二：应结合其他情节综合判断。该观点认为：被告人存在直接接受投注的行为也不意味着其当然地构成主犯，还需要综合犯罪人担任代理所涉及的赌资数额、违法所得的数额、发展参赌人数以及作案的时长、是否以此为业等因素综合判断。

本案中，上诉人周某虽然存在"直接接受投注"的行为，但在案证据显示其发展下线会员 7 人、下级代理 1 人（发展参赌人数及代理人数少）、接受会员投注赌资 258018.77 元且无抽水权限（担任代理所涉及的赌资数额少）、涉案时间为 2020 年 5 月至 2021 年 1 月期间（涉案时间短）、不参与利润分成及赌博网站的运营管理、不以赌博网站代理为业，综合考量其犯罪地位、作用，应认定其为从犯。

本案终审判决最终采用观点一，主要理由在于：

其一，从法律规定来看，根据2020年最高人民法院、最高人民检察院、公安部联合制定的《办理跨境赌博犯罪案件若干问题的意见》（以下简称《办理跨境赌博案件意见》），认定构成网络开设赌场犯罪的，有六种行为方式：（1）建立赌博网站、应用程序并接受投注的；（2）建立赌博网站、应用程序并提供给他人组织赌博的；（3）购买或者租用赌博网站、应用程序，组织他人赌博的；（4）参与赌博网站、应用程序利润分成的；（5）担任赌博网站、应用程序代理并接受投注的；（6）其他利用信息网络、通讯终端等传输赌博视频、数据，组织跨境赌博活动的。《办理跨境赌博案件意见》同时提到，明知是赌博网站、应用程序，有下列行为的，以开设赌场罪的共犯论处：（1）为赌博网站、应用程序提供软件开发、技术支持、互联网接入、服务器托管、网络存储空间、通讯传输通道、广告投放、会员发展、资金支付结算等服务的；（2）为赌博网站、应用程序担任代理并发展玩家、会员、下线的。通过以上规定的不同分类与措辞，可以理解其中隐含着主从犯的区分，有直接接受投注或在网站有利润分成的，应该认定为主犯。

其二，从主从犯本质来看，区分标准是在共同犯罪中的作用大小，是主要作用或是次要作用。作为代理直接接受投注的行为意味着该代理形成中介，在赌客和赌博网站之间形成"桥梁"，如果代理这一环节不存在，则赌客投注行为无法完成，赌博网站无法盈利，该代理对于开设赌场犯罪行为的成立发挥着至关重要的作用。

其三，从代理地位来看，直接接受投注的行为意味着该代理作为网站代理人，向下线收钱并跟网站进行结算，对下线形成了区域的控制性。同时区别于仅提供二维码或网址给赌客进行注册或投注的行为，赌客通过代理直接接受投注具有较强的人身依附性，所起的作用更为重要。

综上，终审判决认为对于"直接接受投注"的代理属于主犯，并据此维持一审判决关于上诉人周某为主犯的认定。

二、轻罪治理特色在处理网络赌博案件中的运用

司法实践中，网络赌博案件呈现"总量持续递增、轻罪占比大幅上升"的态势。针对这样的犯罪态势，为有效遏制犯罪、实现良好的审判效果，应该做好做优"轻罪治理"的观念建设和理论转变。

1. 开设赌场罪属于不纯正的轻罪。

我国《刑法》在法律规定上没有轻罪和重罪的明确划分，因此，轻罪和重罪的探讨主要在刑法理论上开展。我国学者提出了形式上的轻罪概念：轻罪

是指应当判处三年以下有期徒刑的犯罪。①

轻罪又进一步区分为纯正的轻罪和不纯正的轻罪。纯正的轻罪,又称罪名意义上的轻罪,是指最高法定刑为三年有期徒刑以下的犯罪。不纯正的轻罪,又称罪量意义上的轻罪,是指无论犯罪的最高法定刑是否为三年有期徒刑,只要该罪的法定刑中包含三年以下有期徒刑的量刑幅度,该部分犯罪就属于轻罪。②

根据《刑法》第三百零三条的规定,犯开设赌场罪的被告人可以被判处五年以下有期徒刑、拘役或者管制,同时也可以根据情节严重程度,被判处五年以上十年以下有期徒刑,因此开设赌场罪属于不纯正的轻罪。需要明确的是,本部分讨论的"轻罪治理",仅针对可能被判处三年以下有期徒刑、拘役或者管制的犯罪分子,对于社会危害性大、人身危险性大、主观恶性大的重罪犯罪分子,不需对其从宽处罚。

2. "轻罪治理"的必要性。

随着我国刑事法治的不断发展,"轻罪治理"问题引起越来越多的重视。当前在我国构成开设赌场犯罪的犯罪分子,大多是赌博网站的代理,对赌博网站的控制性不强、级别不高、涉案金额不大、罪行不严重,对其开展"轻罪治理"能取得较好的社会效果和法律效果。

(1)短期自由刑存在固有弊端。短期自由刑的问题在于时间过短,无法据以教育或改善受刑人,反易使受刑人沾染监狱恶习,且受刑人数众多,会增加国家财务支出;又因受刑人身系囹圄失学失业,不但家属生活受影响,其本人亦对监狱失去恐惧心,日后出狱,在社会生存竞争上,又以前科之身份处于不利之地位,易陷入贫困状态而趋于再犯之途。③

诚然,在我国,短期自由刑的存在有其必要性,但我们不能忽视短期自由刑存在的固有弊端。因此,我们要尽可能避免短期自由刑的弊端,通过"轻罪治理"适用缓刑、社区矫正、罚金刑等方式,给予被告人惩罚,达到惩治、教育的目的。

(2)宽严相济刑事政策的要求。我国1979年《刑法》的制定和1997年《刑法》的修订,都是在"严打"的背景下进行的,一直以来就被学者诟病存在"厉而不严"的特征。所谓厉,主要指刑罚苛厉,刑罚过重;严,指刑事法网严密,刑事责任严格。随着社会逐渐稳定,我国《刑法》应该由"厉而

---

① 参见杜雪晶:《轻罪刑事政策的中国图景》,中国法制出版社2013年版,第11页。
② 参见陈兴良:《轻罪治理的理论思考》,载《中国刑事法杂志》2023年第3期。
③ 转引自谢瑞智:《犯罪与刑事政策》(增订版),我国台湾地区文笙书局1996年版,第217页。

不严"转向"严而不厉"。① 相应地,我国刑事政策从"严打"向宽严相济转变,在对严重破坏社会治安犯罪和严重破坏经济秩序犯罪保持高压态势的同时,对轻罪采取轻缓化的刑罚。宽严相济刑事政策是中国惩治、预防与控制犯罪的基本策略。

(3)结合"认罪认罚从宽"制度,提高诉讼效率。为有效解决司法资源有限性与司法需求不断增加之间的制度性矛盾,重新科学配置资源、提高诉讼效率、节约司法成本、实现诉讼经济具有必要性。因此,现代不少国家都在不同程度上对美国的辩诉交易制度进行了借鉴。在我国,2018年《刑事诉讼法》第三次修订确立了"认罪认罚从宽"的协商机制,也是为了解决案多人少的矛盾。将"轻罪治理"与"认罪认罚从宽"制度进行结合,可以对大量轻罪案件进行程序简化处理,加速程序流转,更好实现效率与公平。这不仅符合国际社会的发展趋势,而且有利于将司法资源更有效地集中在大案、要案上,实现社会治理的良好效果。②

3. 开设赌场轻罪的"轻罪治理"特色:非监禁刑或轻实刑与重罚金刑相结合的刑罚方式。

犯开设赌场轻罪的犯罪分子有着这样的特征:他们出于谋求经济利益、好奇、被他人欺骗等原因,成为赌博网站的代理并构成犯罪,但这部分犯罪分子并非穷凶极恶之徒,没有强烈的人身危险性,甚至有的犯罪分子不知道自己的行为有着如此严重的后果,乃至已经构成刑事犯罪。结合上述短期自由刑的弊端,对于这部分犯罪分子判处短期自由刑往往并不能取得良好的惩罚及预防的效果,甚至会带来新的社会问题。可以考虑对这部分犯罪分子减少监禁刑的适用,以适用缓刑、管制、社区矫正等方式作为替代刑罚;对于罪刑略严重,判处非监禁刑无法实现罪责刑相适应的犯罪分子,也可以通过判处较轻自由刑的方式,在给予犯罪分子惩罚的同时,给予其充分改造空间,尽可能避免短期自由刑之弊病。

同时,由于开设赌场犯罪是求财类犯罪,真正要对这类犯罪进行遏制,有效措施往往是对这类犯罪的根本利益进行处罚,也即对犯罪分子处以较重的罚金刑,通过"打财断血"的方式,从根源上打消犯罪分子实施此类犯罪的念头。

---

① 参见储槐植:《严而不厉:为刑法修订设计政策思想》,载《北京大学学报(哲学社会科学版)》1989年第6期。

② 参见樊崇义:《中国式刑事司法现代化下轻罪治理的理论与实践》,载《中国法律评论》2023年第4期。

三、"轻罪治理"特色在本案中的运用

本案中，根据上诉人周某"直接接受投注"的情节，将其认定为主犯符合法律规定及判决传统。根据以往的判决，主犯的认定叠加将近30万元的赌资数额，周某可能被判处近五年的有期徒刑。然而需要注意的客观情况是，周某发展参赌人数及代理人数少、担任代理所涉及的赌资数额少、涉案时间短，不参与利润分成及赌博网站的运营管理，也不以赌博网站代理为业，对于这样的犯罪分子，近五年的有期徒刑明显过重。

经办人在办理本案的时候进行了思考，刑事判决要紧紧把握"罪责刑相适应"原则和"宽严相济"的刑事政策。犯罪分子实施了多大的罪行，应该承担多大的责任，就应该被判处多重的刑罚。对于穷凶极恶的犯罪分子，当然应该从严惩处，但对于罪行轻微、人身危险性不大的犯罪分子，该从宽的仍应从宽。经办人在认定上诉人周某为主犯且涉案赌资为近30万元的同时，改判其一年有期徒刑，同时按照涉案赌资5%顶格判处其罚金刑12000元，突破性地运用轻实刑与重罚金刑的刑罚方式，给予其充分改造空间，既有利于刑法特殊预防的实现，也有助于法律效果与社会效果相统一。

（一审法院合议庭成员 周思军 谢年欢 姚月映
二审法院合议庭成员 闵海蓉 范国帅 李晓刚
编写人 广东省广州市中级人民法院 闵海蓉 毛榕谦
责任编辑 周海洋
审稿人 刘树德）

苏某等虚假广告案

——网络"刷单炒信"行为的定性

关键词：刑事 虚假广告 非法经营 网络 刷单炒信

【裁判要旨】

网络"刷单炒信"行为影响的是商品信誉，是公众对商品的了解和评价。如行为人仅通过与网络商家虚假交易的方式为网络商家"刷单炒信"赚取报酬，没有侵犯国家特许经营权，没有严重扰乱市场秩序，应以虚假广告罪定罪处罚。

【相关法条】

《中华人民共和国刑法》

第二百二十二条 广告主、广告经营者、广告发布者违反国家规定，利用广告对商品或者服务作虚假宣传，情节严重的，处二年以下有期徒刑或者拘役，并处或者单处罚金。

第二百二十五条 违反国家规定，有下列非法经营行为之一，扰乱市场秩序，情节严重的，处五年以下有期徒刑或者拘役，并处或者单处违法所得一倍以上五倍以下罚金；情节特别严重的，处五年以上有期徒刑，并处违法所得一倍以上五倍以下罚金或者没收财产：

（一）未经许可经营法律、行政法规规定的专营、专卖物品或者其他限制买卖的物品的；

（二）买卖进出口许可证、进出口原产地证明以及其他法律、行政法规规定的经营许可证或者批准文件的；

（三）未经国家有关主管部门批准非法经营证券、期货、保险业务的，或者非法从事资金支付结算业务的；

（四）其他严重扰乱市场秩序的非法经营行为。

【案件索引】

一审：湖南省衡山县人民法院（2023）湘0423刑初157号（2024年5月24日）

【基本案情】

湖南省衡山县人民检察院指控：被告人苏某于2018年4月2日注册成立翰某公司，主营业务是做"一件代发"网店业务。后业务扩展到助教业务（教开淘宝店的学员答疑解惑），软件业务（网店运营软件、商品代发软件），"刷单""补单"业务（给有需要的网络店铺"刷单"控评），分别对应翰某公司助教组、软件组、"刷单"组。苏某陆续招聘或将员工调岗至"刷单"组，组员有杨某某、韩某某等（均另案处理）。2020年，经学员介绍，苏某认识了被告人谭某某。谭某某组织刷手对苏某介绍的"刷单""刷好评"业务进行操作。后因苏某推送的单量增大，谭某某在衡山县某地成立工作室，先后招聘员工廖某、李某等（均另案处理）在工作室处理"刷单""刷好评"业务，通过组织"刷单"赚取佣金。苏某、谭某某违法所得均远超10万元。

公诉机关认为：被告人苏某、谭某某组织"刷单炒信"的行为已构成非法经营罪，且情节特别严重，应对二被告人在五年以上有期徒刑量刑。

被告人苏某对公诉机关指控的犯罪事实无异议，对指控的罪名有异议，认为应构成虚假广告罪，其系初犯，且退缴全部违法所得，请求法庭从轻处罚。

被告人苏某的辩护人提出：（1）本案被告人苏某等人"刷单炒信"的行为应定性为虚假广告罪。（2）苏某在本案中不属于正犯，其地位与作用小于被告人谭某某，有如实供述、认罪悔罪态度好等从轻处罚情节。（3）苏某的违法所得应减去发放给员工的工资。

被告人谭某某对公诉机关指控的犯罪事实无异议，对指控的罪名及获利金额有异议，认为自己构成虚假广告罪，在本案中应系从犯，获利金额应扣除员工工资，其愿意退赃，系初犯，请求法庭从轻处罚。

被告人谭某某的辩护人提出：（1）被告人谭某某的行为应认定为虚假广告罪。（2）被告人谭某某应为从犯。（3）《司法鉴定意见书》的鉴定结论不能作为确定被告人谭某某获利的定案依据。（4）被告人谭某某没有犯罪前科，平时表现良好，主观恶性不大，请求法庭认定谭某某构成虚假广告罪，对其在有期徒刑二年以下量刑并缓期执行。

法院经审理查明：被告人苏某于2018年4月2日注册成立翰某公司，后将法定代表人变更为员工邢某某。公司主营业务是做"一件代发"网店业务，后公司业务扩展到助教业务（教开淘宝店的学员答疑解惑），软件业务（网店运营软件、商品代发软件），"刷单""补单"业务（给有需要的网络店铺"刷单"控评），分别对应翰某公司助教组、软件组、"刷单"组。苏某陆续招聘或将员工调岗至"刷单"组，有杨某某、韩某某等人。2020年经学员介绍，苏某认识了被告人谭某某。谭某某组织刷手对苏某介绍的"刷单""刷好评"业务进行操作。后因苏某推送的单量增大，谭某某在衡山县某地成立工作室，先后招聘员工廖某、李某等人在工作室处理"刷单""刷好评"业务。苏某和谭某某通过组织"刷单"赚取佣金，根据"刷单"商品金额的大小确定佣金金额，从10元至20元不等，谭某某给刷手的佣金每单4元至8元不等。2022年1月至2023年7月，程某某、姜某某等商户在被告人苏某实际控制的翰某公司下某网"刷单""刷好评"订单，填写苏某自制的要求"刷单"商品的链接、二维码、商品标题、好评内容等表格，通过微信发给杨某某等"刷单"组员工，再由他们转发到由被告人谭某某作为群主的微信群，谭某某通过组建微信群组织龙某某、文某等刷手"刷单""刷好评"赚取佣金，佣金金额根据"刷单"商品金额由谭某某确定，具体由员工廖某等人通过谭某某提供的4个工作微信号将"刷单"任务下发至各个刷手，刷手根据商家提供的链接及需"刷单"商品的关键词，进入某网店，找到商品后，根据商家要求跟客服聊天，备注由商家指定的暗语，刷手付款购买该商品后，商家不会邮寄"刷单"对应的商品给刷手，而以价值较小的小礼品代替，刷手不会收到"刷单"对应的商品。完成"刷单"任务后，刷手将"刷单"的本金、佣金数额以及收款码发给廖某等人，他们汇总在表格里后发给谭某某，谭某某再将表格发给翰某公司的"刷单"组，"刷单"组员工汇总后和商家对账，由商家支付商品价款和佣金。刷手收到本金和佣金后将剩余的钱微信转给谭某某，谭某某扣除佣金后，和"刷单"组结算，"刷单"组员工收取佣金后转给苏某，另外还存在翰某公司"刷单"组员工提供收款码收取本金及佣金后再与谭某某对账结算的情况。经鉴定，2022年1月至2023年7月，被告人苏某实际控制的翰某公司与被告人谭某某创立的工作室"刷单"商品总金额达85372170.26元，翰某公司"刷单"获得佣金共计1315118元，谭某某的工作室和刷手共获得佣金4234503元，谭某某的工作室获得佣金1278482.98元。

　　法院另查明：2022年1月至2023年6月，被告人苏某给翰某公司"刷单"组员工杨某某等发放工资366418.95元，其中韩某某等案发时已离职。2022年1月至2023年6月，被告人谭某某相关账户转给工作室员工李某某等工资32322.87元。

【裁判结果】

湖南省衡山县人民法院于 2024 年 5 月 24 日作出（2023）湘 0423 刑初 157 号刑事判决：一、被告人谭某某犯虚假广告罪，判处有期徒刑一年四个月，并处罚金人民币 20 万元；二、被告人苏某犯虚假广告罪，判处有期徒刑一年三个月，并处罚金人民币 20 万元；三、追缴被告人苏某违法所得人民币 948699 元、谭某某违法所得人民币 1246160 元，上缴国库。宣判后，被告人苏某、谭某某均服判未上诉，公诉机关未抗诉，本案判决已生效。

【裁判理由】

法院生效判决认为：当对被告人犯罪性质出现争议时，应充分考量罪刑法定原则、罪责刑相适应原则，对相关法律规定的理解应注重刑法的谦抑性原则，不作扩大解释。二被告人的辩护人认为被告人苏某、谭某某不构成非法经营罪，应构成虚假广告罪，从多方面阐述了理由，充分考量了上述刑法原则，法院予以采纳。被告人苏某、谭某某违反国家广告经营管理规定，为网络电商提供"刷单炒信"服务，组织虚假交易、进行虚假宣传，情节严重，其行为均构成虚假广告罪。公诉机关指控二被告人的犯罪事实清楚，证据确实、充分，但指控二被告人构成非法经营罪不当，对二被告人以虚假广告罪定罪处罚，与"刷单炒信"行为的社会危害性相称，更能体现罪责刑相适应原则。对辩护人王某提出的苏某系从犯、辩护人陈某某提出的谭某某系从犯的辩护意见，法院认为，二被告人均系本案"刷单"行为的组织者，在共同犯罪中所起作用相当，均系主犯，对二辩护人的该辩护意见均不予采纳。

【案例注解】

"刷单炒信"是网络产业概念，指在电商平台上，一些不良商家为吸引消费者注意力、获取更多交易机会，寻找"刷手"进行虚假交易，以不正当方式提高商品销量、用户好评度和店铺信誉。从"刷单炒信"的概念不难看出，"刷单炒信"是随着网络电商的发展而产生的一种行为，并且近年来随着我国网络购物平台的增加、直播带货现象的井喷，"刷单炒信"行为也越发猖獗，已经形成完整的产业链，单靠行政手段进行打击和约束难以起到良好效果，必须用刑法予以规制。本案争议主要围绕网络"刷单炒信"犯罪行为的定性，一是网络"刷单炒信"是否属于非法经营罪中"其他严重扰乱市场秩序的非法经营行为";二是网络"刷单炒信"是否属于《最高人民法院、最高人民检察院关于办理利用信息网络实施诽谤等刑事案件适用法律若干问题的解释》（以下简称《解释》）第七条规定的行为；三是网络"刷单炒信"行为是否具有广告属性，是否属于虚假广告范畴。当前司法理论与实践中对此没有形成统一认识，就此罪与彼罪之间讨论不断，有人认为可能构成损害商业信誉、商品声誉等五种犯罪。[①] 就上述问题，笔者结合本案案情及审理思路进行分析，以期对类似案件的审理提供一种可行的裁判思路。

一、从司法实践看网络"刷单炒信"犯罪行为之定性

通过在中国裁判文书网及互联网新闻中检索网络"刷单炒信"案例，发现存在类似案情不同判决的现象，但主要集中在非法经营罪与虚假广告罪之间。具体如表1和表2所示。

表1 司法实践中认定为非法经营罪的案件

序号	审理法院	简要案情	裁判结果
1	浙江省杭州市余杭区人民法院	2013年2月，被告人李某某通过网络建立"刷单炒信"平台，吸纳淘宝卖家注册账户成为会员，并收取会员费和平台管理维护费。李某某通过制定刷单炒信规则与流程，组织及协助会员通过平台发布或接受刷单炒信任务，在淘宝网上进行虚假交易并给予虚假好评，进而提升淘宝店铺的销量和信誉，欺骗淘宝买家。截至2014年6月，李某某非法获利90余万元	被告人李某某违反国家规定，以营利为目的，明知是虚假的信息仍通过网络有偿提供发布信息等服务，扰乱市场秩序，且属情节特别严重，判决李某某犯非法经营罪，判处有期徒刑五年六个月，并处罚金
2	广东省广州市海珠区人民法院	2015年起，被告人姜某成立某网络平台，招募人员以"刷单炒信"的方式提升商户在淘宝、京东等店铺的销量和信誉。涉案平台按每单0.1元至1元的标准向商家收取佣金。截至案发，涉案平台累计注册刷手约40余万个，注册商家20余万个，非法经营金额达21亿元	广东省广州市海珠区人民法院一审以非法经营罪判处被告人姜某有期徒刑十年，并处罚金。广东省广州市中级人民法院二审维持原判
3	江西省婺源县人民法院	2016年3月，被告人孙某以营利为目的，在网络平台组建刷单团队并发展会员，会员需缴纳入职费。入职后，由团队专门人员接待并对会员进行刷单培训，之后在平台上刷单。2017年7月，孙某与李某等人合作，由李某等人提供需要刷单的商家信息，刷单由	本案各被告人犯非法经营罪，被告人孙某被判处有期徒刑八年，并处罚金；其他管理人员被告人被判处有期徒刑一年六个月至五年六个月不等，并处

---

① 阴建峰、刘雪丹：《网络刷单行为可能触犯五项罪名》，载《检察日报》2017年4月17日。

续表

序号	审理法院	简要案情	裁判结果
		平台转向微信群。2018 年 2 月 11 日，孙某与被告人鄢某商议后，成立公司。孙某以公司名义管理刷单团队。会员通过"总监"缴纳入职费进入团队，由"总监"接待，"培训老师"培训，之后将会员拉进刷单群进行刷单。刷单佣金一般几元至几十元不等。截至案发，团队"总监"约 245 人，"培训老师"约 10 人，会员 3.2 万余人；被告人孙某共收取入职费 3761 万余元，非法牟利 1400 万余元，其他被告人非法牟利 100 余万元至数万元不等	罚金；对各被告人非法所得予以追缴。上饶中院二审维持原判

表 2   司法实践中认定为虚假广告罪的案件

序号	审理法院	简要案情	裁判结果
1	福建省莆田市荔城区人民法院	2018 年年初至 2019 年 3 月，被告人张某某在莆田市荔城区设立公司，为朱某等不特定的淘宝店主提供刷单服务，通过虚假交易的方式，提高淘宝店铺的交易量以及好评度，以此提升淘宝店铺的信誉，促进淘宝店铺的成交量。由淘宝店主将本金与刷手的佣金一起汇入被告人张某某提供的四张银行卡内。之后，被告人张某某通过组织刷手进行刷单，为了降低自身风险，其还将部分刷单业务报给一个网址的刷单平台，并把本金和佣金一起转账给平台，从中赚取佣金差价。被告人张某某为朱某等淘宝店主刷单的金额共计 1400 万余元，其中，其为朱某刷单的金额共计 259 万余元。被告人张某某因刷单提取佣金而获得的违法所得为 14 万余元	被告人张某某作为广告经营者，违反国家规定，利用广告对商品作虚假宣传，情节严重，其行为已构成虚假广告罪。判决被告人张某某犯虚假广告罪，判处有期徒刑一年一个月，并处罚金
2	浙江省丽水市莲都区人民法院	王某某是一家网店老板，他在经营网店时发现，商品的推送与商品的成交量、好评度有很大的关系。为了提高销量，王某某开始找人给自己的网店虚假刷单。久而久之，王某某发现刷单有利可图，于是和李某某、康某某、张某某等人组建刷单团队，为商家刷单。王某某等人通过搭建专业刷单平台为商家提供虚假网络刷单业务，累计刷单 350 余万单，每单 5~6 样商品，累计涉及 1700 余万件商品，从中非法获利人民币 986 万余元	被告王某某等人违反国家规定，为网络电商提供刷单服务，组织虚假交易、进行虚假宣传，其行为均已构成虚假广告罪。故判处被告王某某等人 18 人有期徒刑十个月至一年六个月不等，并处罚金，违法所得均予以追缴

续表

序号	审理法院	简要案情	裁判结果
3	浙江省余姚市人民法院	2018年8月至2021年7月，林某和吴某为牟取不法利益，先后与杨某、尚某等9人成立工作室，在余姚某商业大厦等地开展网络刷单业务。其中，林某、吴某负责出面联系平台商户、拓展刷单业务、杨某、尚某等人负责管理、整理账务等。在接到商户"订单"后，林某和吴某会组建一个聊天群，商家将店铺的需求和刷单数、货品链接等发在群内，之后由杨某、尚某等人分配任务、联系"刷手"在客户商铺虚假购买商品、刷图晒好评等。"刷手"则在购买指定商品、发布好评以后，获取相应佣金。截至案发，被告人林某、吴某等人组织刷单的商品销售金额高达13.51亿余元，非法获利合计2100万余元	林某、吴某等11名被告人违反国家规定，为网络电商提供刷单服务，组织虚假交易、进行虚假宣传，情节严重，其行为均已构成虚假广告罪。根据各被告人犯罪的事实、性质、情节以及对社会的危害程度，判处被告人林某有期徒刑一年十个月，并处罚金；判处被告人吴某有期徒刑一年八个月，并处罚金。其余被告人分别被判处有期徒刑一年六个月至九个月不等，缓刑二年至一年二个月不等，并处罚金

从上述判决可以看出，司法实践中对"刷单炒信"行为如何定罪有分歧。认定为虚假广告罪的案例均认为为网络电商提供刷单服务，组织虚假交易，进行虚假宣传的行为构成虚假广告罪，也就是本案中的网络"刷单炒信"行为；而认定为非法经营罪的案例认为网络"刷单炒信"行为违反的是《解释》第七条之规定，即本案公诉机关的指控。

二、"刷单炒信"行为侵害法益之探析

法益是指刑法所保护的利益，保护法益也是刑法的重要功能之一。刑法每一个罪名都有其对应的法益，而侵犯法益是入罪的基础。当判断一个行为是否构成犯罪以及构成何种犯罪时，首先就要看这个行为是否侵犯了法益。本案中的争论焦点主要在于"刷单炒信"行为的此罪与彼罪之争，那么我们必须先分析这些罪名及其行为背后所涉及的法益。

（一）非法经营罪法益分析

非法经营罪是违反国家规定，进行非法经营活动，从而扰乱市场秩序的行为。其侵害的法益主要有以下三方面：（1）市场经济秩序。非法经营罪的首要法益是市场经济秩序。在市场经济环境中，合法的经营活动遵循着一定的规则和法律框架进行。而非法经营者通过未经许可的经营行为，扰乱了市场的准入机制。比如，一些未取得相关资质却从事特定行业经营的行为，破坏了市场

中基于合法审批和监管所构建起来的公平竞争环境。（2）国家对特定行业的管理秩序。许多行业具有特殊性，国家基于公共利益、安全等多方面考虑对其进行严格管理。非法经营罪的存在保障了国家对这些特定行业的有效管控。如在烟草专卖行业，非法经营烟草制品的行为不仅损害了国家的税收利益，还破坏了国家对烟草专卖品的生产、销售等环节的统一管理秩序。（3）消费者的合法权益。非法经营者往往无法保证产品或服务质量，给消费者带来安全隐患和售后难题，严重侵害消费者的合法权益。例如，在食品经营领域，非法经营者可能为了降低成本而使用劣质原料或不遵循卫生标准进行生产加工，给消费者的身体健康带来潜在威胁。

（二）虚假广告罪法益分析

虚假广告罪主要是通过进行夸大其词、欺骗性的广告宣传来实现其不良意图。其侵害的法益主要有以下三方面：（1）市场经济的公平竞争秩序。在市场经济环境中，真实、准确的广告信息是企业之间公平竞争的基础。虚假广告的存在打破了这种平衡。一些企业通过夸大产品功效、隐瞒产品缺陷等手段进行虚假宣传，误导消费者作出错误的购买决策，从而获得不正当的竞争优势。（2）消费者的合法权益。消费者是虚假广告的直接受害者。虚假广告往往误导消费者购买不符合其期望或根本没有实际宣传效果的产品或服务。这不仅导致消费者的经济损失，还可能对消费者的身体健康和生命安全造成潜在威胁。此外，虚假广告还破坏了消费者对市场的信任，降低了消费者的消费信心和消费意愿。（3）社会的诚信体系。虚假广告的泛滥对社会诚信体系造成了严重冲击。广告作为一种信息传播方式，在社会生活中具有广泛的影响力。当大量虚假广告充斥市场时，会传递出错误的价值导向，使人们对诚信经营和真实信息的重要性产生怀疑。这种信任危机不仅局限于商业领域，还可能蔓延到社会的各个层面，影响社会的和谐与稳定。

（三）"刷单炒信"法益分析

"刷单炒信"根据手段行为大致可分为三类：（1）正向炒信。即通过刷单提高己方声誉，获取交易机会或者得到平台奖励。（2）反向差评刷单。即恶意刷单差评对手商家的产品，造成对方商誉、产品声誉的损害。（3）反向好评刷单。即恶意刷单好评对手商家的产品，使平台误认为对方刷单，剥夺其交易机会。[1] 上述三类手段行为都侵害了以下三方面的法益：（1）市场经济的公平竞争秩序。在正常的商业领域，企业的声誉和产品的口碑应该是基于真实的交易和消费者的真实评价而建立的。然而，"刷单炒信"通过虚构交易和虚假评价，人为地抬高了商家的信誉和产品的销量数据，使其在市场竞争中获得了

① 葛惟翰：《刷单炒信行为的可罚性界定与罪名选择》，载《普洱学院学报》2024年第3期。

不正当的优势。（2）消费者权益。消费者在购物决策过程中，往往会参考商家的信誉和产品的评价。"刷单炒信"行为误导了消费者的判断，使消费者无法准确地了解产品的真实质量和商家的真实服务水平。消费者可能基于虚假的高信誉和好评而购买了质量低劣的产品或服务，从而遭受经济损失，甚至可能对其身体健康或生活安全造成潜在威胁。（3）诚信社会体系建设。"刷单炒信"行为传递出一种错误的价值观，即通过欺骗和虚假手段可以获得利益。如果这种行为得不到有效遏制，将会在社会中形成一种不良的风气，影响人们在各个领域的行为准则，整个社会的诚信基础将被逐渐削弱，不利于社会的和谐稳定发展。另外，对商品进行评价是每一个消费者都享有的权利，并非国家特许经营，"刷单炒信"行为未侵害国家对特定行业的管理秩序。综上，笔者认为"刷单炒信"行为侵害的法益更符合虚假广告罪涉及的法益。

三、本案处理之分析

本案中的"刷单炒信"行为主要为正向炒信，即行为人通过刷单提高委托商家的声誉，从而使商家获取更多交易机会，应当认定为虚假广告罪而非非法经营罪。

（一）网络"刷单炒信"行为人可以认定为广告发布者

网络"刷单炒信"行为人与广告发布者在某些关键方面具有相似性。广告发布者的核心任务是将商品或服务的信息以各种形式传播给潜在消费者，以吸引他们进行购买或消费。"刷单炒信"行为人通过虚构交易和撰写虚假好评等手段，实际上也是在向市场传递一种关于商品或服务质量优良的虚假信息。他们的目的同样是影响消费者的购买决策，使消费者对其关联的商品或服务产生积极的认知和购买意愿。广告发布者的行为也能够广泛地影响消费者的认知和市场需求。同样，"刷单炒信"行为一旦实施，也会在市场中产生连锁反应。虚假的交易数据和好评会提升商品在搜索排名中的位置，增加其曝光度，从而吸引更多真实消费者的关注。这些消费者在看到高销量和好评如潮的表象后，很可能会基于这些虚假信息而选择购买该商品。

（二）网络"刷单炒信"属于广告的表现形式之一

广告的核心目的是将产品或服务的优势信息传递给消费者，以吸引他们购买。"刷单炒信"同样是在向市场和消费者传达一种信息，即通过虚构交易和虚假评价来营造出一种产品或服务非常受欢迎且质量上乘的假象。正规广告通过精美的画面、生动的文案以及明星代言等方式来打动消费者，促使他们作出购买决策。"刷单炒信"则是利用消费者的从众心理和对他人评价的依赖。当消费者看到一款商品有大量的购买记录和高度好评时，他们通常会认为这款产品已经经过了众多消费者的检验，是值得信赖的。这种虚假的社会认同信号，如同广告中的各种推荐和证明一样，对消费者的决策过程产生了重要影响。这种评价行为本身就是一种隐性广告。① 另外从反不正当竞争法和电子商务法可以看出，法律对电子商务中虚构交易、虚假评价行为的定性是"引人误解的商业宣传"。"刷单炒信"即通过发布虚假的商品销量与评价，对商品或者服务作令人误解的宣传，以欺骗、误导消费者，本质就是对商品或者服务的虚假宣传，进行不正当竞争，符合广告法对虚假广告的定义。

（三）将网络"刷单炒信"认定为非法经营罪的法律依据不足

实践案例将网络"刷单炒信"行为认定为非法经营罪的案件都是适用《刑法》第二百二十五条第四项及《解释》第七条之规定。但根据《最高人民法院关于准确理解和适用刑法中"国家规定"的有关问题的通知》的要求，对非法经营罪的兜底条款应从严把握，在没有相关司法解释明确规定网络"刷单炒信"行为属于非法经营罪"其它严重扰乱市场秩序的非法经营行为"的情况下，认定本案被告人构成非法经营罪，有违该法条的原意。而《解释》的出台是为了规制不法分子在信息网络上从事造谣、炒作、删帖等活动，损害公民名誉权、财产权等合法权益，其初衷是希望以此规制网络上非常猖獗的网络"水军"。因此，《解释》第七条中规定的"虚假信息"应当是指那些"恶意诽谤他人、损害他人名誉"类型的信息，网络"刷单炒信"没有个人名誉权受损的情况。另外，网络"刷单炒信"行为影响的是店铺的信誉权，损害的是消费者的真实知情权。如消费者因"好评较多"而支付钱款购买商品，也并非遭受了财产损失，因为我们不能准确界定所销售的商品能否满足消费者的预期要求，且网购消费者还享有"七天无理由退货"的权利。而网络店家的主观目的是想通过"刷单炒信"行为提高商品"好评度"以促进商品销量，而"好评度"是消费者网购商品的重要参考，但不是唯一参考。店家并没有因此出现哄抬物价、形成垄断、销售假货等情形，达不到严重扰乱市场秩序的程度。

四、本案处理之进一步考量

随着社会的进步，特别是互联网和人工智能的发展，广告的表现形式也会随着网络发展出多种形式，不仅限于网络"刷单"。我们在处理这类因新手段引发的犯罪时，不仅要紧扣《刑法》分则具体罪名的法益，更要充分把握刑法原则、刑事政策与《刑法》分则具体罪名之间的关系，确保案件处理的高质量。

---

① 《网购评价竟成广告？不负责任的评价坑的是自己》，载《人民日报》2018年7月17日。

（一）充分发挥刑法原则的指导作用

当犯罪定性出现争议时，可以回到刑法原则中来，以此为基础把握《刑法》分则的内容。就本案来说，一是罪刑法定原则的适用。在法律和司法解释没有明确规定网络"刷单炒信"行为构成非法经营罪的情况下，没有进行认定，属于"法无明文规定不为罪"；而在对法益、行为本质进行分析的基础上，依法认定网络"刷单炒信"行为构成虚假广告罪，符合罪刑法定的要求。二是罪刑相一致原则的适用。虚假广告罪和非法经营罪都属于《刑法》第三章第八节扰乱市场秩序罪中的罪名，在能够以虚假广告罪这个轻罪来规制网络"刷单炒信"行为的情况下，用非法经营罪这个重罪的兜底条款来规制有违刑法的谦抑性，也难以达到罪责刑相一致。

（二）充分运用宽严相济刑事政策

宽严相济刑事政策的根本目的在于最大限度地遏制、预防和减少犯罪。网络"刷单"类案件这些年来层出不穷、屡禁不止，行政处罚、刑事处罚类案件也屡见不鲜。从行政处罚到2016年第一次刑事处罚就体现了"严"的基调，从刚开始以非法经营罪定罪处罚到近几年来以虚假广告罪定罪处罚，更体现了"严"中有"宽"。对以后的网络"刷单"类案件如何处理，仍应具体案情具体分析，从法益入手确定罪名，确保犯罪之人受到追究，同时根据个案中的情节，能从轻、减轻处罚的，依法从轻、减轻处罚。对该类型犯罪始终做到宽严相济，努力实现最佳的法律效果、政治效果和社会效果。

（一审法院合议庭成员　唐志红　汪衡卫　张自由

编写人　　湖南省高级人民法院　钟玺波

湖南省衡山县人民法院　周　龙　刘靖宇

责任编辑　周海洋

审稿人　刘树德）

民　事

徐某某诉某化妆品有限公司、某网络科技公司等网络侵权责任纠纷案

——网络侵权纠纷中"合格通知"的规则检视及司法认定

关键词：民事　侵权合格通知　初步证据　证明标准　过错原则

【裁判要旨】

网络侵权纠纷中，通知制度有效运作的前提之一是确立合理且明确的"合格通知"规则。合格通知的构成要件包括通知人的真实身份信息和构成侵权的初步证据。包含侵权证据而缺失身份信息的通知不是合格通知，但不合格通知并非不产生任何法律后果，不合格通知可作为网络服务提供者"应当知道"的判断因素，进而因知道规则而负有采取必要措施的义务。

【相关法条】

《中华人民共和国民法典》

第一千一百九十五条　网络用户利用网络服务实施侵权行为的，权利人有权通知网络服务提供者采取删除、屏蔽、断开链接等必要措施。通知应当包括构成侵权的初步证据及权利人的真实身份信息。

网络服务提供者接到通知后，应当及时将该通知转送相关网络用户，并根据构成侵权的初步证据和服务类型采取必要措施；未及时采取必要措施的，对损害的扩大部分与该网络用户承担连带责任。

权利人因错误通知造成网络用户或者网络服务提供者损害的，应当承担侵权责任。法律另有规定的，依照其规定。

第一千一百九十六条　网络用户接到转送的通知后，可以向网络服务提供者提交不存在侵权行为的声明。声明应当包括不存在侵权行为的初步证据及网络用户的真实身份信息。

网络服务提供者接到声明后，应当将该声明转送发出通知的权利人，并告知其可以向有关部门投诉或者向人民法院提起诉讼。网络服务提供者在转送声明到达权利人后的合理期限内，未收到权利人已经投诉或者提起诉讼通知的，应当及时终止所采取的措施。

《中华人民共和国电子商务法》

第四十二条　知识产权权利人认为其知识产权受到侵害的，有权通知电子商务平台经营者采取删除、屏蔽、断开链接、终止交易和服务等必要措施。通知应当包括构成侵权的初步证据。

电子商务平台经营者接到通知后，应当及时采取必要措施，并将该通知转送平台内经营者；未及时采取必要措施的，对损害的扩大部分与平台内经营者承担连带责任。

因通知错误造成平台内经营者损害的，依法承担民事责任。恶意发出错误通知，造成平台内经营者损失的，加倍承担赔偿责任。

【案件索引】

一审：上海市金山区人民法院（2022）沪 0116 民初 9430 号（2023 年 3 月 8 日）

二审：上海市第一中级人民法院（2023）沪 01 民终 6527 号（2023 年 6 月 19 日）

【基本案情】

原告（被上诉人）徐某某诉称：徐某某在某网平台上拥有两家网络店铺，从 2021 年开始销售由某生物公司生产的一款名为"×美人"的化妆品。2022 年 1 月 11 日，某网络科技公司以购买、鉴定的方式对徐某某一家名为"美肤馆 168"的淘宝店铺进行了售假投诉，该投诉致使一款名为"×美人集萃水凝肤乳 120ml"的产品链接被删除。2022 年 1 月 20 日、2022 年 3 月 15 日，某网络科技公司又以相同方式对徐某某名为"xuweichun00"的淘宝店铺进行了两次售假投诉，导致"×美人氨基酸洁面泡沫 120ml""×美人调服精华液 1 号 15ml"产品链接被删除。2022 年 3 月 15 日的投诉导致徐某某被某网平台处罚 4000 元。徐某某系某生物公司的线下以及线上代理商，有权销售×美人品牌商品，且均为正品。请求判令：（1）某网平台恢复链接、恢复保证金 4000 元及恢复店铺积分；（2）某网络科技公司、某化妆品有限公司、某生物公司、某网平台赔偿徐某某淘宝店铺链接被删除的经济损失 20 万元，某网平台承担 20%，某网络科技公司、某化妆品有限公司、某生物公司承担 80%；（3）某网络科技公司、某化妆品有限公司、某生物公司、某网平台承担徐某某律师费 3 万元。

被告（上诉人）某化妆品有限公司辩称：案涉期间，某化妆品有限公司独家授权某生物公司使用×美人商标进行生产及销售，某化妆品有限公司仅从某生物公司处取得商标使用费，某生物公司系×美人商标的排他使用权人。对于徐某某和某生物公司签订的代理合同没有异议。某化妆品有限公司系受某生物公司委托，并转委托某网络科技公司进行网络打假，打假行为的行为主体、责任主体及受益主体均为某生物公司，应由某生物公司独立承担相应侵权赔偿责任。

原审被告某网络科技公司辩称：某化妆品有限公司为×美人商标权利人，徐某某从未取得某化妆品有限公司授权，某网络科技公司受某化妆品有限公司委托，根据某化妆品有限公司作出的鉴定报告向某网平台投诉徐某某的产品，徐某某向某网平台进行申诉，平台认定其申诉理由不成立，作出下架处理，所有流程均符合平台规则。

原审被告某网平台辩称：其在收到案涉三次投诉后，均及时通知了徐某某，徐某某其中两次未申诉，剩余一次提交律师函作为申诉依据。根据平台规则，被投诉方应当提供发票、进货凭证、付款凭证等正规进货证明资料，律师函不具有证明效力，故被判定申诉不成立。没收保证金和链接被删除的后果是徐某某没有进行正确积极的申诉造成的。

原审被告某生物公司辩称：徐某某和某生物公司签订了网络独家销售合同，明确约定销售价格不得低于八五折。徐某某以低于八五折的价格进行销售，构成违约，是徐某某的行为导致了第三方的投诉。

法院经审理查明：邱某某于 2015 年 9 月 7 日注册了×美人商标。邱某某授权某生物公司使用×美人 3 类商标，期限自 2021 年 8 月 1 日至 2022 年 12 月 1 日。某化妆品有限公司于 2021 年 8 月 6 日自原注册人邱某某处受让该商标。某生物公司于 2021 年 11 月 8 日授权徐某某代理×美人化妆品，期限自 2021 年 11 月 8 日至 2022 年 11 月 7 日，徐某某经营某网平台店铺"美肤馆 168""xuweichun00"进行线上销售。2022 年 1 月 5 日，某网络科技公司向某网平台投诉其从徐某某店铺购买的×美人亮肤乳 120ml 为假货，并提供了某化妆品有限公司的鉴定报告。某宝公司通知徐某某后，徐某某对该投诉超时未申诉，某宝公司将前述商品链接删除。2022 年 1 月 15 日，某网络科技公司第二次向某网平台投诉其从徐某某店铺购买的洁面泡沫120ml为假货，并提供了某化妆品有限公司的鉴定报告。2022年1月20日，徐某某向某网平台提交了申诉理由、申诉说明，并上传了某律师事务所律师函作为申诉材料。某网平台以被投诉方未提供发票、进货凭证、付款凭证等正规进货证明资料等证明不存在侵权行为的初步证据、律师函并非正规进货证明资料为由，判定申诉不成立，某网平台将前述商品链接删除。2022年3月9日，某网络科技公司第三次向某网平台投诉其从徐某某店铺购买的精华液15ml为假货，并提供了某化妆品有限公司的鉴定报告。徐某某对该投诉超时未申诉，某网平台将前述商品链接删除。

【裁判结果】

上海市金山区人民法院于2023年3月8日作出（2022）沪0116民初9430号民事判决：一、某网络科技公司于判决生效之日起10日内撤销对徐某某店铺的投诉；二、某网平台于判决生效之日起10日内恢复徐某某店铺保证金4000元及店铺积分；三、某化妆品有限公司于判决生效之日起10日内赔偿徐某某损失60000元；四、驳回徐某某其余诉讼请求。

某化妆品有限公司向上海市第一中级人民法院提出上诉。上海市第一中级人民法院于2023年6月19日作出（2023）沪01民终6527号民事判决：驳回上诉，维持原判。

【裁判理由】

法院生效裁判认为：商标转让证明显示某化妆品有限公司系案涉期间的商标权利人，其对徐某某与某生物公司签订的合同予以确认，足以认定某化妆品有限公司作为商标权利人对代理协议书的追认，徐某某有权网络销售×美人相关产品。关于某网平台的责任。某化妆品有限公司作为×美人商标权利人，其出具的鉴定报告足以作为侵权的初步证据，某网平台在收到案涉三次投诉后，均及时通知了徐某某，尽到了其通知义务。三次投诉中，徐某某均未向某网平台提交不存在侵权行为的初步证据，应视为自行放弃申诉的权利，应当自行承担相应的法律后果，该情况下某网平台采取删除被投诉链接的行为并无不妥。关于某网络科技公司、某化妆品有限公司的责任。某网络科技公司受某化妆品有限公司委托进行打假活动，两者均非一般意义上的消费者，意在打击假冒商品使其下架，二公司应当意识到其行为存在导致卖家损失的可能性，应负有较高的注意义务，对其打假的全程进行留痕，保证打假行为的正当性和合法性。

在其二公司未提交案涉投诉行为正当性和合法性相关证据的情况下，应当认定存在过错，其投诉行为导致了徐某某的损失，相关损害后果及因果关系明确。至于具体的责任比例，徐某某在三次申诉中均未按照某宝公司的要求提供相应的合规的申诉材料，未有效避免后期删除链接导致的损害，亦存在较为明显的过错，上述情况可以减轻某化妆品有限公司的侵权责任，故判定某化妆品有限公司承担损失的 30% 计 6 万元，徐某某承担 70% 计 14 万元。

【案例注解】

在互联网高度普及的当今社会，网络侵权更具有普遍性和复杂性。我国《民法典》第一千一百九十五条针对网络侵权设立通知制度，该制度允许权利人不经法院诉讼而直接要求网络服务提供者对侵权内容采取删除等必要措施。关于网络侵权的研究多聚焦于网络服务提供者在收到合格通知后应负有的义务和承担的责任，对如何认定通知之合格属性较少关注。现实中充斥着数量庞大的错误通知乃至恶意投诉行为，对于权利人是否曾向网络服务提供者发送过"合格"的通知往往成为司法实践中的审理难点。《民法典》第一千一百九十五条第一款明确将"构成侵权的初步证据"和"权利人的真实身份信息"作为合格通知的要件。这一规定与已有的《电子商务法》等法律中的表述都不相同。本案系涉及合格通知司法认定的典型案件，本文将结合本案案情，以《民法典》的规定为中心，系统阐释合格通知的法律原理，从而为解决目前合格通知认定这一司法实践中的难点提供理论支持。

一、合格通知规则现状分析

我国关于合格通知的规定，2018 年《电子商务法》第四十二条第一款规定："……通知应当包括构成侵权的初步证据。"2020 年《民法典》第一千一百九十五条第一款规定："……通知应当包括构成侵权的初步证据及权利人的真实身份信息。"之后，《最高人民法院关于审理涉电子商务平台知识产权民事案件的指导意见》（以下简称《电子商务指导意见》）第五条第一款规定："知识产权权利人依据电子商务法第四十二条的规定，向电子商务平台经营者发出的通知一般包括：知识产权权利证明及权利人的真实身份信息；能够实现准确定位的被诉侵权商品或者服务信息；构成侵权的初步证据；通知真实性的书面保证等。通知应当采取书面形式。"可见最高人民法院对《电子商务法》规定的"初步证据"采广义解释，包括了"真实身份信息"等，但与《民法典》不同，同时又提及了"能够实现准确定位的被诉侵权商品或者服务信息"和"通知真实性的书面保证"。

二、"合格通知"的构成要件

(一)构成侵权的初步证据

1. 理论功能。

根据民法原理,通知主体享有的是"请求权",即法律关系的一方主体请求另一方主体为或不为一定行为的权利,在法院判决之前,权利人不能对权利标的进行直接支配,故严格而言,通知规则中所谓的"权利人"其实是"通知人",其是否有权,有待法院认定。然而,根据通知规则的实证法规定,网络服务提供者在收到合格的通知时,便负有移除的义务,否则将可能承担侵权责任。该规则事实上赋予了通知类似于诉前禁令的效力,但构成要件比诉前禁令宽松得多。因此,初步证据应作为合格通知的必要要件:只有提供了初步证据,网络服务提供者才能知晓侵权内容,进而对其采取删除等必要措施。初步证据的必要性在于其正当化了网络服务提供者所负有的采取必要措施的义务,"一个不包含任何哪怕是初步证明其权利被网络用户所侵害的投诉通知,一般来说,不应该对网络服务提供者的注意义务产生实质性影响"①。

综上,"初步证据"的理论功能在于使通知所涉内容具备了"侵权"的外观,也使通知人具备了权利人的"外观"。在没有被其他证据(比如反通知)推翻之前,法律上将通知所涉内容推定为侵权内容,故而网络服务提供者在收到合格通知后负有采取必要措施的义务,若缺失初步证据,便无法证成网络服务提供者负有的删除等义务。

2. 证明标准。

(1)低盖然性标准。通知制度得以达到预期规范效果的前提之一是被投诉内容在多数情况下确系侵权。

在证明标准方面,比较法上,美国采低盖然性标准。美国通知规则强调投诉人"善意相信"所涉内容构成侵权即可,善意声明的缺失会导致网络服务提供者无须采取移除等措施。而我国法中权利人"善意"规则的规范目的是免除权利人责任。通知规则定性上的不同,决定了我国合格通知不宜采低盖然性标准。无论是《侵权责任法》第三十六条还是《民法典》第一千一百九十五条,未采取必要措施的法律后果均是网络服务提供者"对损害的扩大部分与该网络用户承担连带责任"。可见,我国的通知规则是归责条款,即收到合格通知被作为判断网络服务提供者是否存在过错的标准之一,而非如美国般系

---

① 薛军:《民法典网络侵权条款研究:以法解释论框架的重构为中心》,载《比较法研究》2020年第4期。

免责条款。① 从实践效果来看，电子商务活动中的错误通知和恶意通知已成为通知制度实施中不可忽视的问题，较低标准的初步证据易引发错误乃至恶意通知，该制度将造成严重的副作用，即合法的内容因错误乃至恶意投诉而被删除等。

（2）高盖然性标准。初步证据无法采低盖然性标准，也不宜采高度盖然性标准。其一，通知规则的设计中并没有如诉讼般的对席审理和辩论，在两造参与不均的情况下查明事实自然会受到限制。且网络服务提供者的审查能力难以与法院相比，对通知的审查期限也较短（网络服务提供者需"及时"采取必要措施），这些都决定了初步证据在事实上难以达到高度盖然的程度。其二，通知规则与司法诉讼是法律为权利人提供的两种不同的救济手段。通知规则的规范目的在于为权利人提供便捷、快速的救济手段，而采高度盖然性标准有悖于此。其三，《民法典》第一千一百九十五条采取的是"初步证据"的表述，"初步"二字表明了对侵权事实的证明标准应低于诉讼中的证明标准。

（3）一般可能性标准。电子商务争议中初步证据的证明标准应低于高度盖然性标准，但应高于低盖然性标准，宜采"一般可能性"标准。主要考量因素有：其一，立法采用"初步证据"的表述，证明标准应与"初步"相对不应过高。其二，从通知制度的制度设计来看，对初步证据进行审查是启动转送的前置程序，而非对侵权与否的实体裁断，故其证明标准应低于民事诉讼证明标准。综上，初步证据正当化网络服务提供者采取必要措施义务这一功能的发挥，有赖于初步证据能实现通知人是权利人、通知所涉内容构成侵权这一"外观"的形成。"一般可能性"标准是现阶段较适合电子商务平台经营者判断初步证据的证明标准。

（二）权利人的真实身份信息

一般而言，通知应包含身份信息，这也是实务中的普遍做法。对身份信息作为必要要件的质疑主要出现在侵权明显的场合。比如，若通知人提供了侵权"确凿"的证据（比如公权力机关出具的认定侵权的文书），或者通知所涉内容侵权"显而易见"（比如系正在上映电影的"枪版"影片、投诉所涉内容存在明显的侮辱性表述等），此时，即便通知人未提供身份信息，网络服务提供者也应在收到此类通知后采取删除等必要措施。

对于网络中的侵权内容，网络服务提供者采取必要措施的义务来源主要有三：一是公法上的义务。比如，根据《互联网信息服务管理办法》第十五条和第十六条，互联网信息服务提供者发现其网站存在明显的侮辱、诽谤等侵害他人合法权益的内容时，应当立即停止传输。二是通知规则，即合格的通知导

---

① 徐伟：《通知移除制度的重新定性及其体系效应》，载《现代法学》第 2013 年第 1 期。

致网络服务提供者负有采取必要措施的义务。三是知道规则，即因侵权内容明显等原因，网络服务提供者知道或应当知道侵权所在，从而采取措施。笔者认为，就逻辑而言，网络服务提供者的移除义务不应来源于公法上的义务。尽管公法中也对网络服务提供者提出了审查侵害他人合法权益内容的义务，但该义务是基于公共利益而非个人利益的考量，且违反此类义务的法律后果应是承担公法上的责任，而非私法上的责任。从实践效果来看，应适用知道规则来课予网络服务提供者移除义务，理由在于：若适用通知规则，将导致合格通知的要件不得不区分为需要提供身份信息和不需要提供身份信息两类。在侵权明显时无须提供身份信息，反之，则需提供身份信息。这不仅制造了潜在的争议（侵权明显与否有时未必显而易见），且可能造成实务操作上的混乱。相反，以是否提供身份信息来区分通知规则和知道规则的适用，可为权利人提供明确的规则和预期。若权利人确信侵权明显，则可不必提供身份信息以降低救济成本；若对侵权明显与否存疑，可通过提供身份信息来确保通知的有效性。此种规则安排可为权利人提供侧重效率或效果的多重保护。

综上，权利人的真实身份信息应作为合格通知的要件之一。包含侵权证据而缺失身份信息的通知不是合格通知，但网络服务提供者可能因知道规则而负有采取必要措施的义务。即，如果可以达到对服务对象提供的内容的准确定位，亦足以证明网络服务提供者明确知晓哪些服务对象提供的内容构成侵权。

三、不合格通知的法律后果

（一）错误通知人的归责原则

"错误通知"是指通知人发出不合格通知从而对被通知人造成损害的行为。司法机关或行政机关最终认定被通知人不构成侵权，应当属于通知人通知错误。

关于错误通知人的归责原则，笔者认为，《电子商务法》第四十二条第三款中的"错误"定性的是通知本身，而非通知人的主观状态，故该款"明确了错误通知的归责要件为无过错责任原则"，如此才"符合权责统一原则"。[①] 也有学者主张对错误通知人采过错推定责任：权利人恶意投诉导致卖家遭受损失后，推定权利人具有主观过错并将自证无过错的举证责任负担给权利人。其理由为被投诉方难以证明投诉方的过错，因为其"事实上不可能举证权利人在发起投诉时是否进行了必要的检索或其他基础性措施"，由投诉人举证"也

---

① 浙江省高级人民法院联合课题组：《关于电商领域知识产权法律责任的调研报告》，载《人民司法》2020年第7期。

督促权利人谨慎行权，防止权力滥用"。① 也有学者认为："对权利人的主观认定应适用应知标准，即在错误通知的赔偿责任中，推定投诉人在通知发出之前以及必要措施采取的期间未履行审查义务，应当知道通知错误，其应为侵害平台内经营者权益的行为承担赔偿责任。同时，只有在权利人证明自己为善意后，方可减免其赔偿责任。"其理由也是"让平台内经营者证明权利人的主观恶意极具挑战性"。② 过错推定责任的主要目的是缓解被通知人举证上的困难，但其实这一问题可通过过失认定标准的宽严和证明标准的高低予以把握和解决。从司法实践来看，被通知人举证困难的问题似乎并未那么突出，故没有必要采取举证倒置规则。而且，目前并无任何法律规范和司法裁判支持该主张。

基于侵权一般原理，除非有足够充分且正当的理由，否则应采过错责任原则。因此，对《民法典》第一千一百九十五条中的"错误通知"应作限缩解释，将其限于通知人有过错的情形。

（二）与恶意"投诉"行为的区分

侵权法意义上的"过错"包括故意与过失两种样态，而"恶意投诉"的"恶意"仅包含故意。《电子商务法》第四十二条第三款"恶意发出错误通知，造成平台内经营者损失的，加倍承担赔偿责任"之规定对恶意与错误也作了区分。

《电子商务指导意见》第六条第一款提供了认定"恶意"的指导："人民法院认定通知人是否具有电子商务法第四十二条第三款所称的'恶意'，可以考量下列因素：提交伪造、变造的权利证明；提交虚假侵权对比的鉴定意见、专家意见；明知权利状态不稳定仍发出通知；明知通知错误仍不及时撤回或者更正；反复提交错误通知等。"总结而言，可以分类为：权利本身不正当；权利外观正当，但状态不稳定或有瑕疵；权利正当且稳定，但权利人滥用权利。③

回归到本案中，本案的争议焦点在于某网络科技公司受商标权利人某化妆品有限公司委托的投诉行为是否构成错误通知，乃至是否属于恶意投诉行为。某网络科技公司提供了某化妆品有限公司作出的鉴定报告，作为其证明徐某某侵权的初步证据，但并未有任何证据可以体现鉴定报告中的假货系从徐某某店铺中购买，其并未达到"一般可能性"的证明标准，并不符合"合格通知"

① 李伟、冯秋翔：《从价值到规范：论权利人滥用取下通知的规制路径选择》，载《电子知识产权》2019年第11期。

② 沈一萍：《错误通知的认定及其赔偿责任研究——以〈电子商务法〉草案送审稿第54条第1款为中心》，载《电子知识产权》2017年第3期。

③ 成文娟、郎梦佳：《电商环境下知识产权恶意投诉行为的认定与规制》，载《中国应用法学》2020年第1期。

的构成要件，应承担举证不能的不利后果。值得注意的是，现实生活中职业打假、知假买假的投诉行为屡见不鲜，本案中某化妆品有限公司委托某网络科技公司购买徐某某店铺的案涉商品，系作为非一般意义上的消费者而作出的打假行为，其目的在于使目标商品下架，对卖家产生的影响更大，故其在打假过程中负有更高的注意义务，应对其打假的正当性、合法性、关联性承担相应的举证责任，如果构成恶意发出错误通知，还应依法加倍承担赔偿责任。

（**一审法院独任审判员** 王 文

二审法院合议庭成员 王韶婧 潘春霞 岑佳欣

编写人 上海市第一中级人民法院 王韶婧 渠 啸

责任编辑 代秋影

审稿人 刘 敏）

樊某诉广州市某房地产公司等占有保护纠纷案

——房地产公司人防车位使用权转让的效力认定

关键词：民事　人防车位　使用权转让　效力认定　占有保护

【裁判要旨】

1. 房地产公司作为人防车位的投资人及所有权人，享有法律规定范围内的占有、使用、收益、处分之权。房地产公司在明知租赁关系法定最长期限为20年的情况下，仍签订超出限期的使用权无偿转让协议，人民法院对合同的定性应结合合同条款、目的及双方当事人签订时的真实意思表示综合考量。

2. 房地产公司以人防车位合同使用权超出20年部分无效或人防车位使用权转让未经其同意主张无权占有的，人民法院不予支持。

【相关法条】

《中华人民共和国民法典》

第四百五十八条　基于合同关系等产生的占有，有关不动产或者动产的使用、收益、违约责任等，按照合同约定；合同没有约定或者约定不明确的，依照有关法律规定。

第四百六十二条第一款　占有的不动产或者动产被侵占的，占有人有权请求返还原物；对妨害占有的行为，占有人有权请求排除妨害或者消除危险；因侵占或者妨害造成损害的，占有人有权依法请求损害赔偿。

第五百零九条　当事人应当按照约定全面履行自己的义务。

当事人应当遵循诚信原则，根据合同的性质、目的和交易习惯履行通知、协助、保密等义务。

当事人在履行合同过程中，应当避免浪费资源、污染环境和破坏生态。

【案件索引】

一审：广东省广州市番禺区人民法院（2021）粤 0113 民初 15824 号（2022 年 3 月 30 日）

二审：广东省广州市中级人民法院（2022）粤 01 民终 11016 号（2022 年 12 月 21 日）

【基本案情】

原告（被上诉人）樊某诉称：邓某某是广州市某小区 902 房的原业主。邓某某在向广州市某房地产公司（以下简称某房地产公司）购房时，某房地产公司与邓某某签署了《人防工程停车位租赁合同》，将 174 号车位作为该房屋的附属车位交付邓某某使用，使用期限自 2008 年 11 月 22 日起至 2038 年 11 月 21 日止。2013 年 8 月，樊某向邓某某购买该 902 房屋。双方约定，该房屋附属的 174 号车位使用权一并转让。双方签署了《车位使用权转让合同》，根据合同约定，邓某某将车位使用权作价 10 万元转让给樊某，樊某按约定向邓某某支付了车位转让费。其后邓某某与樊某就车位转让向广州某物业管理有限公司（以下简称某物业公司）办理了该车位使用权变更手续。自 2013 年 9 月起，某物业公司每月向樊某收取车位管理费至今。2021 年 5 月 24 日，某房地产公司向樊某发函，要求收回车位。之后，某房地产公司于 2021 年 7 月通知某物业公司拒绝樊某车辆进入车库，并在 174 号车位上安装车位锁，致使樊某无法继续使用车位。请求法院判令：（1）确认《人防工程停车位租赁合同》有效并继续履行；（2）对某房地产公司阻止其使用 174 号车位的行为排除妨碍；（3）某房地产公司向其支付阻止使用车位期间的停车费。

被告（上诉人）某房地产公司辩称：我方与樊某就案涉车位不存在合同关系，樊某无权向我方主张任何合同权利，樊某的诉讼请求没有事实和法律依据。人防工程停车位租赁合同的合同相对方是我方与邓某某，与樊某没有任何关系。樊某并非该租赁合同的当事人，依据合同的相对性原则，樊某无权对我方提出继续履行的诉请。本案中邓某某违反了租赁合同的约定擅自将车位转租，我方有权依该租赁合同的第 10 条约定解除租赁合同并收回车位。本案中我方已向邓某某邮寄了解除函，案涉车位的租赁合同已经解除，樊某无权再就已解除的合同向我方主张权利。我方已经取得案涉车位大确权，车位所有权归我方所有，我方有权对妨碍收回车位的行为采取措施，邓某某无权对案涉车位进行处分，樊某无权通过与邓某某就案涉车位签订的买卖合同获得车位使用权。某物业公司对车位收取管理费仅是基于其履行物业管理的职责而收取，该行为与我方是否明确同意邓某某转租车位没有必然的关系，樊某以此推断我方同意车位转租没有事实基础。我方与邓某某签订的《人防工程停车位租赁合同》约定的租赁期限为30年，超过了法律规定的最长租赁期限，按照法律规定，超过20年的部分无效。

第三人（原审第三人）邓某某陈述：我方与某房地产公司签订的《人防工程停车位租赁合同》，性质为使用权转让合同。该车位的使用权是我方购买某房地产公司房产所赠与的，该停车位使用权的获得是基于我方支付了购房款的对价，车位使用权是某房地产公司用以销售其房产的推广手段。我方与某房地产公司签订的合同实质为使用权转让合同，与我方与樊某签订的车位使用权转让合同性质一致。我方将车位使用权转让给樊某，并在某物业公司处办理备案，某物业公司清楚知悉该情形，并为樊某重新办理了登记。根据邓某某与某房地产公司签订的商品房买卖合同第三条可见，某物业公司是由某房地产公司聘请的，其行为代表某房地产公司，应视为某房地产公司也清楚知悉且同意。邓某某将车位使用权转让给樊某后，某物业公司每月收取30元的管理费用，长达8年之久均未提出异议，表明某房地产公司认可邓某某转让使用权的行为。因此，邓某某将车位使用权转让给樊某的行为并未违反邓某某与某房地产公司签订的《人防工程停车位租赁合同》的约定。

第三人（原审第三人）某物业公司陈述：我方只是知情邓某某陈述的内容，并不是认可。我司作为物业公司，只是履行物业合同约定的管理义务，并不是对产权进行确认。我方依据物业管理职责收取停车费，我方只是物业管理公司，与本案无关。

法院经审理查明：2008年4月8日，某房地产公司（作为出租人）与邓某某（作为承租人）签订《人防工程停车位租赁合同》，约定出租人向承租人出租广州市某小区地下人民防空工程中的停车位，停车位编号174，租赁期限从2008年11月22日起至2038年11月21日止共30年，租金处空白；如承租人擅自将人防工程停车位转租的，出租人有权解除合同。

2009年11月6日，广州市某区国土资源和房屋管理局核发房地产权属证明书，载明某房地产公司为案涉地段权属人，该地下室城市规划用途为人防车位。

2013年8月16日，樊某（作为买方）与邓某某（作为卖方）签订《房地产买卖合同》，约定邓某某将广州市某小区902房转让给樊某。同日，双方签订《车位使用权转让合同》，约定邓某某将广州市某小区地下174号停车位余下使用权转让给樊某，备注该车位是购房时开发商免费配送车位。后，樊某向某物业公司提交了上述《车位使用权转让合同》，并填写了业户资料登记表、消防安全责任书；樊某交纳车位管理费至2021年6月30日。

2021年5月24日，某房地产公司向樊某发出《收回车位通知书》，以樊某未经其同意擅自使用该公司所有的174号车位为由，通知樊某于2021年7月1日前移走车辆并将车位移交公司。2021年5月27日，某房地产公司向邓某某发出解除《人防工程停车位租赁合同》通知书，以邓某某未经公司同意擅自将其所有的174号车位使用权转租给第三人为由，通知邓某某于2021年6月30日正式解除双方签订的《人防工程停车位租赁合同》，并要求邓某某在合同解除之日前移走车辆，将车位交回。

另查明，某房地产公司与某物业公司均为广东某投资集团有限公司控股公司。

在案件审理过程中，樊某称案涉车位于2021年7月15日被上锁，樊某的车辆于同日开始被拒绝进入车库。

【裁判结果】

广东省广州市番禺区人民法院于2022年3月30日作出（2021）粤0113民初15824号民事判决：一、某房地产公司与樊某继续履行广州市某小区地下174号停车位的《人防工程停车位租赁合同》；二、某房地产公司立即停止对广州市某小区地下174号停车位上锁等妨碍樊某使用的行为；三、某房地产公司应于本判决发生法律效力之日起5日内向樊某支付阻止使用车位期间的停车费用（按500元/月的标准，自2021年7月15日起计算至排除妨碍之日止）；四、驳回樊某的其余诉讼请求。

宣判后，某房地产公司提起上诉。广东省广州市中级人民法院于2022年12月21日作出（2022）粤01民终11016号民事判决：驳回上诉，维持原判。

【裁判理由】

法院生效裁判认为：（1）案涉物业规划用途平时为车位，战时为人防工程，首次登记（大确权）权利人为某房地产公司。从协议背景来看，某房地产公司作为开发商，之所以与邓某某签订《人防工程停车位租赁合同》，与二者之间存在商品房买卖关系密不可分。上述合同名为租赁合同，但约定在无须交纳费用的情况下可使用车位30年，显然与租赁合同"租赁期限不得超过二十年"的法律规定不符。一审法院认为，某房地产公司既然承诺买房人可使用车位30年，就应当受自己意思表示的约束。一审结合合同内容及双方当事人的真实意思表示综合考量，未认定案涉合同为租赁合同性质，亦未否认该合同效力，予以认可。从合同内容来看，某房地产公司并未包含有将车位物权性权利进行让渡的意思，因此，案涉合同应为附赠使用性质，未违反法律、行政法规的强制性规定，合法有效，该司应恪守附赠使用期限约定。（2）虽然《人防工程停车位租赁合同》有"承租人原则上不得将出租停车位转租给第三人使用，确有需要，经出租人同意，在办理有关手续后，可将所租人防工程停车位转租给第三人使用"的约定，但鉴于本案某物业公司与某房地产公司为同一集团控股企业，系关系紧密的关联公司，而邓某某转让车位已久，且某物业公司已收取车位管理费的情况下，某房地产公司称其对车位转让不知情，不符合常理。一审法院关于案涉车位使用权转让的论述理由阐述充分，合情合理合法，予以认同。邓某某的行为不宜认定构成违约，某房地产公司应当继续负担《人防工程停车位租赁合同》项下的合同义务。在樊某基于合法占有案涉车位的情况下，有权排除妨碍并要求某房地产公司赔偿相应损失。

【案例注解】

开发商与居民小区停车位相关的各种矛盾频发，其中最为激烈的首推居民小区地下人防车位纠纷，主要类型包括产权纠纷、租赁合同纠纷及开发商垄断经营引发的纠纷等。要解决居民小区地下人防车位相关问题，必先从理论上厘清人防车位的权利归属。本案立足《民法典》基本原则，在充分理解和尊重当事人缔结合同时的真实意思表示的情况下对合同性质及效力进行认定，明确人防车位使用权转让的可行性，探寻占有人与不动产权人在法律上权利义务的界限，充分保障占有人的合法权益，实现维护秩序和保护权利之间的价值目标平衡。

一、开发商对人防车位的权属界定——使用、收益、管理权

人民防空工程包括为保障战时人员与物资掩蔽、人民防空指挥、医疗救护等任务而单独修建的地下防护建筑，以及结合地面建筑修建的战时可用于防空的地下室。而人防车位，是指在不妨碍防空功能和满足业主需要的前提下，战时应为人防工程的地下室，平时可作车库供业主使用的车位。对人防车位的权属，目前司法界裁判观点不一：一是认为人防车位属于国家所有，开发商只享有使用、收益的权利；二是认为人防车位归开发商所有；三是回避人防车位权属问题，只认定开发商享有使用、收益的权利。实践中采用第三种观点作出裁判的居多。

笔者采用第一种观点。《人民防空法》第五条第二款规定："国家鼓励、支持企业事业组织、社会团体和个人，通过多种途径，投资进行人民防空工程

建设；人民防空工程平时由投资者使用管理，收益归投资者所有。"就本案而言，人防车位位于人防工程范围内，按照国家规定，平时使用不得影响人民防空工程的防空效能，战时或紧急状态下由政府统一调配使用。结合立法的本意理解，在开发商已办理所有权权属登记的情况下，应肯定开发商作为建设单位享有使用、收益的权利，即认定开发商投入的资金为其享有对人防车位的使用、收益、管理权的对价，并认可租赁、有偿使用、使用权转让等处分方式。

二、人防车位长期无偿"租赁"的性质——涉附赠使用权的合同纠纷

首先，案涉《人防工程停车位租赁合同》的名称中并无"使用权转让"字眼，合同当事人约定使用期限自2008年11月22日起至2038年11月21日止，明显超过法律规定的20年最长租期，双方约定"承租人"在使用期限内无须支付对价。司法实践中，租赁合同的内容包括租赁物的用途、租赁期限、租金及其支付期限和方式、租赁物的维修等。据此，可推知邓某某与某房地产公司签订的《人防工程停车位租赁合同》真实意思并不在于租赁，将合同定性为租赁合同并不妥当。

其次，邓某某与某房地产公司在缔约时清楚知悉合同约定出让和受让的是人防车位使用权而非所有权，邓某某作为受让一方仅在一定的较长使用期限内无偿使用本车位，且只能用于停车用途；根据物权法定原则，物权的变动方式必须由法律设定，转移所有权应当进行变更登记，但双方在签订《人防工程停车位租赁合同》时并不办理权属变更登记，故不具备买卖合同的本质要件，不宜定性为买卖合同。

最后，订立长期无偿的人防车位使用权转让合同既非租赁合同，也非买卖合同，其有自身的特殊性，不宜按一般有名合同进行归类、判定，故而在相关法律、法规没有明确规定时，邓某某与某房地产公司签订的《人防工程停车位租赁合同》应定性为合同纠纷为宜。

三、人防车位使用权性质认定的边界探寻

（一）依合同设立的人防车位使用权宜认定为债权

人防车位使用权转让合同设立的人防车位使用权属于债权，未违反物权法定原则。就本案而言，在人防车位使用权转让中双方所约定出让的是使用权，无论是邓某某还是樊某在使用该车位期间，均须接受某房地产公司的统一管理，不得擅自改变用途，不得擅自改变与该车位有关的共用部位和设施使用性质，即该合同内容未明显体现受让人受让使用权后即可直接支配车位、可对抗任何人的意思表示。而物权与债权最重要的区分标准是：物权是支配权，债权是请求权。即物权权利人能独立自主地行使支配标的物的权利，债权人则不

可。由于案涉车位所在位置为地下人防工程，应按政府及人防相关规定使用，邓某某或樊某作为受让人所获得的只是通过合同约定由出让人所设立并赋予的部分使用权利，并非可独立自主支配标的物的绝对性权利，因此，倾向于认定通过合同设立的人防车位使用权属于债权。

（二）人防车位使用权转让合同的效力认定——合法有效

人防车位使用权转让合同不存在法律规定的各项无效情形，应肯定其合同效力。案涉人防车位使用权转让合同系当事人自愿签订，双方在订立合同时对于车位的性质、用途、所转移的是使用权等权利义务均清楚知晓；双方在订立合同时客观上未确实损害国家、集体或第三人利益，主观上不存在破坏战时防空功能的目的；从实际履行情况看，双方意在转移人防车位的使用权而非所有权，所签订的合同内容也是有关使用权的转移，故不应以人防车位使用权合同超出使用期限为由认定合同无效。

（三）充分发挥《民法典》绿色条款对于人防车位使用权转让的引导作用

《民法典》第五百零九条规定："当事人应当按照约定全面履行自己的义务。当事人应当遵循诚信原则，根据合同的性质、目的和交易习惯履行通知、协助、保密等义务。当事人在履行合同过程中，应当避免浪费资源、污染环境和破坏生态。"本案中，人民法院依法对人防车位使用权转让合同有效性的认定，实则是对《民法典》绿色条款的切实运用，通过对当事人合同履行的绿色约束，适当调整人防车位使用权转让的绿色化转型，符合避免资源浪费、物尽其用原则。

所谓物尽其用，就是在物权法定原则之下，通过物权类型的设定、物权内容的规范、物权行使方式的完善等一系列手段，为作为生产要素的各类不动产和动产进入市场实现资源合理配置创造条件，从而充分发挥物的使用价值和交换价值。在市场经济条件下，虽然作为商品的物的价格由其价值决定，但对物效用的评判具有浓厚的主观色彩。这就要求物以及建构在其上的权利能够进入市场流转，从而通过竞争实现价格发现，充分发挥物的效用。本案中，业主将人防车位余下年限使用权转让给后手业主行使，并未实际增加开发商的负担，也更有利于发挥人防车位使用权流通的真正效益。

综上，邓某某与某房地产公司签订的长期无偿《人防工程停车位租赁合同》合法有效，某房地产公司应继续与樊某履行《人防工程停车位租赁合同》项下的合同义务。樊某在合法占有案涉车位的情况下，有权要求某房地产公司排除妨碍并赔偿相应损失。

如今，人防车位开放不动产权登记政策的实施，引发了开发商罔顾承诺、强行收回车位的问题，引发了一定的社会不稳定因素，但这并不能代表改革本身应被否定。要最大限度地实现人防车位的价值，就要求相关市场主体在恪守诚信原则的前提下，依法促进人防车位使用权的流通，确保市场交易行为的绿色、健康、有序。这才是高质量发展的题中应有之义。

（**一审法院合议庭成员**　冯　婉　黎美仪　王薇薇
二审法院合议庭成员　戴俊英　郑怀勇　闫　娜
编写人　广东省广州市番禺区人民法院　冯　婉　卢　莹
责任编辑　代秋影
审稿人　刘　敏）

北京某科技公司诉北京某资产经营公司等合同纠纷案

——优先购买权的行权应否受动态报价交易的限制

关键词：民事　动态报价　拍卖合同　承租人优先购买权　场外行权

【裁判要旨】

优先购买权行使要件的"同等条件"，主要指交易价格、支付方式等重要交易条件相同，并不要求交易程序上的"同等同序"，亦不要求必须通过动态报价交易行权。动态报价交易的最高出价者并不直接成为标的物受让人，仅为待定受让人。其可否成为财产最终受让人，需视优先购买权人是否行使优先购买权确定。

【相关法条】

《中华人民共和国民法典》

第七百二十六条　出租人出卖租赁房屋的，应当在出卖之前的合理期限内通知承租人，承租人享有以同等条件优先购买的权利；但是，房屋按份共有人行使优先购买权或者出租人将房屋出卖给近亲属的除外。

出租人履行通知义务后，承租人在十五日内未明确表示购买的，视为承租人放弃优先购买权。

《中华人民共和国拍卖法》

第三条　拍卖是指以公开竞价的形式，将特定物品或者财产权利转让给最高应价者的买卖方式。

第十四条　拍卖活动应当由拍卖师主持。

【案件索引】

一审：北京市第三中级人民法院（2021）京 03 民初 1770 号（2022 年 2

月28日）

二审：北京市高级人民法院（2022）京民终361号（2022年12月30日）

【基本案情】

原告北京某科技公司（以下简称某科技公司）诉称：某科技公司在北京产权交易所有限公司（以下简称北交所）网站上获得涉案房屋出售相关信息。2021年8月10日，某科技公司按要求前往北交所系统参与涉案项目的动态报价活动，竞拍过程中无优先购买权人按照北交所实物资产转让操作规则进行场内行权。2021年8月10日当日，某科技公司最终以人民币11011万元的最高报价金额竞得涉案项目资产。同日，北京某资产经营公司（以下简称某资产经营公司）给某科技公司发送由北交所交易平台在竞拍前已挂网公示，在某科技公司最高价竞得后，仅在"受让方"处填入某科技公司名称，在交易金额处填入某科技公司的最高报价金额人民币11011万元的《实物资产交易合同》。但就在某科技公司与某资产经营公司同日履行签订正式交易合同手续之时，北交所突然仅以口头的非正式方式告知某科技公司涉案项目的优先购买权人北京某公司（以下简称某公司）将行使优先购买权并最终可能取得涉案项目的购买资格，导致某科技公司与某资产经营公司之间的签约中止。但据某科技公司了解，该优先购买权人并未按交易规则进场行权并交纳保证金，因优先购买权人未按竞拍规则进场行权，应视为该优先购买权人早已放弃并不能再行使优先购买权。故请求法院判令：（1）确认某资产经营公司与某公司之间签订的《实物资产交易合同》无效；（2）某资产经营公司立即与某科技公司签订正式书面的《实物资产交易合同》并协助某科技公司办理涉案资产过户手续；（3）北交所为某科技公司与某资产经营公司签订正式书面《实物资产交易合同》及涉案资产过户履行协助义务；（4）由某资产经营公司、某公司共同支付财产保全保险费用75000元。

被告某资产经营公司辩称：某资产经营公司系涉案房产的所有权人，某公司自2018年4月起承租涉案房屋进行酒店经营，租期至2022年4月15日，某资产经营公司在2021年7月12日至8月10日在北交所挂牌转让涉案房产，在信息披露中已载明涉案房产处于对外出租状态，承租人不放弃优先购买权，后涉案房产经过动态报价之后，某公司行使优先购买权成为受让方，某资产经营公司与某科技公司之间并无合同关系；涉案房产以动态报价方式挂牌转让，并不涉及拍卖活动，某科技公司以拍卖合同法律关系提起本案诉讼，缺乏事实和法律依据；某科技公司从未被确定为涉案房产的受让方，某资产经营公司与某科技公司之间从未成立《实物资产交易合同》，某资产经营公司也不负有与某科技公司签订《实物资产交易合同》的缔约义务。

被告某公司辩称：某公司作为房屋承租人，依法享有优先购买权。在2021年5月和8月某公司两次向房屋产权人某资产经营公司主张优先购买权，之后，某公司按照产权人某资产经营公司和北交所的通知，交纳了全部的购房款项，也向北交所交纳了相应的服务费用。某公司根据法律规定行使优先购买权，未侵犯任何人的利益。某公司作为案涉房产承租人已经在出租人某资产经营公司通知转让案涉房产后，明确表示行使优先购买权，并在限期内同意以动态竞价最高价同等条件受让案涉房产。某公司已经有效行使了承租人优先购买权，相应就案涉房产享有优先于一般竞价人某科技公司的地位。

第三人北交所述称：涉案交易为国有资产公开交易程序，竞价方式为动态报价，不是拍卖，标的房产承租人未放弃优先购买权。2021年5月24日，某公司向某资产经营公司回函明确不放弃标的房产的优先购买权。某资产经营公司向北交所提交的信息披露申请中，明确标的房产处于出租状态，租赁合同已置于北交所备查，承租人不放弃标的房产的优先购买权。北交所根据某资产经营公司信息披露申请发布项目公告，亦明确承租人不放弃标的房产优先购买权。是否在场内行权由优先权人决定。北交所严格按照国有产权交易流程组织标的房产交易，标的房产场内交易程序全部完成。北交所切实履行了交易机构职能，在交易过程中无任何不当行为，不应当承担任何责任。

法院经审理查明：某资产经营公司系北京市丰台区某房产（以下简称涉案房产）所有权人。

2018年4月13日，北京某资产经营公司与某公司签订《房产（场地）租赁合同》，约定将涉案房产出租给某公司使用，租期共计4年，自2018年4月16日至2022年4月15日。上述合同签订后，某资产经营公司将涉案房产交付某公司经营酒店使用，某公司亦向某资产经营公司实际支付租金。

后某资产经营公司拟转让涉案房产。2021年7月12日，北交所在网站上公告披露涉案项目转让信息，披露期限自2021年7月12日至2021年8月9日。披露内容中"与转让相关的其他条件"载明："1. 本项目采取动态报价方式确定受让方，意向受让方被确定为受让方的，其交纳的保证金转为交易价款的一部分……2. 意向受让方有权利和义务自行对本项目进行全面了解，并对本项目谨慎选择。意向受让方需自行了解限购令等相关政策法规，并详细阅读并完全认可本项目所涉及资产评估报告等文件资料所披露的内容。3. 意向受让方需书面承诺……"。"其他需要披露的内容"载明："1. 本标的房产以现状转让。转让标的房产处于对外出租状态，租赁合同已置北交所备查。承租人不放弃对标的房产的优先购买权……"。"交易方式"载明："动态报价（1）自由报价期为20个工作日，自信息披露公告发布之时起至信息披露公告发布期满次日起 10∶00∶00 时止；（2）限时报价周期为 120 秒；（3）加价幅度为人民币 5 万元。在权利人未放弃优先购买权的情况下，如仅征集到 1 个非权利竞买人，由该竞买人登录系统进行报价后，以此价格征询权利人是否行使优先购买权。"

2021 年 7 月 22 日，某科技公司完成涉案项目的受让意向登记并支付了保证金，取得了涉案项目的意向受让资格。同日，某科技公司通过电子签名方式签署了《北京产权交易所实物资产转让动态报价须知》《动态报价承诺函》《承诺函》，承诺已仔细阅读并自愿遵守《北京产权交易所实物资产转让动态报价须知》等文件的规定，同意按照相关规定参加本项目动态报价活动等。

2021 年 8 月 10 日，某科技公司及另一意向受让方共出价 11 次，某科技公司以 11011 万元的报价成为涉案项目的最高报价方。

2021 年 8 月 11 日，某资产经营公司向某公司发送《关于丰台区某房产优先购买权的征询函》。载明："……本次动态报价的最高报价为 11011 万元，待定受让方为某科技公司……若贵公司决定行使优先购买权，须按照《民法典》《北京产权交易所实物资产转让操作规则（试行）》等法律法规的相关规定，在收到本函之日起 15 日内，通知北交所，并提交受让申请及交纳交易保证金，逾期未提交受让申请及交易保证金的，视为放弃行使优先购买权。明确表示放弃行使优先购买权或逾期未表态的，则报出最终报价的待定受让方成为最终受让方。"

2021 年 8 月 23 日，某公司以《关于丰台区某房产优先购买权的回函》说明其决定依法行使优先购买权，同意以 11011 万元人民币购买涉案房产，并承诺于法定期限内向北京产权交易所指定账户转入交易保证金。

2021 年 8 月 24 日，某公司交纳保证金 32103000 元。同日，北交所向某资产经营公司、某公司、某科技公司发送《动态报价结果通知书》，载明涉案项目动态报价活动结束，某公司依法行使优先购买权，成为受让方，成交价格 11011 万元，并分别通知某资产经营公司与某公司于收到通知书之日起 5 个工作日内签订《实物资产交易合同》，通知某科技公司于接到通知书之日起 3 个工作日内办理保证金的退还手续。

2021 年 8 月 30 日，某资产经营公司与某公司就涉案房产的转让签署《实物资产交易合同》，约定转让价格为 11011 万元，采取一次性付款方式，某公司将转让价款在合同生效后 5 个工作日内汇入北交所指定的结算账户。

2021 年 9 月 6 日，某公司支付完毕剩余价款及项目服务费。同日，北交所出具《实物资产交易凭证》，载明："转让方式：动态报价，交易价款支付方式：一次性付款，转让标的评估结果：10700.158 万元，转让底价：10701 万元，交易价格：11011 万元。经审核，本次转让行为符合有关法律法规规定及本所交易规则，特出具本交易凭证。"

另查明，《北京产权交易所实物资产转让动态报价须知》第三条规定："参加动态报价活动的竞买人，应当知悉并遵守北交所《实物资产转让操作规定（试行）》《实物资产转让动态报价实施办法（试行）》和《企业国有产权转让股东行使优先购买权操作细则》的规定，认真阅读了本《须知》并接受其全部内容。"第十一条规定："选择场内行权的优先购买权人在非优先购买权人竞买人产生最终报价之前，不参与报价活动。"第十二条第五项规定："对于仅涉及优先购买权人场外行使优先购买权情形的动态报价项目，动态报价活动分为两个报价期，即自由报价期和限时报价期……转让方应在最终报价结果产生后 3 个工作日内，以书面形式就公示的《实物资产交易合同》内容及报价结果向未进场的优先购买权人征询其是否行使优先购买权，未进场的优先购买权人应在 15 日内作出书面回应。北交所根据回应情况确定受让方。"第十四条第一款规定："优先购买权人未行使优先购买权的，最终报价竞买人成为受让方……"

《北京产权交易所实物资产转让操作规则（试行）》第十一条规定："实物资产转让可以采用动态报价或集中报价等方式进行。转让方应当在信息披露前明确交易方式，并选择相应的《实物资产转让信息披露申请书》进行填报。转让方对受让方有特殊要求或转让标的存在特殊情况的，转让方可以向北交所提出申请，经北交所同意后采用招投标评审或拍卖方式确定受让方。采用招投标评审方式的，参照北交所《企业国有产权转让招投标实施办法》执行；采用拍卖方式的，参照北交所《企业国有产权转让拍卖实施办法》执行。"第三十五条规定："实物资产转让存在转让已对外租赁房产、转让共有物等涉及优先购买权情形的，按照国家法律法规的规定，并参照《企业国有产权转让股东行使优先购买权操作细则》中关于场内行权的有关规定执行。"

《北京产权交易所企业国有产权转让股东行使优先购买权操作细则》第三条第一款规定："本规则所称其他股东行使优先购买权，包括场内行权和场外行权两种方式。"第十六条规定："转让方要求其他股东只能以场内行权方式行使优先购买权的项目，应当取得标的企业所有未放弃优先购买权的其他股东的同意，或者向北交所就其要求其他股东只能场内行权作出自愿承担相应法律责任的书面承诺。"

再查：本案中各方均确认涉案房产仅存在某公司一个优先购买权人。经法院询问，某资产经营公司是否要求某公司必须场内行权，某资产经营公司答复未向某公司提出过相关要求；某公司亦表示从未同意必须通过场内行权的方式行使优先购买权。

【裁判结果】

北京市第三中级人民法院于 2022 年 2 月 28 日作出（2021）京 03 民初 1770 号民事判决：驳回某科技公司的全部诉讼请求。

某科技公司不服一审判决，提起上诉。北京市高级人民法院于 2022 年 12 月 30 日作出（2022）京民终 361 号民事判决：驳回上诉，维持原判。

【裁判理由】

法院生效裁判认为：某公司作为涉案房产的承租人，依法享有优先购买权，该优先购买权是法律赋予承租人的权利。某公司在涉案房产的处置过程中明确表示不放弃优先购买权。2021 年 7 月 12 日，北交所在网站上公告披露涉案项目转让信息，"其他需要披露的内容"载明："1. 本标的房产以现状转让。转让标的房产处于对外出租状态，租赁合同已置北交所备查。承租人不放弃对标的房产的优先购买权……"某科技公司对此应属明知。在涉案房产处置所涉的《北京产权交易所实物资产转让动态报价须知》《实物资产转让动态报价实施办法（试行）》等相关文件中未限制某公司仅能通过场内行权的方式行使优先购买权，某科技公司对相关文件亦属明知。依据《北京产权交易所实物资产转让操作规则（试行）》第三十五条，实物资产转让存在转让已对外租赁房产、转让共有物等涉及优先购买权情形的，按照国家法律法规的规定，并参照北交所《企业国有产权转让股东行使优先购买权操作细则》中关于场内行权的有关规定执行。上述操作细则第十六条规定，转让方要求其他股东只能以场内行权方式行使优先购买权的项目，应当取得标的企业所有未放弃优先购买权的其他股东的同意或者向北交所就其要求其他股东只能场内行权作出自愿承担相应法律责任的书面承诺。参照上述规定，如转让方要求优先购买权人场内行权，需取得优先购买权人的同意或由转让方向北交所提交优先购买权人只能场内行权、转让方自愿承担法律责任的书面承诺。本案中，并无证据证实某公司同意必须通过场内行权方式行使权利，亦无证据显示某资产经营公司作为转让方要求优先购买权人场内行权并向北交所作出自担责任的承诺，即某公司未通过场内行权的方式行使优先购买权并未违反相关法律法规以及涉案交易所依据的交易规则的规定，不应视为其放弃优先购买权，亦不会导致其丧失优先购买权。

本案中，某公司与某资产经营公司所签订的《实物资产交易合同》中约定的交易价格、支付方式等交易条件与某科技公司的交易条件并无差异。某公司在动态报价活动完成后，按照北交所公示的交易规则所确定的时限及方式行使优先购买权，北交所亦将资产确认情况及时函告某科技公司，故某公司行使优先购买权的方式合规合理，亦未对某科技公司造成不合理的负担，未违反优先购买权行使中"同等条件"的要求。

某科技公司主张某资产经营公司与某公司签订的《实物资产交易合同》属于恶意串通，应属无效，但未能提交充分证据证明。某资产经营公司与某公司所签订的《实物资产交易合同》系双方真实意思表示，内容未违反国家法律、行政法规的强制性规定，亦无证据显示存在恶意串通，损害国家、集体、第三人利益或其他无效情形，一审法院认定某资产经营公司与某公司所签订的《实物资产交易合同》合法有效，并无不当。某科技公司另主张北交所在信息披露公告期间未披露涉案房产的真实租赁信息情况，案涉交易存在严重瑕疵，应予撤销，应认定某资产经营公司与某公司之间签订的《实物资产交易合同》无效。该主张缺乏依据。故对于某科技公司要求确认《实物资产交易合同》无效的主张，法院不予支持。

某科技公司并非涉案房产受让人，某公司通过场外行使优先购买权的方式取得了最终受让人资格，并已与转让人某资产经营公司签署《实物资产交易合同》，一审法院已认定《实物资产交易合同》具有法律效力。在此情形下，某科技公司要求某资产经营公司与其签署《实物资产交易合同》并协助其办理涉案房产的过户手续，以及要求北交所协助办理合同签订以及涉案房产过户手续，均缺乏法律依据，法院不予支持。

【案例注解】

一、动态报价不同于拍卖，最高出价者不能直接成为标的物受让人

根据《拍卖法》之规定，拍卖是指以公开竞价的形式，将特定物品或者财产权利转让给最高应价者的买卖方式，拍卖活动应由拍卖师主持。动态报价一般指在指定时间段内，意向受让人在指定的网络交易平台以参与报价方式提出受让意向的交易方式。动态报价与拍卖①存在一定相似之处，即均是以公开竞价方式确定最终的交易价格，但二者亦存在根本区别，主要体现在：

其一，适用规范不同。拍卖合同作为买卖合同的一种，系我国法律规定的有名合同，应适用《拍卖法》及《民法典》合同编的相关规定；对于动态报价交易，目前尚无法律法规的明确规定，但该种交易方式广泛应用于国有资产

---

① 另需说明的是，此处的拍卖不含司法拍卖。

处置，现行规范性文件主要是各省级国有资产监管部门发布的规范性文件，如《贵州省国资委监管企业实物资产处置规范指南（试行）》等。此外，各交易所亦分别制定了相关交易规则，如本案所涉北交所即在其网站公示了《实物资产转让操作规定（试行）》《实物资产转让动态报价实施办法（试行）》《北京产权交易所实物资产转让动态报价须知》《企业国有产权转让股东行使优先购买权操作细则》等，动态报价交易应适用上述规范性文件及交易规则规定。

其二，交易形式不同。拍卖活动需要委托经特别许可设立的拍卖人进行，且需要由具备特定资格的拍卖师主持；动态报价活动并无上述形式要求，本案涉案项目亦未体现拍卖人与拍卖师的参与。

其三，法律效果不同。在拍卖活动中，竞买人的最高应价经拍卖师落槌或者以其他公开表示的方式确定后，拍卖即成交，发生与一般买卖合同相同的法律效力，经拍卖人确认的最高应价人即为买受人；在本案所涉的动态报价交易中，根据相应的交易规则，最高竞价者并不立即成为受让人，仅为待定受让人，是否可成为最终受让人需要经询优先购买权人，视其回应情况来确定。如优先购买权人在限定期限内行使优先购买权，则以相同交易条件与出卖人订立转让合同，只有当优先购买权人放弃行使优先购买权时，竞买人方可成为受让人，取得与出卖人订立转让合同的机会。

由此可知，动态报价交易与拍卖虽然同样通过竞价方式确定交易价格，但两种交易模式在交易规则及法律效果上并不相同，具有不同的法律性质。在动态报价交易中出价最高者，不能直接成为标的物的受让人。

二、优先购买权的实现不应以场内行权为限

在竞价交易模式中，标的物的优先购买权人行使权利的方式分为场内行权及场外行权两种方式。场内行权指优先购买权人通过参与竞价的方式行使权利；场外行权是指优先购买权人不进场参与竞价，而是在确定最终交易条件之后，在限定期限内决定是否行使优先购买权。

对于优先购买权人行使权利的方式，存在不同观点。第一种观点认为，承租人参与场内竞价可达到充分竞争，实现标的物转让价值最大化，承租人参与场内竞价，通过进场竞价机制形成真正合理的市场价格，使标的物价值实现最大化，避免因过度保护优先购买权人的利益而损害转让方的权益，对于第三人受让方来说也较为公平。第二种观点则认为，若规定强制进场参与竞价系对优先购买权的限制，而优先购买权系法定权利，在法律未对权利行使程序进行限制的情况下，不应对权利行使设置障碍，且若优先权人参与了竞价程序，即使成功受让标的物，也是根据竞买而买受，不是根据优先购买权买受。上述两种观点在司法实践中均有所体现，如《民法典》第七百二十七条即规定出租人

拍卖租赁房屋时，承租人应通过参加拍卖的方式行使优先购买权，故在拍卖的交易形式之下，承租人不得场外行权。而在《公司法》及其司法解释中，对于股东的优先购买权的行使则并未限制股东必须进场行权，如《最高人民法院关于适用〈中华人民共和国公司法〉若干问题的规定（四）》第二十二条第二款即未强制性要求股东行使优先购买权必须场内行权，而是规定可以参照产权交易场所的交易规则来认定优先购买权行使时的"同等条件"。

对此，笔者赞同第二种观点，理由如下：

其一，从法律规范的内在逻辑来看，对于优先购买权人行使条件中的"同等条件"，应进行限缩解释，主要指交易价格、支付方式等重要交易条件的"同等"，并不等同于参与交易程序以及交易过程的"同等同序"。如果要求优先购买权人必须参与竞价，通过竞价方式行使优先购买权，则"同等条件"无法确定，其购买权更无所谓优先可言，且若要求优先购买权人必须参加竞价，其成为最高竞价者方可行权，则其并非以"同等条件"购买，不存在所谓优先问题，故优先购买权的优先应是在转让条件确定之后的优先。

其二，结合法律规范的立法目的分析，承租人的优先购买权系出于充分实现物的效用、维护法律关系的稳定而赋予承租人的法定权利，在法律法规、司法解释以及相应交易规则未予限制或规定不清晰的情况下，则其权利行使，应遵从在合理期限内及时行使，且行使方式未对其他权利人造成不合理负担为原则。

其三，如前所述，动态报价交易并不等同于拍卖，法律及司法解释中对于动态报价交易中优先购买权人权利行使方式并无明确规定，对于不具备公权力介入因素，各方均是在公开市场交易规则之下，自愿遵守交易规则，自愿参与竞价，不宜简单参照《民法典》关于拍卖情况下承租人场内行权的规定强制要求承租人场内行权。

换言之，在无法律、司法解释明确规定的情形下，优先购买权行使的具体方式应依据所在交易平台公示交易规则予以确定。在法律、司法解释及交易规则不存在限制性规定，且优先购买权人未主动放弃优先受偿权的情况下，对其权利行使，法院不宜施加额外限制，要求优先购买权人必须通过参与场内竞价方式行使优先购买权。

三、承租人场外行权具有优先性

就本案而言，首先，所涉动态报价的交易形式并不属于拍卖性质，某公司在涉案房产的处置过程中明确表示不放弃优先购买权，在涉案项目公告的信息披露中亦已载明承租人不放弃优先购买权，某科技公司对此应属明知。

其次，在涉案房产处置所涉的《北京产权交易所实物资产转让动态报价须知》《实物资产转让动态报价实施办法（试行）》等相关文件中并未限制某公司仅能通过场内行权的方式行使优先购买权，某科技公司对相关文件亦属明知。《北京产权交易所实物资产转让操作规则（试行）》第三十五条规定，实物资产转让存在转让已对外租赁房产、转让共有物等涉及优先购买权情形的，按照国家法律法规的规定，并参照北交所《企业国有产权转让股东行使优先购买权操作细则》中关于场内行权的有关规定执行。而上述操作细则第十六条规定，转让方要求其他股东只能以场内行权方式行使优先购买权的项目，应当取得标的企业所有未放弃优先购买权的其他股东的同意或者向北交所就其要求其他股东只能场内行权作出自愿承担相应法律责任的书面承诺。参照上述规定，如转让方要求优先购买权人场内行权，需取得优先购买权人的同意或由转让方向北交所提交优先购买权人只能场内行权、自愿承担法律责任的书面承诺，而本案中并无优先购买权人的同意以及转让方的承诺。

最后，本案中北交所已公示了涉案交易信息及交易规则，某科技公司对此应属明知，而某公司在动态报价活动完成后，按照北交所公示的交易规则所确定的时限及方式行使优先购买权，北交所亦将成产确认情况及时函告某科技公司，故某公司行使优先购买权的方式合规合理，未对某科技公司造成不合理的负担，亦未实质损害出租人某资产经营公司的利益，未违反优先购买权行使中"同等条件"的要求。

综上，本案中，并无证据证实某公司同意必须通过场内行权方式行使权利，亦无证据显示某资产经营公司作为转让方要求优先购买权人场内行权并向北交所作出自担责任的承诺，即某公司未通过场内行权的方式行使优先购买权并未违反相关法律法规以及涉案交易所依据的交易规则的规定，不应视为其放弃优先购买权，亦不会导致其丧失优先购买权。

（一审法院合议庭成员 林存义 赵 霞 薛 妍
二审法院合议庭成员 张 然 刘 燕 黄 丽
编写人 北京市第三中级人民法院 赵 霞 杨俊逸
责任编辑 代秋影
审稿人 刘 敏）

商　事

某信托公司与某装饰工程公司等票据追索权纠纷案
——票据追索受债权转让合同约束之票据内在无因性限制的司法判定

关键词：民事　票据追索权　债权转让合同　内在无因性

【裁判要旨】

持票人因与背书人签订资产转让协议，在支付协议对价后，以背书形式合法受让票据。持票人提示付款被拒付后向背书人追索，背书人以资产转让协议中约定有其承担票据付款责任（应收账款回购责任）仅限于票据不真实/不合法等权利瑕疵的条款为由进行抗辩。依《票据法》第十三条第二款规定，票据债务人可以对不履行约定义务的与自己有直接债权债务关系的持票人进行抗辩。在背书转让连续且不存在其他票据权利无效的情形下，背书人依资产转让协议约定的票据追索限制对直接前手进行的票据抗辩应予支持。

【相关法条】

《中华人民共和国票据法》

第十三条第二款　票据债务人可以对不履行约定义务的与自己有直接债权债务关系的持票人，进行抗辩。

第六十一条第一款　汇票到期被拒绝付款的，持票人可以对背书人、出票人以及汇票的其他债务人行使追索权。

第六十二条　持票人行使追索权时，应当提供被拒绝承兑或者被拒绝付款的有关证明。

持票人提示承兑或者提示付款被拒绝的，承兑人或者付款人必须出具拒绝证明，或者出具退票理由书。未出具拒绝证明或者退票理由书的，应当承担由此产生的民事责任。

第六十八条　汇票的出票人、背书人、承兑人和保证人对持票人承担连带责任。

持票人可以不按照汇票债务人的先后顺序，对其中任何一人、数人或者全体行使追索权。

持票人对汇票债务人中的一人或者数人已经进行追索的，对其他汇票债务人仍可以行使追索权。被追索人清偿债务后，与持票人享有同一权利。

第七十条　持票人行使追索权，可以请求被追索人支付下列金额和费用：

（一）被拒绝付款的汇票金额；

（二）汇票金额自到期日或者提示付款日起至清偿日止，按照中国人民银行规定的利率计算的利息；

（三）取得有关拒绝证明和发出通知书的费用。

被追索人清偿债务时，持票人应当交出汇票和有关拒绝证明，并出具所收到利息和费用的收据。

【案件索引】

一审：上海市青浦区人民法院（2022）沪0118民初19826号（2023年1月3日）

二审：上海金融法院（2023）沪74民终688号（2023年11月20日）

【基本案情】

原告某信托公司诉称：原告某信托公司与被告某装饰工程公司签署《基础资产转让协议》，约定某装饰工程公司将其享有的应收账款转让给原告，某信托公司向其支付购买价款，如目标应收账款使用电子商业承兑汇票支付结算的，某装饰工程公司应在收到该电子商业承兑汇票后转让给某信托公司。后被告未履行任何支付票据债务，根据《票据法》第六十八条、第七十条等规定，请求判令某装饰工程公司、某投资公司、某房地产集团连带支付票据款1353367元及相应利息。

被告某装饰工程公司辩称：某装饰工程公司交付票据的行为并非负担票据本身债务的意思表示，而是基于债权转让合同的约定交付债权的载体。某信托公司是基于与某装饰工程公司之间应收账款债权转让法律关系取得涉案票据，其所付对价是债权转让价款而非票据金额。由于双方之间债权转让关系已履行完毕，某信托公司并无从债权履行完毕的转让方再次取得等额票据价值的事实基础和法律依据。

法院经审理查明：2021 年 7 月 13 日，原告某信托公司与被告某装饰工程公司签署《基础资产转让协议》，约定某装饰工程公司将其享有的应收账款转让给原告，某信托公司向其支付购买价款，如目标应收账款使用电子商业承兑汇票支付结算的，某装饰工程公司应在收到该电子商业承兑汇票后转让给某信托公司。

《基础资产转让协议》第 5.1 条约定，在信托计划存续期间，如出现以下所述情形之一的，受让方/受托方有权向原始权益人发出《目标应收账款债权赎回通知》，原始权益人有义务按照通知要求赎回该笔目标应收账款债权：5.1.1 目标应收账款债权在基准日或交割日不符合本协议标准条款第 2.3 条约定的任一合格标准；5.1.2 原始权益人在本协议中所作出的任何陈述和保证在本协议签署之日、基准日及在信托计划存续期间在所有重大方面不真实、不完整或不准确。第七条双方的陈述与保证，7.1.10 电子商业汇票合法有效，电子商业承兑汇票不存在被利害关系人申请挂失止付、公示催告或有权机关采取查封、冻结等保全或执行措施的情形，如发生目标应收账款债权对应的电子商业承兑汇票存在瑕疵或因挂失止付、公示催告、被有权机关采取保全、执行措施等原因而不能得到票据款项，因此产生的任何损失概由原始权益人负责。7.1.11 确保放弃商业纠纷抗辩权/无商业纠纷抗辩权。第八条违约责任，8.1 一般原则：任何一方违反本协议的约定或陈述与保证，视为该方违约，违约方应向守约方赔偿因其违约行为而遭受的直接损失；8.2 原始权益人的违约责任：……（3）如目标应收账款债权使用电子商业汇票支付结算的，原始权益人背书转让给受让方/受托人的电子商业承兑汇票因不真实、不合法或存在其他权利瑕疵导致不能兑付，且原始权益人未按约定履行赎回义务；（4）原始权益人未按照本协议约定赎回不合格债权；（5）因原始权益人违反其在任何基础交易合同或保理合同项下的任何义务或怠于行使其在任何基础交易合同或保理合同项下的任何权利，导致本协议项下的目标应收账款债权遭受损失或信托计划享有的应收账款债权存在瑕疵；（6）原始权益人在本协议或其他交易文件中所作出的任何陈述或保证，在作出时是错误、虚假或存在误导性；（7）违反本协议约定的其他责任或者义务的。

2021 年 7 月 13 日，某装饰工程公司将其对某投资公司享有的应收账款 1353367 元转让给某信托公司并函告某投资公司。同日，某投资公司对该应收账款转让事宜进行回复，确认某信托公司为应收账款新的债权人。2021 年 7 月 23 日，某信托公司向某装饰工程公司支付全部转让价款人民币 1221413.72

元。2021年7月7日，某投资公司作为出票人、承兑人签发商业汇票，收票人为某装饰工程公司，某房地产集团为保证人，到期日为2022年7月6日，金额为1353367元，某装饰工程公司后将票据背书给某信托公司。2022年7月6日，某信托公司通过电子商业承兑汇票系统提示承兑人某投资公司付款，遭拒付，拒付理由为：账户余额不足。某信托公司持有汇票的必要记载事项齐全、形式完备、背书连续。

【裁判结果】

上海市青浦区人民法院于2023年1月3日作出（2022）沪0118民初19826号民事判决：被告某房地产集团、某投资公司应于本判决生效之日起10日内连带支付原告某信托公司票据款人民币1353367元及利息〔以人民币1353367元为本金，按照同期全国银行间同业拆借中心公布的贷款市场报价利率（LPR）标准，自2022年7月6日起算至实际付清日止〕；原告某信托公司的其余诉讼请求不予支持。

宣判后，某信托公司不服向上海金融法院提起上诉。上海金融法院于2023年11月20日作出（2023）沪74民终688号民事判决：驳回上诉，维持原判。

【裁判理由】

法院生效裁判认为：本案的争议焦点为，某信托公司基于应收账款债权转让合同而取得涉案票据，某信托公司作为持票人、被背书人是否对应收账款债权的出让人即涉案票据的收款人、背书人某装饰工程公司享有票据追索权。某信托公司系基于《基础资产转让协议》约定，通过背书取得涉案票据，根据票据法原理，该基础资产转让关系系票据关系的基础关系。根据《票据法》第十三条第二款规定，票据债务人可以对不履行约定义务的与自己有直接债权债务关系的持票人进行抗辩。因此，某信托公司可以依照《基础资产转让协议》约定，对与其有直接债权债务关系的票据债务人某装饰工程公司进行抗辩。即只有在涉案票据因电子承兑汇票不真实、不合法，或存在其他权利瑕疵导致不能兑付时，方可向某装饰工程公司主张追偿（赎回票据）。根据现有证据显示，涉案票据不能兑付系因存款不足，而并非《基础资产转让协议》约定的原始权益人（某装饰工程公司）就票据不能兑付承担赎回责任的情形。故，某信托公司向某装饰工程公司主张票据追索权并无事实及合同依据。

【案例注解】

票据追索权从票据法理来看，一方面可归因于票据上的担保承兑责任，是指票据出票人及票据转让人（背书人）在出票后或转让后仍作为票据债务人，并在票据付款人拒绝承兑时负承兑义务的一种制度。一般情况下，背书人在无相反记载时担保承兑与付款义务，这是票据背书的担保效力，也是票据追索所依赖的票据法理基础。出票人也负有票据付款的担保承兑与付款之责，在付款人不付款时，负有偿还票据债务义务，但出票时注明免除担保承兑之责的不在此限。另一方面，鉴于票据的无因性，票据追索权的行使一般不受票据基础法律关系的限制。但实践中，票据作为融资工具的金融属性日益突出，从单纯的支付工具演变出更多的金融交易属性。在票据直接前后手之间，票据的基础法律关系对票据债权实现的限制是否一概因票据的无因性而加以排除，值得探讨。

一、票据无因性内涵的再审视

票据无因性是票据的最根本性特征，是指若票据符合《票据法》规定，则票据权利成立，票据行为不受原因关系影响。在传统民法理论中，债权转让后，债务人可以向受让人主张其对转让人的抗辩。但对于票据法律关系而言，其独立于原因关系，票据转让后其善意后手（受让人），不继受前手（转让人）票据权利（债权）的瑕疵，以此来减少票据作为支付工具的流通风险，保障票据流转的商事外观稳定性。

票据权利不依赖于作为票据基础关系的原因关系，可从外在无因性与内在无因性两方面加以理解。关于外在无因性，是指票据行为效力独立于原因关系，原因关系的无效、被撤销等不影响票据行为效力。如本案中，某信托公司基于资产转让协议取得票据，该资产转让协议的效力不能影响票据行为的效力。关于内在无因性，一般情况下，票据权利的行使不受制于基础关系产生的抗辩事由，与票据行为、票据关系发生有关的原因关系与票据行为分离。无因性使得票据信用扩展到社会信用，票据的金融属性得以突出，票据交易目的本身被边缘化。

总体而言，我国《票据法》认可票据无因性，但同时也对无因性作出一些限制。《票据法》规定，持票人提示付款，承兑人需无条件承兑票据，除非存在票据主体资格瑕疵、票据非法取得等原因。第十条第一款规定："票据的签发、取得和转让，应当遵循诚实信用的原则，具有真实的交易关系和债权债务关系。"第二十一条第一款规定："汇票的出票人必须与付款人具有真实的委托付款关系，并且具有支付汇票金额的可靠资金来源。"上述规定对票据外在无因性进行限制。票据行为效力受到原因关系效力的影响，强调票据关系效力依赖于真实、合法、有效的原因关系。关于内在无因性，《票据法》第十三条规定："票据债务人不得以自己与出票人或者与持票人的前手之间的抗辩事由，对抗持票人。但是，持票人明知存在抗辩事由而取得票据的除外。票据债务人可以对不履行约定义务的与自己有直接债权债务关系的持票人，进行抗辩。本法所称抗辩，是指票据债务人根据本法规定对票据债权人拒绝履行义务的行为。"《最高人民法院关于审理票据纠纷案件若干问题的规定》第十三条规定："票据债务人以票据法第十条、第二十一条的规定为由，对业经背书转让票据的持票人进行抗辩的，人民法院不予支持。"上述规定认可票据内在无因性，但同时也作出限制。票据流转后，内在无因性切断了基于原因关系对票据权利行使的抗辩，但直接前后手之间仍可援引原因关系对票据追索的限制进行票据抗辩。

综合上述规定，票据在背书流转后，若后手合法取得票据权利，则依据票据无因性，即原因关系的效力，对价支付情况，票据债务人与出票人之间、与持票人前手的抗辩事由均无法影响票据行为的效力及票据权利的行使，但在票据直接当事人之间、在非直接前后手之间持票人明知存在抗辩事由的，票据当事人仍可主张票据抗辩。故，我国票据制度的无因性系相对无因性。

二、票据无因性切断导致票据追索权受限的司法判定

根据票据无因性的一般原则，票据到期后请求付款遭到拒绝的，持票人对票据的所有前手享有追索权，持票人可向单个或者所有前手追索。但特殊情况下，票据的无因性也被限制。票据债务人可以对不履行约定义务的与自己有直接债权债务关系的持票人进行抗辩。如何理解"不履行约定义务的直接债权债务关系中的抗辩事由"，成为司法审判中判定限制票据无因性的关键所在。

（一）直接债权债务关系中的抗辩事由

从文义解释理解，"直接债权债务关系中的抗辩事由"，应包括与票据行为有关的原因关系但并不限于原因关系。首先，与票据行为有关的原因关系，包括与票据产生、流转行为有关的诸多原因关系，例如，出票人签发票据所依赖的基础交易合同项下的付款义务，背书人背书转让票据所依赖的其与被背书人之间的债权债务关系等。在票据直接前后手之间，背书人得以与票据行为有关的原因关系约定的对票据债务履行的限制事由，拒绝履行票据义务，如本案情况。其次，与票据行为无关的，持票人与直接前后手之间存在其他债权债务关系。例如，持票人因与直接前后手之间存在买卖合同，持票人与直接前后手之间因此而负有对待给付义务。持票人行使票据权利受限于直接前后手之间债

权债务合同履行情况，直接前后手之间得以一方债务不履行对抗票据债务之履行。

从市场情况看，在供应链金融业务中，票据融资发挥着重要作用，相应的票据追索权纠纷也呈逐年上升趋势。①以票据支付的应收账款债权转让越发普遍，票据的金融属性愈加凸显。通常，持票人（被背书人）与背书人之间签订应收账款转让合同，持票人受让以票据支付的应收账款债权，应收账款债权人（背书人）将票据背书给持票人。该应收账款合同约定，背书人承担违约责任情形仅为票据存在权利瑕疵导致不能得到票据款项。后持票人被拒付（因出票人存款不足），要求背书人承担票据付款义务。背书人抗辩，根据应收账款转让合同约定，票据被拒付不属于合同约定的背书人承担付款义务（赎回票据）的情况（不符合违约情形）。上述票据交易实践，其实质系因票据直接前后手之间的票据取得之原因关系限制持票人行使票据权利，直接前后手可以原因关系（应收账款转让合同）的约定行使票据抗辩权。此时，直接债权债务关系抗辩可转化为票据抗辩，票据内在无因性切断。

（二）追索权受限的主体范围

在票据追索权纠纷中，通常涉及以下票据主体。

追索权人包括：一是持票人，持票人为最初追索权人，当票据不获承兑或被拒付，持票人即可行使追索权。但持票人为出票人时，对其前手无追索权；持票人为背书人时，对其后手无追索权。二是因清偿而取得票据的人。票据债务人（被追索人）清偿其后手（包括原追索权人）的追索金额后，便取得持票人地位，可向其前手行使再追索权。再追索权人包括背书人、保证人和参加付款人。

被追索人，即偿还义务人，包括：一是出票人。出票人负有担保承兑和付款的责任，在票据不获承兑或被拒付时，应负偿还票据金额的义务。但出票人出票时，在票据上记载免除担保承兑的，持票人不得在到期日之前对其行使追索权。二是背书人。背书人也同样负有担保承兑和付款责任，如背书人背书时，在票据上记载免除担保承兑的，持票人不得对其行使期前追索权，如作出免除担保付款记载的，则其不能为被追索人。三是保证人。在票据保证中，保证人与被保证人负同一责任，因而在追索过程中，也系被追索人。

在上述主体中，追索权人向票据债务人进行票据追索，只有存在直接债权债务关系的前后手之间，才有可能基于票据法规定产生前后手之间的票据抗辩。

---

① 参见《上海金融法院审判工作情况通报（2018—2023年）》（以下简称《通报》）。该《通报》数据显示，票据纠纷已成为上海金融法院收案数量第三位的案件纠纷类型。

（三）票据内在无因性的相对性与票据追索权受限

审理票据纠纷案件，既要避免以票据无因性为由一概不审查持票人是否以合法手段取得票据，又要防止无视票据无因性倾向而混淆票据法律关系和票据基础法律关系。票据债务人基于原因关系对与自己有直接债权债务关系的持票人享有抗辩，必须足以对抗票据债权人拒绝履行义务，从而防止票据债务人不当获利，但此抗辩事由不能任意扩大，以确保票据流转及支付的稳定性。就本案来说，对票据内在无因性的不同理解会导致截然不同的裁判结果。

1. 从绝对意义上的票据无因性考量。某信托公司与某装饰工程公司之间签订有《基础资产转让合同》，某信托公司受让应收账款债权的同时受让作为该笔应收账款结算工具的票据。但接收票据，并不等同于所受让的应收账款已结清，该笔应收账款仍处于待结清状态。现某信托公司以应收账款的债权人主张权利，故其可以选择以基础关系或以票据关系主张权利。本案中，某信托公司选择以票据关系主张其债权，现因票据被拒付，某信托公司行使票据追索权，某装饰工程公司作为直接前手，以双方之间已经履行完应收账款债权转让项下的义务来对抗某信托公司主张的票据权利，显然混淆了应收账款债权转让与应收账款债权主张两种法律关系。故本案应改判由某装饰工程公司承担票据的连带支付义务。

2. 从相对意义上的票据无因性考量。某装饰工程公司与某信托公司之间属于票据的直接前后手，现某信托公司系因应收账款债权转让受让系争票据，某信托公司已向某装饰工程公司支付债权转让的对价，故双方之间的债权债务已履行完毕，某装饰工程公司有权以其与某信托公司之间已履行完毕应收账款债权转让来对抗某信托公司主张的票据权利。且根据《基础资产转让合同》的约定，在因票据存在权利瑕疵无法得到票据款项时，某装饰工程公司才承担相应责任，协议并未约定某信托公司被拒付后，某装饰工程公司应从某信托公司处赎回票据并承担违约责任。故某装饰工程公司提出的抗辩成立，某信托公司无权再持票向某装饰工程公司主张票据权利。

根据《票据法》第六十一条的规定，汇票到期被拒绝付款的，持票人可以对背书人、出票人以及汇票的其他债务人行使追索权。具体到本案，单从票据法律关系上看，某信托公司通过背书方式，合法取得涉案票据，其作为持票人，有权对背书人某装饰工程公司进行追索，且某信托公司也明确其对某装饰工程公司行使票据追索权，某信托公司与某装饰工程公司之间存在应收账款转让法律关系，受《基础资产转让合同》约束，二者亦为票据的直接前后手。《基础资产转让合同》对背书人的票据责任进行限制，这使得持票人对直接前手的票据追索权受限，即票据内在无因性受到限制，背书人可以应收账款转让合同之约定对抗持票人行使票据权利。

首先，根据《票据法》第十三条第二款的规定，票据债务人可以对不履行约定义务的与自己有直接债权债务关系的持票人，进行抗辩。因此，某信托公司可以依照《基础资产转让协议》约定，对与其有直接债权债务关系的票据债务人某装饰工程公司进行抗辩。其次，本案所涉法律关系系票据追索法律关系。根据票据的外在无因性，某信托公司既已合法取得涉案票据，且不存在《票据法》中不得行使票据权利的情形，故其可依法行使相关票据权利，向出票人、背书人及其前手、保证人等行使追索权。但根据《基础资产转让协议》约定，原始权益人对应收账款的赎回限于特定条件。《基础资产转让协议》第8.2条第三项约定，明确将对票据的追索设定为电子承兑汇票不真实、不合法，或存在其他权利瑕疵导致不能兑付，从而排除存款不足不能兑付的情况。依照上述约定，某信托公司向某装饰工程公司主张票据权利，将受制于上述约定情形，即票据的内在无因性受限，只有在涉案票据因电子承兑汇票不真实、不合法，或存在其他权利瑕疵导致不能兑付时，方可向某装饰工程公司主张追偿（赎回票据）。涉案票据不能兑付系因存款不足，并非《基础资产转让协议》约定的原始权益人（某装饰工程公司）就票据不能兑付承担赎回责任的情形。故，某信托公司向某装饰工程公司主张票据追索权并无事实及合同依据，某信托公司的上诉请求不能成立。

随着票据金融属性的不断凸显，票据无因性在供应链金融业务中面临挑战。持票人基于资产转让协议背书受让票据，作为资产转让的对价，完结转让人（背书人）与受让人（持票人、被背书人）之间的债权债务关系。但鉴于票据融资的特殊性，资产转让协议同时约定，转让人在有限范围内对受让人承担票据债务责任（票据不真实、票据权利瑕疵等）。即资产转让协议对票据追索权作出内在限制，如何理解其法律效力？在票据被拒付后，直接前后手之间是否可援引原因关系的限制条件对票据追索提出抗辩？票据的背书流转效力应否受到基础合同约定的限制？对此，本案从票据无因性内涵视角，区分票据内在无因性与外在无因性，在平衡票据信用与社会信用的基础上，认可基础合同对票据追索权限制的法律效力，对于此类案件的审理具有积极现实意义。

（一审法院独任审判员　徐冬梅
二审法院合议庭成员　周　菁　虞　憬　周　荃
编写人　　　　　上海金融法院　周　菁
　　　　　上海市崇明区人民法院　杨　晖
责任编辑　韩　煦
审稿人　刘　敏）

余某诉上海某银行信用卡中心信用卡纠纷案

——跨境消费中信用卡预授权后超额结算的法律认定

关键词：民事　跨境消费　预授权　超额结算　国际卡组织

【裁判要旨】

预授权交易是发卡行对特约商户的担保付款承诺，在国际信用卡组织规则明确预授权的设立与结算相分离、结算金额可以超过冻结额度的情况下，发卡行应根据预授权及卡组织请款指令，向特约商户进行预授权结算。持卡人对基础交易关系的瑕疵抗辩、信用卡挂失止付不能成为阻却发卡行清算支付的充分理由。持卡人有异议的，可以通过发卡行等渠道向国际信用卡组织申请退单及解决争议，并应当履行相应的证明义务。

【相关法条】

《最高人民法院关于审理银行卡民事纠纷案件若干问题的规定》

第四条　持卡人主张争议交易为伪卡盗刷交易或者网络盗刷交易的，可以提供生效法律文书、银行卡交易时真卡所在地、交易行为地、账户交易明细、交易通知、报警记录、挂失记录等证据材料进行证明。

发卡行、非银行支付机构主张争议交易为持卡人本人交易或者其授权交易的，应当承担举证责任。发卡行、非银行支付机构可以提供交易单据、对账单、监控录像、交易身份识别信息、交易验证信息等证据材料进行证明。

【案件索引】

一审：上海市浦东新区人民法院（2022）沪0115民初30608号（2023年1月12日）

【基本案情】

原告余某诉称：余某持万事达信用卡在泰国消费，刷卡交易 6000 泰铢用于授权酒店房间入住押金。后其离开泰国酒店，住宿费用已通过其他方式支付，但后续发生 45000 泰铢交易时余某不在现场且未经本人签字，该笔交易系被他人盗刷，被告上海某银行信用卡中心在余某否认交易的情况下仍然进行入账清算明显存在过错，应当向余某退还 45000 泰铢。

被告上海某银行信用卡中心辩称：根据万事达卡组织交易规则，授权与请款相分离，余某的信用卡于 2019 年 10 月 29 日交易的 6000 泰铢仅是发卡系统冻结额度，并未真正入账；2019 年 11 月 2 日发生的 45000 泰铢的入账信息来源于万事达卡组织的请款文件，即使当时信用卡处于不正常状态，发卡行仍然应当根据卡组织要求进行入账，如持卡人对入账结果有异议，可在 120 日内提出争议和退单。后余某根据上海某银行信用卡中心的指引提供异议材料，但其提交的房费交易凭证金额与争议金额不一致，且实际入住酒店与预定酒店名称不一致。因余某未能提供有效的支持材料，上海某银行信用卡中心无法在时限内进行申请卡组织退单操作，导致退单失败，其不应承担系争款项的返还或赔偿责任。

法院经审理查明：2019 年 10 月，原告余某与朋友一行赴泰国旅游。2019 年 10 月 28 日，为入住酒店，原告余某持尾号 8674 的信用卡在酒店刷卡交易 6000 泰铢用于授权酒店房间入住押金。2019 年 10 月 31 日下午，原告余某收到被告上海某银行信用卡中心电话询问一笔交易的真实性，原告余某予以否认。其后，被告上海某银行信用卡中心以可疑交易需要核对为由对原告余某的信用卡进行保护，原告余某随后办理信用卡挂失。2019 年 11 月 2 日，被告上海某银行信用卡中心在原告余某信用卡账户中入账 45000 泰铢。2019 年 11 月 7 日，原告余某与被告上海某银行信用卡中心客服人员电话协商系争事宜。原告余某表示酒店住宿费用已经通过其他方式支付，被告上海某银行信用卡中心客服人员询问了具体交易过程，并表示需要原告余某提供酒店订单详情等材料以便反馈沟通。2019 年 11 月 8 日，原告余某与被告上海某银行信用卡中心客服人员电话协商，客服人员告知原告余某没有酒店入住信息，仍需进一步完善。2019 年 11 月 13 日，原告余某与被告上海某银行信用卡中心客服人员电话协商，被告上海某银行信用卡中心表示原告余某提供的截图中的付款方式是隐藏的，建议提供原图。被告称根据万事达卡组织退单指引（mc - Chargeback Guide），以其他方式支付进行拒付必须提供详尽的支持文档，原告余某无法提交有效的支持材料，未能进行后续拒付处理。

【裁判结果】

上海市浦东新区人民法院于2023年1月12日作出（2022）沪0115民初30608号民事判决：驳回原告余某的全部诉讼请求。宣判后，原、被告均未提起上诉，判决已生效。

【裁判理由】

法院生效裁判认为，本案的争议焦点为：（1）案涉交易是否为盗刷；（2）在余某不在场且已否认交易的情况下，上海某银行信用卡中心将系争交易清算入账是否存在过错；（3）余某是否有权要求上海某银行信用卡中心退还系争款项。

第一，余某认可6000泰铢的授权交易系其本人实施，发卡行亦提交卡组织授权记录和核心系统入账记录，证明后续的45000泰铢交易系基于同一授权号的请款交易产生，故法院对余某关于45000泰铢交易系盗刷的主张不予支持。第二，发生异常交易后，余某及时否认交易并挂失，上海某银行信用卡中心及时提醒余某并调整信用卡状态，双方均采取了合理的风险管控措施。45000泰铢交易系案涉信用卡挂失前的6000泰铢授权交易后的请款行为所致，根据万事达卡组织规则，请款金额与授权金额可以不一致，上海某银行信用卡中心作为发卡行无权拒绝清算，且卡组织亦提供事后争议解决和申请退单渠道，上海某银行信用卡中心的清算入账交易行为不存在明显过错。第三，事后争议解决和退单操作中，持卡人应当积极配合调查并提供必要的证明材料，配合发卡行对存疑交易进行核查，余某提交的部分单据存在瑕疵，未能对其主张予以证明，在此情况下上海某银行信用卡中心未能完成退单申请，难言存在违约或侵权行为。据此，余某的诉讼请求难以得到支持。

【案例注解】

信用卡已经成为我国民众日常生活消费的普遍支付工具。信用卡业务中有一种特殊的业务类型即信用卡预授权，通常存在于酒店住宿、医院支付等场景中，尤其在境外旅游消费中得到广泛运用，为交易双方提供了交易和结算的便利。但因其与普通的信用卡交易方式不同，信用卡预授权业务的规范在很大程度上需要依靠行业管理及相应信用卡组织规则，因而在实践中更易引发纠纷。本案中，持卡人因跨境消费行使预授权，并超额结算，导致与发卡行之间产生纠纷，预授权的法律性质及持卡人权益保护边界需要在此类纠纷中予以厘清。

一、信用卡预授权的交易结构及法律关系

信用卡预授权是指基于持卡人与特约商户之间的基础交易关系，持卡人对特约商户的交易信息进行确认，并同意授权发卡行冻结相应交易额度，发卡行对持卡人未来可能发生的交易金额向特约商户作出付款承诺。一次典型的预授权交易涉及持卡人、特约商户、发卡行、卡组织及收单行五方（流程见图1），其中最为关键的角色为持卡人、发卡行及特约商户。首先，信用卡持卡人与发卡行之间成立的服务合同关系是预授权交易的前提，发卡行通过与持卡人签署信用卡领用合约，向其提供支付、结算、信贷等各类服务，由此构成持卡人后续用卡行为的基础。其次，信用卡持卡人与特约商户之间的基础交易关系是发生预授权交易的原因关系，但并不意味着预授权交易附随于基础交易关系，反之，预授权源于基础交易关系，一旦设立后则具有相当的独立性。最后，发卡行与特约商户之间的担保付款关系是上述前提关系与原因关系的结果和目的，也是预授权最为核心的法律关系。[①] 为担保持卡人未来之债的履行，发卡行以自身信用作出承诺，通过发卡行系统将持卡人信用卡内的相应额度冻结，在收到符合规定的信用卡请款文件后无条件清算。无论持卡人与特约商户之间的消费关系如何，发卡行对特约商户发出的清算请求均不予拒绝。综上所述，预授权交易可以视为发卡银行对特约商户作出的付款承诺，且该承诺一经作出，信用卡预授权即告设立，成为相对独立的法律关系。

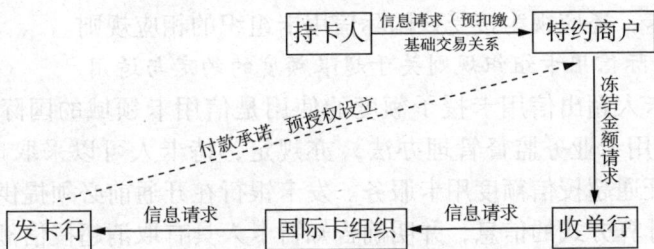

图1 预授权交易流程

本案中，余某在上海某银行信用卡中心申办信用卡一张，其在境外旅游时为入住泰国当地酒店，使用该信用卡在酒店商户刷卡6000泰铢的联机授权交易，用于授权酒店房间的入住。本案诉讼过程中，上海某银行信用卡中心陈述此时发卡系统仅是冻结余某信用卡账户6000泰铢的额度，并未真正入账。余

---

① 王一鹤：《论信用卡预授权的法律性质及持卡人保护》，载《暨南学报（哲学社会科学版）》2015年第5期。

某的授权交易及上海某银行信用卡中心冻结额度的行为符合预授权交易的法律特征，在余某刷卡当日，上海某银行信用卡中心向入住的泰国酒店作出付款承诺，发卡行与特约商户之间的担保付款关系成立。

二、国际信用卡组织规则下的预授权交易

（一）发卡行及持卡人需遵循国际信用卡组织交易规则

持卡人境外消费时，跨境资金从发卡行流向收单行中间需要完成一系列复杂的资金清算过程，这一清算过程离不开国际信用卡组织的参与，如上图所示，国际信用卡组织在发卡行与收单行之间进行信息往来确认和交易结算、清算。当前，世界上主要的信用卡组织有中国银联、维萨（Visa International）、万事达（MasterCard International）、美国运通（America Express）等，其中维萨和万事达是世界上最大的两家发卡组织，其会员机构遍布全球，能够为世界范围内的会员银行、商家和持卡人提供技术支持和服务，包括负责处理信用卡结算和清算业务，制定系列标准和规则，如交易费用、争议解决方式等。当前，信用卡跨境支付与清算问题尚未有明确通行各国的国际条约或通用的国际法规章，在缺少统一规则的情况下，国际信用卡组织的会员银行应当遵守国际信用卡组织规则，且该规则对非会员银行也有一定的间接约束力。对金融消费者而言，不同的卡组织有相应的支付清算渠道及收费标准，在选择办理境外消费的信用卡时，应当赋予消费者完全自主选择的权利，一旦消费者确认选择某卡组织的信用卡，持卡人除需根据信用卡领用合约及章程的约定，诚实、守信地使用信用卡，还应视为接受该国际信用卡组织的相应规则。

（二）国际信用卡组织规则关于超限额度的约定与适用

认可持卡人超出信用卡授予额度的使用是信用卡领域的国际惯例，我国《商业银行信用卡业务监督管理办法》亦规定，持卡人可以采取口头、电子、书面的方式开通超授信额度用卡服务。发卡银行在开通前必须提供关于超限费收费形式和计算方式的信息，并明确告知持卡人具有取消超授信额度用卡服务的权利。可以说，在符合条件的情况下，我国对持卡人超出发卡行允许的授信额度的用卡行为是予以认可的。具体到预授权交易的实践中，根据《银联卡业务运作规章》，中国银联设置的预授权交易完成的最高限度为持卡人信用卡账户内被冻结额度的115%，而国际信用卡组织有关超限规则的设置则更为开放，如万事达组织规则约定"请款交易中，原始金额可能与持卡人在授权请求交易中的原始金额不同"（This may or may not be the same as the original amount the card acceptor requested in a related authorization request）。[1] 除实践外，

---

[1] 参见 Mastercard IPM Clearing Formats 7 June 2022 First Presentment/1240 messages。

预授权交易适用超限额度规则亦具有理论基础，信用卡交易的普遍规则是对已经消费确认的金额进行入账支付，但预授权设立时，持卡人与特约商户仅是对将来之服务达成合同准入的约定，尚未确定最终结算金额或债务种类，因此后续基础交易中除主给付义务外，可能还需涵盖次给付义务，如违约金、维修费等，也就是说，预授权所担保的服务内容及种类是不特定的，既可能是对持卡人与特约商户之间的合同准入的担保，也可能是对特约商户未来提供的服务进行担保，还可以是对附随义务的担保。因此，在预授权交易结算时，最终结算金额可能超过预授权设立时冻结的额度，且超过的范围需要遵循持卡人信用卡所属的国际卡组织规则，如万事达卡组织规则对预授权的超限额度不设上限。本案中，余某所持有的系万事达信用卡，其在泰国酒店进行预授权设立的冻结额度为 6000 泰铢，最终结算 45000 泰铢，并未超过万事达国际组织规则的限制。

三、发卡行根据预授权及卡组织请款指令清算不构成侵权

预授权设立后具有相对的独立性，且不受持卡人与发卡行之间的服务合同关系的干涉，因而在特约商户通过收单行及国际信用卡组织发起请款清算时，发卡行无权拒绝止付。但当预授权设立后，持卡人否认交易发生，认为构成盗刷，并据此向发卡行申请挂失止付，发卡行在此情况下仍然依据预授权及卡组织请款指令进行交易清算是否构成侵权成为当前司法实践中的难点。

（一）预授权完成与信用卡盗刷的区别

预授权与信用卡盗刷之间的界分是预授权交易引发信用卡纠纷中的争议焦点之一。在预授权设立后，持卡人向发卡行抗辩其信用卡被盗刷并申请挂失信用卡的情形较为常见。一般认为，信用卡盗刷是指行为人在未经持卡人同意的情况下，利用盗取的信用卡信息进行消费交易，主要表现形式为持卡人在信用卡未丢失、密码未泄露的情况下，资金被第三方冒名消费，而预授权交易则是基于设立预授权后，在基础交易关系结束时由特约商户向发卡行提出请款申请，发卡行见之即付。从上述定义中可以看出，是否被第三方冒用是二者的本质区别。

从交易的完整度来看，预授权交易的完成通常存在预授权设立与预授权结算两个关键环节，且该两个环节处于不同的交易阶段，由此产生预授权担保的合同准入与最终的实际清算环节不同步，且冻结额度存在超额结算的可能性。持卡人既可以在预授权设立后选择以预授权结算作为与特约商户清算资金关系的方式，也可以选择现金、网络支付等其他替代结算方式进行资金清算。基于此，预授权的设立与结算实际具有相当的独立性，也与信用卡盗刷产生混淆风险。换言之，发卡行的承诺与结算之间存在时滞性，持卡人在完成消费后的一

段时间内均可能收到信用卡账单，该消费入账当日持卡人可能不在现场也未签字，但该交易清算与预授权设立属于同一授权，持卡人的签字或密码确认并非预授权结算的必要步骤，其与信用卡盗刷具有实质区别，不存在被第三方冒用的可能性。本案中，余某认为在其离开泰国酒店后发生 45000 泰铢交易并入账，该笔交易发生时余某本人不在现场且未签字，应当构成盗刷。但发卡行提交的相关材料证明 45000 泰铢与 6000 泰铢的交易系基于同一授权号的请款交易产生，后续 45000 泰铢应属于预授权交易的结算阶段，故法院对余某的盗刷主张难以支持。

（二）持卡人挂失信用卡的对抗效力

持卡人挂失信用卡后能否对抗预授权结算，其背后隐藏的问题是发卡行能否自行撤销预授权。预授权的撤销原则上需要由特约商户发起，发卡行能否单方撤销预授权具有较大争议，我国现行有效的法律法规及信用卡领用合约或章程均未对此进行规定。笔者认为，就前文所述的预授权交易具有的独立担保性质而言，发卡行作为担保人如果可以行使任意撤销权，则独立担保的目的和功能将丧失存在基础，也有损银行信用。与一般的人保相同，发卡行作出的付款承诺应当认为是不可撤销之担保，因此，信用卡挂失状态原则上不影响预授权结算的效力。即使持卡人的信用卡账户在预授权结算前就已是挂失状态，发卡行仍然应当履行其对特约商户的付款承诺，发卡行根据预授权及卡组织请款指令清算不构成对持卡人的侵权。此外，基于"抗辩权切断"理论，持卡人在消费合同项下与特约商户之间的抗辩也不能因此延伸至发卡行向特约商户的支付义务。① 本案中，持卡人余某在系争交易发生后即向发卡行办理了挂失手续，但挂失后仍不能阻却 45000 泰铢以预授权结算方式入账。值得说明的是，信用卡的非正常状态不产生对抗预授权结算的法律后果，但发卡行与持卡人之间的服务合同关系仍然存续，发卡行有义务为持卡人的合法权益提供后续的争议解决方式或申请退单的渠道。

四、预授权争议中持卡人的权利与义务

（一）持卡人在预授权争议解决机制中应履行证明义务

在信用卡预授权交易中，持卡人与特约商户关于基础交易关系的瑕疵不属于发卡行入账清算的考量范围，由此成为预授权纠纷的内在动因。当发生跨境信用卡纠纷时，国际信用卡组织规则约定了多种救济渠道，如流程内解决渠道和流程外解决渠道，非诉讼解决渠道与诉讼解决渠道等。实践中，当事人自主协商解决不成的，持卡人的权益保障往往需要依赖信用卡流程内的争议解决渠

---

① 张尧：《信用卡消费交易中冒名风险的归责与分配》，载《广东社会科学》2023 年第 3 期。

道，通过区分争议的类型匹配国际卡组织的运营及争议解决规则。同时，为了保持信用卡运转的高效与稳定，该些规则的运用还突出强调了争议解决的时限要求。如我国《银联卡业务运作规章》约定，裁判申请应当在差错处理流程结束（不含差错例外交易处理）后 60 日内提出；对无法进入差错处理程序的争议，应当在涉及争议的交易或事实发生之日起 120 日内提出，超出此时限提交的，不予受理。万事达国际卡规则关于争议解决流程的处理约定了最长不超过 120 日的时限要求，超出期限则不予受理。

因预授权发生的争议主要有两种类型：一是基于预授权设立和结算的不同步，持卡人在消费结束后选择以现金等其他方式进行替代交易结算，特约商户却仍然发起预授权请款结算申请，即特约商户双重受偿；二是持卡人与特约商户就基础交易的债权种类发生争议，如特约商户要求持卡人承担违约金、维修费等，且将其与主债权金额一并向发卡行发起请款申请。对上述两种情形，发卡行在面对卡组织的请款申请时均无权行使预授权撤销权，但持卡人对入账金额有异议的，发卡行应当协助持卡人在卡组织规则约定的时限范围内发起流程内争议解决机制，且持卡人应当遵循卡组织的规则，承担持卡人理应履行的证明义务，有效提供卡组织所需的支持材料，如持卡人应当证明已就预授权交易所依据的基础交易履行了支付义务，提供持卡人或其他人的支付凭证、预授权确认单、结算单等材料。若持卡人在规定的时间内未能在业务流程内的争议解决机制下实现权益保障目标，还能够选择流程外解决渠道或诉讼解决渠道，如法律诉讼手段等。本案中，余某向上海某银行信用卡中心主张其在泰国酒店的住宿费已通过网络支付，另行扣收的 45000 泰铢属于盗刷。对此，上海某银行信用卡中心已告知余某可在 120 日内发起争议和退单，后因余某未能提供符合要求的支付凭证等证明材料，最终未在规定时间内通过退单程序解决争议。

（二）发卡行应保障持卡人对预授权的知情权

信用卡持卡人属于金融消费者，理应享有知情权。持卡人在预授权设定后不享有约定的解除权或撤销权，实际处于相对弱势的地位，对其合法权益保护的前提是保障持卡人对预授权交易的知情权，包括设立预授权、预授权的超限额度、预授权的结算方式等。《银联卡业务运作规章》中关于预授权的告知义务进行了约定，收银员提示持卡人确认预授权声明并签字，在预授权声明中应注明：持卡人同意通过结算其银行卡账户资金作为享受本店提供商品和服务的消费押金，在持卡人及持卡人认可的其他消费人未结账离店时，特约商户可以在押金金额 115% 的范围内，依据持卡人认可的有关单据（如入住单、消费签单）等，按实际应结账金额通过发卡机构扣收。考虑到当前信用卡境外消费的普及性，如维萨、万事达等国际信用卡组织的规则在消费者境外用卡时使用的频率较高，发卡行应向持卡人披露国际信用卡组织关于预授权的相关信息，如预授权的授权期限、超限额度、信贷额度及异议处理方式，① 以便更好保障持卡人的知情权。本案中，法院虽最终判决驳回余某的诉讼请求，但也对持卡人的知情权进行了提示，普通的金融消费者难以了解和把握国际卡组织复杂的交易规则，发卡行应当承担对持卡人的知情权保护责任，对境外消费的风险和防范措施进行提示说明。

（一审法院独任审判员　余　韬
编写人　上海市浦东新区人民法院　余　韬　刘　月
责任编辑　韩　煦
审稿人　刘　敏）

---

① 何颖：《金融消费者权益保护制度》，北京大学出版社 2011 年版，第 66 页。

徐州某餐饮配送公司诉某财保上海分公司责任保险合同纠纷案

——新业态用工中"业务有关工作"的判断及特别约定中免责格式条款之效力认定

关键词：民事　新业态用工　业务有关工作　特别约定　免责格式条款

【裁判要旨】

1. 新业态用工中，雇主责任保险中"业务有关工作"的认定应结合雇主经营范围、雇员工种、从事行为之于主要工作的重要性、关联性及是否受雇主指派等因素综合判断。

2. 保险单中的"特别约定"条款不必然豁免保险人之提示说明义务。若保险人无证据证明该特别约定条款系经双方磋商后达成的合意，则仍应对其中的免责格式条款履行提示说明义务；若未尽提示说明义务，则该免责格式条款不成为合同内容。

【相关法条】

《中华人民共和国民法典》

第四百九十六条第二款　采用格式条款订立合同的，提供格式条款的一方应当遵循公平原则确定当事人之间的权利和义务，并采取合理的方式提示对方注意免除或者减轻其责任等与对方有重大利害关系的条款，按照对方的要求，对该条款予以说明。提供格式条款的一方未履行提示或者说明义务，致使对方没有注意或者理解与其有重大利害关系的条款的，对方可以主张该条款不成为合同的内容。

《中华人民共和国保险法》

第六十五条第四款　责任保险是指以被保险人对第三者依法应负的赔偿责任为保险标的的保险。

【案件索引】

一审：上海市虹口区人民法院（2022）沪0109民初14220号（2023年2月24日）

【基本案情】

原告徐州某餐饮配送公司诉称：其在被告某财保上海分公司处投保雇主责任险，其中附加个人第三者责任保障限额40万元，雇员工种为外卖骑手。2021年3月9日8时，原告公司员工阚某某在前往某医院办理外卖骑手人员健康证途中与案外人钱某某发生碰撞，经交警部门认定案涉骑手负全部责任。2021年8月15日，原告与案外人钱某某就赔偿款项达成协议，由原告赔偿其71000元，并已履行完毕。后原告向被告申请理赔遭拒，故原告诉至法院，请求判令被告在保险范围内赔偿原告71000元。

被告某财保上海分公司辩称：对投保事实无异议，但不同意原告诉请。因案涉事故为骑手在办理健康证途中发生，并非送餐途中发生，而办健康证非从事受雇行为，故该事故不属于保险责任范围；若法院认为被告某财保上海分公司应予赔付，对71000元金额本身无异议，但根据保单特别约定第9条，要求扣除11586.20元的自费部分。

原告徐州某餐饮配送公司补充认为：骑手受指派办理健康证亦是从事受雇活动，办理健康证为送餐骑手预备性工作，应属保险条款约定的保险责任范围；认可自费部分金额，但不同意扣除，因为被告未对该特别约定尽到提示说明义务，未以突出字体显示，故其不对原告发生效力。

被告某财保上海分公司补充辩称：案涉保单系线上投保，无投保单，被告通过在保单"特别约定"栏列明以履行告知说明义务；原告投保时应可从投保页面中看到特别约定内容，但无法提供案涉保单的投保流程。

法院经审理查明：2021年3月9日，原告向被告投保雇主责任险，被保险人为原告，保险责任为雇主责任，保险金额（每人限额）为65万元，每次事故免赔为无，雇员工种为外卖骑手，雇员人数为1人。保单"特别约定"栏载明："8.本保单附加个人第三者责任：承保对被雇用人员在本保险单有效期内从事本保险单所载明的被保险人的业务有关工作时，由于意外或疏忽，造成被保险人及其雇员以外的第三者人身伤亡或财产损失的直接实际损失，保障限额40万元；9.对于第三者人伤：保险承担三者在中华人民共和国境内二级以上（含二级）公立医疗机构治疗所支出的符合政府社会医疗保险主管部门规定可以报销的、必要的、合理的医疗费用（事故发生地的社会医疗保险或其他公费医疗管理部门规定的自费项目和自费药品费用以及医保统筹基金、附加支付，均为保险责任除外）。"《雇主责任险清单》载明：雇员名字为阚某某。

2021 年 3 月 9 日，阚某某经公司指派驾驶电动自行车前往公司定点医院办理健康证，途中与驾驶非机动车的钱某某发生碰撞，致两人受伤、两车受损的交通事故。交警部门认定阚某某负事故全部责任，钱某某无责。

后，原告与案外人钱某某签订《结清协议》，原告赔偿案外人 71000 元，双方如全部结清则不再有争议，后续由原告向保险公司追偿。2021 年 8 月 19 日，原告向案外人转账支付赔偿款 71000 元。

【裁判结果】

上海市虹口区人民法院于 2023 年 2 月 24 日作出（2022）沪 0109 民初 14220 号民事判决：被告某财保上海分公司于本判决生效之日起 10 日内赔偿原告徐州某餐饮配送公司保险金 71000 元。宣判后，双方当事人均未提起上诉，一审判决已发生法律效力。

【裁判理由】

法院生效判决认为，本案争议焦点有二：一是案涉保险事故是否属于雇主责任险附加个人第三者责任的保险责任范围；二是若属于保险责任范围，赔付金额如何确定。

关于争议焦点一，法院认为：雇主责任险附加个人第三者责任的保险责任范围在保险条款中虽无具体规定，但在保单"特别约定"中有明确的承保范围。特别约定第 8 条载明：附加个人第三者责任承保对被雇用人员在本保险单有效期内从事本保险单所载明的被保险人的业务有关工作时，由于意外或疏忽，造成被保险人及其雇员以外的第三者人身伤亡或财产损失的直接实际损失。但案涉保单及保险条款并未载明被保险人业务有关工作的具体内容，也未对"业务有关工作"进行释义。由此造成本案原、被告之分歧，即办理健康证是否属于从事被保险人业务有关工作。对此，法院认为，对"从事被保险人业务有关工作"的理解应结合被保险人的经营范围、雇员的工种、从事工作之于其主要工作的重要性和关联性及是否受雇主指派等因素综合予以考量。本案中，原告为餐饮配送企业，其雇员即案涉骑手工种为外卖骑手。根据《食品安全法》的相关规定，从事接触直接入口食品工作的食品生产经营人员应当每年进行健康检查，取得健康证明后方可上岗工作。由此可见，健康证是包括餐饮外卖配送工作人员在内的餐饮工作人员应当办理的证件之一。案涉骑手虽主要工作内容为餐饮外卖配送，但办理健康证对于其开展配送工作至关重要，是否办理健康证直接关系到骑手后续接单配送行为的实施。因而，对送餐骑手而言，办理健康证与其主要工作内容紧密相关。此外，案涉骑手至定点医院办理健康证之行为亦是受原告指派，符合受雇行为的形式外观要件。综上，案涉办理健康证的行为应理解为从事被保险人业务有关工作的行为；其在办证途中发生的事故，属于受雇过程中，从事被保险人业务有关工作时发生的事故，属于案涉附加险的保险责任范围。被告辩称，附加险的保险责任范围为骑手从事接送单工作过程中，对此，法院认为，从文义解释来看，"从事被保险人业务有关工作"与"从事接送单工作"明显不同，被告解释明显限缩了保险责任范围，不符合该条款的通常理解，法院不予采纳。

关于争议焦点二。保单中设置"特别约定"条款旨在缓解保险格式化条款与投保人多样化需求之间的矛盾，其内容应为投保人与保险人在合同缔结过程中磋商达成的合意；对未经合意的特别约定免责格式条款，被告仍应尽提示说明义务。本案中，特别约定第九条虽列明在特别约定部分，但被告并无证据证明条款内容系经双方磋商达成的合意；且特别约定共17条，其内容系被告为同类险种重复使用而预先拟定，符合格式条款的一般特征，该第九条属于免除提供格式条款一方责任、加重对方责任、排除对方主要权利的免责条款，被告应尽到提示、说明义务。然该第九条仅在保单"特别约定"部分以普通字体予以列明，此种展示方式既不应成为保险人履行法定提示、说明义务之替代，也不能证明保险人在投保时已尽到提示、说明义务。被告虽辩称线上投保时原告徐州某餐饮配送公司可从投保页面看到该特别约定，但未能提供任何证据。综上，案涉特别约定第九条不成为合同内容，被告应按照保险合同约定赔付的金额进行全额赔付。鉴于被告对赔付金额71000元本身无异议，原告亦实际履行了对案外人的赔偿义务，故法院确认被告应在保险责任范围内赔付原告保险金71000元。

【案例注解】

本案为上海首例外卖骑手办健康证途中撞伤人而引起的责任保险合同纠纷，案件看似系作为被保险人的雇主与保险人之间的保险理赔纠纷，实则关涉诸如外卖骑手这类新业态从业者的权益保障问题。

本案保险事故并非发生于常规的"送餐途中"，而是"办理健康证途中"，事故场景的不同，引申出了对"业务相关性"判断的新问题。雇主责任险的给付以从事"业务有关工作"为前提,然而规范及学理层面对"业务有关工作"的认定均鲜有关注。加之新就业形态下,从业者弥散性、流动性的工作特点使得传统的"三工要素"认定标准捉襟见肘,如何重新界定新业态中的"业务相关工作"成为新难题。本案中涉及的另一个法律问题即特别约定中免责格式条款的效力认定。一般而言,"特别约定"因其订立过程的特殊性,不适用提示说明义务。然而司法实践中,不少投保人对保单特别约定内容并不知情,往往涉诉后才发现隐藏其中的免责约定。对此类异化的特别约定,司法审判亦有进一步分析检视之必要。

一、新业态用工中"业务有关工作"的理解和判断

(一)现实困境:相关理论研究与司法实践阙如

据汉语词典,"业务有关工作"意指从事"与本职事务有牵涉、相关联的体力或脑力劳动"。这在表意上似无理解难点,然一旦代入纷繁复杂的社会场景中,"业务相关工作"的实际内涵却并不明晰。在保险领域,早自1994年中国人民银行发布的《中国太平洋保险公司雇主责任保险条款》(银复〔1994〕354号)中即出现了"业务相关工作"的表述。该条款明确了雇主责任保险的给予以从事"业务有关工作"为前提。保险公司后多以此为依据制定雇主责任保险条款。当前通行的雇主责任保险条款在"保险责任"部分完全借鉴了现行《工伤保险条例》中"应该认定为工伤"和"视同工伤"的相关规定,而"业务相关工作"的表述仅出现在"预备性或者收尾性工作"的认定中。相较于1994年版,现行雇主责任保险条款扩大并明晰了雇主责任保险的保险责任范围,加强了对雇员权益的保障力度。然不同于其他条款相对清晰的具体情形,"业务有关工作"的表述仍然模糊不明。

对此,本文以"业务有关工作""工作/业务有关/相关(性)"等为关键词在"中国知网"检索后发现,就学理研究而言,目前鲜有对"业务有关工作"认定问题的研究。学者多将目光聚焦于工伤认定标准的探究、新型劳动关系的法律规制、新业态从业者职业伤害保障制度的构建、新业态从业者与用工平台之间关系等方面,而对"工作相关性"问题的判断并未进行深入的研究分析。

就规范层面而言,当前既未对"业务有关工作"的理解和判断作出规定,亦无明确具体的认定标准。就司法实践而言,最高人民法院公报案例陈某某不服上海市松江区人力资源和社会保障局社会保障行政确认案可供借鉴。该案提出:"与工作有关的预备性或者收尾性工作"是指根据法律法规、单位规章制度的规定或者约定俗成的做法,职工为完成工作所做的准备或后续事务。职工工作若无洗澡这一必要环节,亦无相关规定将洗澡作为其工作完成后的后续性

事务，则洗澡不属于"收尾性工作"。这在一定程度上体现出业务相关性认定的必要性原则，即业务有关工作应为本职工作之必要环节。

（二）应对进路：新业态用工中"业务有关工作"的判断与权衡

综合上述分析可知，"业务有关工作"的认定标准及相关研究缺位的问题早已存在。只是在传统用工模式中因工作时间、工作场所、工作模式较为固定，"三工要素"（工作时间、工作场所、工作原因）的适用已基本能够解决绝大多数的工伤认定问题，业务相关性的判断未能成为制度建设的要点。然而，随着新业态的迅猛发展，新型行业不断扩张，就业方式与劳动形态得以深化改造，传统的"三工要素"难以应对开放性劳动模式，制度空白不断扩大。尤其是对于外卖骑手等新业态从业者而言，其工作时间碎片化、工作场所分散化、工作状态与私人活动可自主切换的特点，使得"三工要素"中的时间、场所要素失灵，原因要素亦因工作状态与私人活动在时空上的混同而难以辨析，因此在新业态中，对"业务相关工作"的判断便至关重要。下文将从行为性质和词组本身两个层面展开。①

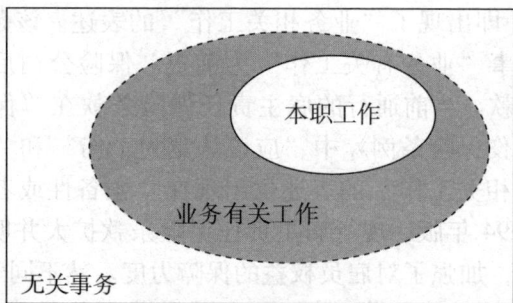

图1　行为性质视角下不同行为关系示意图

就行为性质而言，新业态从业者的"本职工作"范围仍相对固定，具体可参考其工作职责。如新业态从业者在从事本职工作时遭遇保险事故，则当然属于雇主责任险的保险范围。而"业务有关工作"的语义范围大于"本职工作"，二者系包含关系。如保险人将"业务有关工作"纳入雇主责任险保险范围条款，则亦应对此担责。

不同于有相对明确的本职工作，新业态从业者的工作特性，致使新业态中"业务有关工作"与无关事务之间并非泾渭分明，且边界存在一定的流动性。无关事务显然不属于雇主责任险的保险范围，对新业态中非本职工作的特定行

---

① 马宁：《保险合同解释的逻辑演进》，载《法学》2014年第9期。

为的性质判定，将决定该行为引发的事故是否属于保险范围。

就词组本身而言，对"业务有关工作"的判断应结合新业态行业特性，从雇主经营范围、雇员工种、是否受雇主指派及从事行为之于主要工作的重要性、关联性等多个因素综合判断。其中，"雇主经营范围"及"雇员工种"框定新业态从业者"本职工作"的边界，"业务有关工作"在此基础上加以延伸，而其他因素则影响着对特定行为是"业务有关工作"还是"无关事务"的裁量。

值得注意的是，对"业务有关工作"的认定不宜过于严苛或宽松，过分限缩或扩张该词组的语义范围，可能使保险人的保险责任畸轻畸重，亦让被保险人一方处于不安定状态。在具体判断上，考量新业态行业特性，应当比较特定行业与其他行业的差别，明晰该行业从业者的工作特殊性。而在各考量因素中，雇主经营范围、雇员工种等通常易于查明，而是否受雇主指派亦属客观事实，故对"从事行为之于主要工作的重要性、关联性"的衡量最为关键。本文认为，对"从事行为之于主要工作的重要性、关联性"的判断可立足于业务相关性认定的必要性原则，考量该行为是否有助于新业态从业者达到其从事正常工作的平均水平。如是，则该行为可视为具有最低限度的重要性、关联性，有必要进一步结合认定标准的其他因素予以综合评判；反之，则该行为不具备最低限度的重要性、关联性，应属于无关事务，特定事故亦不属于雇主责任险的保险范围。

二、特别约定中免责格式条款的效力认定

（一）制度审视：特别约定的理论蕴涵与司法实践

作为格式合同的保险合同一定程度上限制了保险合同双方的缔约自由，无法体现个性化的需求。因此，为缓解保险格式化条款与投保人多样化需求之间的矛盾，特别约定应运而生。

特别约定是经投保人与保险人共同协商确定，在保险基本条款之外体现投保人或被保险人及保险人利益的个性化内容。其内容包括除外或加费约定①、产品区别化约定②、免责约定等，以对基本条款进行补充或变更。特别约定本质特征为"合意"，是投保人与保险人之间达成的新要约和承诺。

理论上，为使保险合同更适合自身，通常由投保人就特别约定提出要约。

---

① 投保健康险时，如果身体有异常，核保结论是除外某些疾病或加费承保，这些信息会作为合同的一部分附在保险单上。

② 同类型产品，保险公司可能会使用通用的格式条款，然后通过特别的约定方式，来区分不同款产品。

如保险人接受，则其以特别约定的形式打印于保险单上。当保险公司同意承保时，特别约定成立并对合同当事人产生约束力。然而从实务来看，保险合同中特别约定的订立方式却有所不同。特别是有利于控制危险的条款（共保条款、保证条款、免责条款等）多由保险人提出要约，由投保人或被保险人对该新要约进行承诺。

（二）作用回归：特别约定中的保险人提示说明义务

保险人的提示说明义务源于我国《保险法》第十七条，依据该条规定，提示说明义务包括两个层次的含义：其一，对保险合同条款的一般内容，保险人对投保人负有一般说明义务；其二，对保险合同中免除保险人责任的条款，保险人首先应向投保人进行合理提示，继而对内容进行明确说明。[1] 值得注意的是，上述两个层次的义务强度明显不同。违反一般说明义务，法律未规定不利后果，该部分内容可视为倡导性规定；而免责条款的明确说明义务属于强制性义务，若违反则该条款则不产生效力。与如实告知义务类似，条款说明义务也是一种法定义务、先合同义务，其履行不以投保人询问或提出请求为条件，是保险人的主动行为。此制度是基于投保人与保险人之间信息不对等现象而作出的特殊安排。[2]

因其订立过程的特殊性，特别约定（包括其中的免责条款）一般不适用提示说明义务。保险人说明义务的立法目的，是"保护被保险人的利益，使保险合同真正建立在相互了解各方的权利义务、根据平等互利原则经过公平协商的基础之上"。投保人提出新要约、保险人予以承诺，此过程即可视为保险合同当事人就合同条款进行了公平协商。对于经协商形成的特别约定，保险人没有再履行说明义务之必要。

然而司法实践中，部分特别约定出现了异化，投保人在投保时对特别约定内容并不知情。对于此类特别约定中的免责格式条款，保险人应否履行提示说明义务，司法审判需进一步检视。

（三）审查标准：特别约定中保险人提示说明义务的认定思路

本文认为，判断保险人是否需对特别约定履行提示说明义务，需审查特别约定的订立过程及相关条款的法律性质。其中，又因直接关系到特别约定的认定问题，故对订立过程的审查更为关键。

对特别约定的认定应从实质上进行把握，关注其是否确系投保人与保险人在订立保险合同的过程中经磋商达成的合意，而不能局限于以"特别约定栏"

---

[1] 需注意保险范围条款不属于免责条款。
[2] 潘红艳：《论保险人的免责条款明确说明义务——以对保险行业的实践考察为基础》，载《当代法学》2013年第2期。

为名的记载。未经合意的特别约定即便载于"特别约定栏",也因背离了特别约定的本质属性,而只能被视为普通格式条款,不应享受特别约定免于提示说明之特权。在具体审查时,可结合当事人达成合意的过程、投保单等相关保险凭证、保险合作框架协议中的约定予以综合认定。若特别约定确属经双方磋商达成的合意,则应径行认定其合法有效并对当事人具有约束力;反之,则需要进一步审查条款的法律性质。就提示说明义务而言,《保险法》第十七条对不同类型的条款提出了不同层次的要求。因此,对于非真实意义上的特别约定而言,判断其是否属于免责格式条款至关重要。免责格式条款是保险合同中载明的保险人不负赔偿或者给付保险金责任的范围的格式条款。① 对于免责格式条款,保险人仍应履行提示说明义务;若保险人未尽到提示说明义务,则该条款因不符合订入规则而不成为合同内容。② (见图 2)

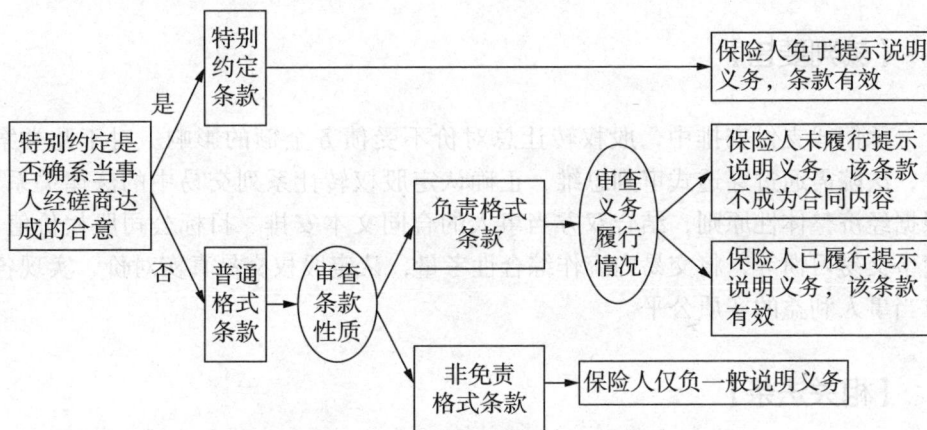

图 2　特别约定中保险人提示说明义务的认定思路

(一审法院独任审判员　张　毅

编写人　上海市虹口区人民法院　袁　园

责任编辑　韩　煦

审稿人　刘　敏)

---

① 《最高人民法院关于适用〈中华人民共和国保险法〉若干问题的解释(二)》第九条第一款规定:"保险人提供的格式合同文本中的责任免除条款、免赔额、免赔率、比例赔付或者给付等免除或者减轻保险人责任的条款,可以认定为保险法第十七条第二款规定的'免除保险人责任的条款'。"

② 于永宁:《保险人说明义务的司法审查——以〈保险法司法解释二〉为中心》,载《法学论坛》2015 年第 6 期。

上海某投资公司诉上海某房地产公司等股权转让纠纷案

——承债式支付安排下股权转让真实对价的穿透性审查

关键词：民事　股权交易对价　承债式收购　承债式支付安排
经济整体性

【裁判要旨】

承债式支付安排中，股权转让总对价不受债务金额的影响。对于此类案件，法院需通过穿透式审判思维，正确认定股权转让系列交易中的法律关系，根据经济整体性原则，结合双方当事人的合同文本安排、目标公司股权价值、商事交易习惯等，将交易内容作综合性考量，认定股权交易真实对价，实现各方当事人利益的实质公平。

【相关法条】

《中华人民共和国民法总则》

第一百四十六条① 　行为人与相对人以虚假的意思表示实施的民事法律行为无效。

以虚假的意思表示隐藏的民事法律行为的效力，依照有关法律规定处理。

《中华人民共和国担保法》

第十八条② 　当事人在保证合同中约定保证人与债务人对债务承担连带责任的，为连带责任保证。

---

① 《民法总则》已废止，第一百四十六条对应《民法典》第一百四十六条，内容无变动。
② 《担保法》已废止，第十八条对应《民法典》第六百八十八条。该条规定："当事人在保证合同中约定保证人和债务人对债务承担连带责任的，为连带责任保证。连带责任保证的债务人不履行到期债务或者发生当事人约定的情形时，债权人可以请求债务人履行债务，也可以请求保证人在其保证范围内承担保证责任。"

连带责任保证的债务人在主合同规定的债务履行期届满没有履行债务的，债权人可以要求债务人履行债务，也可以要求保证人在其保证范围内承担保证责任。

第三十一条① 保证人承担保证责任后，有权向债务人追偿。

【案件索引】

一审：上海市松江区人民法院（2022）沪 0117 民初 1869 号（2022 年 8 月 31 日）

二审：上海市第一中级人民法院（2022）沪 01 民终 11202 号（2023 年 2 月 28 日）

【基本案情】

原告（被上诉人）上海某投资公司诉称：2017 年 7 月 17 日，其与第三人上海某甲实业公司经充分协商，就目标公司即被告上海某房地产公司的股权转让事宜签订《协议书》，约定股权转让对价为 1.3 亿元。嗣后，应上海某甲实业公司要求，双方分别签署《股权转让合同》《咨询服务合同》，将 1.3 亿元拆分为《股权转让合同》中的 9000 万元以及《咨询服务合同》中的 4000 万元，并约定该 4000 万元在《股权转让合同》签订满二年后分两笔由被告上海某房地产公司支付。为保证 4000 万元的支付，被告何某、周某某自愿承担连带清偿责任，并就此签署《保证合同》。嗣后，上海某甲实业公司将上海某房地产公司股权 100% 转让给上海某乙实业公司。约定的付款期限届满后，被告上海某房地产公司未支付原告 4000 万元中的任何款项。故原告为维护自身合法权益，请求法院判令：被告上海某房地产公司支付原告股权转让款 4000 万元，并请求被告何某、周某某对该 4000 万元款项支付承担连带清偿责任。

被告（上诉人）上海某房地产公司辩称：原告上海某投资公司主张的 4000 万元并非股权转让价款，而系《咨询服务合同》项下的咨询服务费，与股权转让完全系两个不同的法律关系。上海某甲实业公司已全部履行完毕《股权转让合同》项下的 9000 万元支付义务。被告上海某房地产公司作为股权转让的目标公司，不应承担股权转让价款的支付义务。

被告（上诉人）何某、周某某共同辩称：原告上海某投资公司主张的

---

① 《担保法》已废止，第三十一条对应《民法典》第七百条。该条规定："保证人承担保证责任后，除当事人另有约定外，有权在其承担保证责任的范围内向债务人追偿，享有债权人对债务人的权利，但是不得损害债权人的利益。"

4000万元性质应为咨询服务费，而非股权转让价款。在原告坚持主张股权转让价款的情况下，被告何某、周某某不应承担连带清偿责任。

第三人上海某甲实业公司述称意见同上海某房地产公司。

第三人上海某乙实业公司述称意见同何某、周某某。

法院经审理查明：被告上海某房地产公司成立于2016年9月6日，注册资本为800万元，成立时类型为一人有限责任公司，股东为原告上海某投资公司。2016年12月19日，被告上海某房地产公司登记成为位于上海市某区共11幢房地产的产权权利人。

2017年6月8日，原告上海某投资公司（甲方、出让方）、第三人上海某甲实业公司（乙方、受让方）、被告上海某房地产公司（丙方、目标公司）签订《协议书》，约定原告将持有的目标公司即被告100%股权出让给上海某甲实业公司，由受让方上海某甲实业公司代目标公司即被告偿还债务。尽职调查前原被告陈述目标公司即被告对外负债总计约1.1亿元，其中股东借款约4000万元，何某等借款合计7000万元。另约定，受让方上海某甲实业公司应于2017年6月9日前向目标公司提供7000万元借款用于归还何某借款；受让方上海某甲实业公司向甲方支付股权转让款800万元，同时向目标公司提供借款2200万元，用于归还目标公司欠甲方的款项。股权转让变更完成后两个月内，乙方向目标公司提供借款3000万元用于归还目标公司欠甲方或甲方指定的第三方的款项。

2017年6月9日至6月12日间，上海某甲实业公司向被告上海某房地产公司转账支付多笔款项合计7000万元，转账用途载明为"借款"。

2017年6月14日，上海某投资公司完成了上海某房地产公司的注册资本实缴出资。

2017年6月26日，上海某甲实业公司向原告发出《通知函》，认为经过尽职调查发现目标公司存在问题，希望重新协商股权转让条件。2017年6月29日，原告上海某投资公司就上述《通知函》向上海某甲实业公司回函，认为上海某甲实业公司提出的问题并不构成足以推翻《协议书》中约定的重新协商股权转让的理由。

2017年7月17日，原告（甲方）、上海某甲实业公司（乙方）、被告上海某房地产公司（丙方、目标公司）签订《股权转让合同》，载明"截至本合同签署之日，乙方已借款给丙方7000万元""丙方欠甲方往来款总计1200万元，另丙方欠乙方款项7000万元，丙方除欠上述甲方的往来款及乙方款项外，再无其他任何负债或潜在负债""乙方同意以800万元的对价受让甲方持有的股权；……乙方应向目标公司提供1200万元借款，该笔借款仅限用于目标公司归还所欠甲方的款项；……《协议书》中涉及的丙方向乙方借款7000万元……工商变更完成后，该笔 7000 万元借款与甲方无关"。

2017 年 7 月 19 日，上海某甲实业公司向原告支付 800 万元。

2017 年 7 月 25 日，被告上海某房地产公司的股东由原告上海某投资公司变更登记为上海某甲实业公司，持股比例 100%。

2017 年 7 月 30 日，被告上海某房地产公司（甲方）、原告上海某投资公司（乙方）签订《咨询服务合同》，载明："甲方聘请乙方为其提供业务咨询等服务。第 1.1 条：十一幢房屋是指……；第 1.2 条：批文是指……；第 1.3 条：股权转让合同是指……；第 2.2.1 条，如甲方在股权转让合同签署之日起二十四个月内取得批文，则自股权转让合同签署满二十四个月之日起 30 日内，甲方收到乙方发票后向乙方支付咨询服务费 4000 万元；如甲方在股权转让合同签署之日至 2017 年 9 月 28 日前取得批文，则自取得批文之日起 30 日内，甲方收到乙方发票后向乙方增加支付咨询服务费 1000 万元；第 2.2.2 条，如甲方在股权转让合同签署之日起二十四个月仍未取得批文，则自股权转让合同签署满二十四个月之日起 30 日内，甲方收到乙方发票后向乙方支付咨询服务费 2000 万元；自股权转让合同签署满二十八个月之日起 30 日内，甲方在收到乙方发票后向乙方支付咨询服务费 2000 万元；……"

被告何某（保证人）、被告周某某（保证人）、原告（债权人）曾签订《保证合同》，合同落款处，被告何某、被告周某某的签名日期为 2017 年 7 月 17 日，原告上海某投资公司盖章日期为 2017 年 7 月 30 日。

2017 年 8 月 2 日，上海某甲实业公司向被告上海某房地产公司支付款项合计 1200 万元，用途载明为股东借款。嗣后，被告上海某房地产公司将该 1200 万元转账给原告上海某投资公司。

2017 年 11 月 16 日，被告上海某房地产公司的股东由上海某甲实业公司变更登记为上海某乙实业公司，持股比例为 100%。

上海某甲实业公司曾于 2018 年 12 月 7 日向原告发出关于上海某房地产公司股权转让的函，记载："由于到 2017 年 11 月……仍未取得……重建的批文。……现以书面形式再次告知贵司……"

另查明，被告何某系被告上海某房地产公司的登记监事，也是上海某甲实业公司和上海某乙实业公司的登记股东之一。

审理中，原告上海某投资公司与被告何某均确认《咨询服务合同》的签订日期为 2017 年 7 月 30 日，但已在 2017 年 7 月 17 日签订《股权转让合同》时磋商达成一致。

【裁判结果】

上海市松江区人民法院于 2022 年 8 月 31 日作出（2022）沪 0117 民初 1869 号民事判决：被告上海某房地产公司支付原告上海某投资公司股权转让价款 4000 万元，被告何某、周某某对上述 4000 万元付款义务承担连带清偿责任，清偿后有权向被告上海某房地产公司追偿。

宣判后，上海某房地产公司、何某、周某某因不服上述判决，向上海市第一中级人民法院提出上诉。上海市第一中级人民法院于 2023 年 2 月 28 日作出（2022）沪 01 民终 11202 号民事判决：驳回上诉，维持原判。判决现已生效。

【裁判理由】

法院生效裁判认为：（1）从合同的签订背景看，两份合同落款日期虽有先后，但上海某甲实业公司在 2017 年 7 月 17 日签订《股权转让合同》时即已知晓后续将再签订《咨询服务合同》，且双方已就《咨询服务合同》内容达成一致。《咨询服务合同》中关于无论是否取得批文上海某投资公司均有权获得 4000 万元的约定，加上《股权转让合同》项下的 9000 万元，恰好能保证上海某投资公司获得双方原本在《协议书》中约定的 1.3 亿元的股权交易对价，两份合同实则具有"经济整体性"，应作整体处理。（2）从《咨询服务合同》约定的内容来看，上海某房地产公司无论是否取得批文，均须在一定期限届满后向上海某投资公司支付"咨询服务费" 4000 万元，该价值不对应任何咨询服务内容，系在相应期限届满后无偿取得，此等约定显然与等价有偿原则和商业逻辑不相符。（3）被告及上海某甲实业公司并未提供充分证据对股权交易对价从 1.3 亿元变更至 9000 万元进行合理说明，《协议书》《股权转让合同》也均未约定仅以目标公司的实际债务金额作为股权交易对价。本案中取得批文后重建房屋是目标公司的潜在价值，上海某投资公司在转让股权的同时，一并将取得批文重建房屋的机会和收益转让给上海某甲实业公司。（4）虽然《咨询服务合同》项下的 4000 万元支付主体系股权转让目标公司，而非股权受让主体上海某甲实业公司，但支付主体的协议变更并不影响将 4000 万元款项认定为股权转让价款。《咨询服务合同》本系上海某投资公司与上海某甲实业公司在尚未办理股权变更登记时磋商形成的，双方合意在股权变更登记完成后签署，签署之时上海某甲实业公司已登记成为上海某房地产公司的唯一股东，可见《咨询服务合同》与上海某甲实业公司受让股权等利益高度关联。

因此，上海某甲实业公司、上海某房地产公司未能提供证据材料证明其与上海某投资公司形成了重新协商股权转让价格的合意，结合上述协商过程以及担保人提供担保的意思表示在前，咨询服务合同签署时间在后，且正在上海某甲实业公司取得上海某房地产公司100%股权之后这一关键时间节点，以及咨询服务合同约定的付款主体及付款条件等事实，综上认定4000万元虽名义上约定在《咨询服务合同》项下，实则为股权交易对价。

【案例注解】

在股权转让合同中，股权转让的价格决定因素包括公司的有形资产、无形资产、经营状况、发展前景等，股权转让的交易对价应由转让方与受让方在各自商业判断的基础上自行协商确定，股权转让协议的核心即在于股权交易对价＋支付安排。实践中，当事人可能会通过股权交易对价的拆分，达到经济利益的最优化处理，因此衍生出同时段签订的系列合同。其中，较为常见的做法之一为通过承债式收购或包含承债式支付方式的手段实现股权转让。在这种情形下，如何认定股权交易的真实对价，成为该类案件的争议焦点。

一、股权转让交易的构成要素与表现形式

（一）股权交易对价与支付安排

股权转让合同有偿性表现为股权受让人通过支付一定的股权转让款获取相应的股权。因此，股权转让价格的确定是股权转让的一个重要内容。交易对价不仅包括股本，亦包含交易各方基于商业判断作出的预期估值，交易各方确定股权估值后才能确定交易的股权比例、合理对价，以及交易各方的其他权利义务安排。在股权交易的方案设计中，有时为顾及多方利益，股权交易会被层层包装：一是股权对价的包装。真实对价会被拆分，在实际签署的股权转让合同中，明确命名为"股权转让款"的金额可能仅占股权交易总额中的小部分，剩余真实对价可以通过咨询服务合同以服务费的方式展现，亦可通过其他有偿合同予以固定。例如，实践中存在股权对价设置为"零对价"，而将股权溢价通过其他途径实现的情况。二是支付手段的包装。常见支付手段包括货币支付、股份支付、承债式支付、资产置换和存托凭证支付等。[①] 三是支付进度的包装。采取恰当的风险控制措施对支付进度进行安排，确保交易顺利进行。如支付方自身的风险承受能力（尤其是无法退出给自身带来的财务压力）、项目中途风险控制（针对交割周期较长的情况）、交易对手的风险控制（套现动

[①] 丁静：《股份支付的本质及股权交易触发股份支付的条件分析》，载《中国注册会计师》2021年第1期。

机、后续担保防范措施）等。

（二）股权交易的框架设计

如上文所述，股权交易对价和支付安排构成交易结构的关键环节，关于该两项的相关约定构成股权合同中的实质性条款。为了实现预期的股权交易对价，更好达成交易各方的交易目的，需要通过一定的交易形式实现"外观展示"。交易双方往往会签署诸如"框架协议""投资意向书"等"前期协议"。这些前期协议可以帮助锁定交易、启动尽职调查与交易谈判、实现交易保密等，基本符合各方对股权交易形式的合理预期。

在签订该类协议时，交易各方已对标的公司进行正式的尽职调查或者非正式的初步尽职调查。该类前期协议可分为两种类型。一是无法律约束力的形式性协议，主要表现在没有实质性内容，当事人约定在形成框架后重新磋商，作出新的股权交易安排。该类协议并无法律约束力，仅作为双方磋商来往的过程性文件。二是具有法律约束力的实质性协议，虽然协议中载明如"一切以双方签署的最终股权转让协议为准"，但其对交易估值、定价原则、支付节奏、股东权利等交易的实质性条款作了较为具体的约定，亦对违约责任进行了明确。该种情形下的框架协议并非仅仅具有"预约"作用，在后签订的协议与该种框架性设计并不冲突，构成"一揽子"交易，股权交易的真实对价需要结合当事人的意思表示、合同条款、交易整体结构作出综合判断。

二、承债式股权转让的法律特征及实践异化

（一）承债式股权转让的法律关系解构

1. 承债式股权转让的适用情形。

承债式收购是指收购方以承担或者清偿债务为其购买股权对价的部分或者全部，以实现目标公司的收购。其中，关于"债"的定义，可以分为两种：一种指的是股权转让方的债务，另一种指的是目标公司的债务。需要指出的是，基于有限责任公司的独立性原则，股东的财产与目标公司的财产应相互独立，原则上承目标公司之债，并不会影响股权转让方的股权价值，因此对股权转让对价不应产生影响。而承股权转让方之债，则减少了股权转让方的债务金额，代股权转让方所支付的债务款项应成为股权对价的一部分。但在一人有限责任公司背景下，由于一人有限责任公司的财产与股东财产在不能证明相互独立的情形下可能相互混同，承担目标公司的债务便在很大程度上影响一人有限责任股东的财产，进而影响一人有限责任公司股东作为转让方的股权对价，因此一人有限责任公司下承债式收购很大程度上亦包含承目标公司之债。实践中所发生的承债式收购一般发生在一人股东持股100%、资不抵债、股东资产受到公司债务影响的情形之下。本案即为一人有限责任公司财产与股东转让方财

产无法证明独立下的股权转让安排。

2. 承债式股权转让的法律特征。

（1）债务承担型股权转让。由股权受让方在收购之前以债务人身份承担转让方或目标公司债务，包括：一是股权受让方以债务加入的方式承担连带清偿责任，其性质为并存的债务承担；二是股权受让方、转让方、目标公司达成协议，由股权受让方对目标公司债务承担责任，其性质为免责的债务承担。

（2）代为清偿型股权转让。该种类型与债务承担的区别在于股权受让方非债权债务合同关系的主体，仅代转让方或目标公司清偿债务。包括：一是股权受让方直接向转让方或目标公司债权人支付款项，其性质为有利害关系的第三人代为清偿；二是股权受让方将相应债权款支付至转让方或目标公司账户，再由后者支付至债权人，完成债务的清偿，其性质则为债务替换。

（3）增资减债型股权转让。由股权受让方以新股东身份增资入股，再以公司名义对债务进行清偿。该种方式实质为股权受让方对公司的增资行为，由公司法进行调整。但该种方式操作较为复杂，在计税时也将会直接增加公司的长期股权投资价值，产生较高的缴税成本。

3. 承债式股权转让的法律效果。

出于经济利益与商业价值考量，承债式股权转让在实践中成为股权收购的常见安排。正如前文所述，承债式股权转让的实质为股权受让方通过承担或者清偿转让方或目标公司的债务以取得债权人身份，再以债转股方式将债权转为对公司的股权，包括通过增加注册资本的方式增加股权以供债权进行转换及将原股东持有的部分或全部股权与债权估价金额相对应，进行存量划拨。[1] 无论采取哪种方式，股权转让中股权对应的价值应包含债权的价值，在该模式下，股权交易总对价＝股权对价（股本＋股权溢价）＋债权对价（承债金额）。

（二）"承债式"支付安排对承债式收购的实践异化

需要警惕的是，在目标公司存在债务的情形下，实践中各方为实现股权交易，可能将股权转让全过程套上承债式的支付安排，并予以支付方式的拆分，但其本质并非完全承债式收购。故有必要对承债式收购与承债式支付安排进行区分。

承债式股权转让的核心要义在于，若目标公司的承债金额发生变动，则相应的股权交易对价也会随之改变，原理在于债务金额为股权转让金额的一部分。但在承债式支付安排中，虽然承担债务也作为股权转让条款的一部分，但股权转让总对价并不随债务金额的减少而减少，即基于股权转让方与受让方的

---

[1] 张勤、钱茜：《真实的"债转股"行为可认定为股东已履行出资义务》，载《人民司法》2021年第2期。

真实意思表示，股权转让总对价最终不受债务金额的影响。

以本案为例，在双方第一次签订的《协议书》中约定，股权交易对价为1.3亿元，该1.3亿元的交易结构为：股权交易总对价＝股权对价（股本＋股权溢价）＋债权对价（承债金额）。各项金额的确认逻辑为：总对价1.3亿元保持不变，然后对真实对价进行拆分，股本800万元保持不变，目标公司的债务金额根据尽职调查的结果为1.1亿元，则债权对价为1.1亿元，再将1.3亿元减去债权金额和股本，得出股权溢价1200万元。随后，通过股权转让合同实现9000万元的安排，咨询服务合同实现4000万元的安排。也就是说，双方对于股权交易总价款事先实质另有一致安排，后为保持真实对价，若债务发生变动，则股权溢价亦发生变动。因此，承担目标公司债务仅为股权转让支付环节的表现形式，债务金额并非股权对价的决定性因素，此即为承债式支付方式与承债式收购的本质区别。

三、股权转让真实对价的司法认定

（一）多份合同的"经济整体性"审查

1."经济整体性"与合同联立的区分。

商事合同领域，基于交易形态的变化与交易规则的创新，常出现层层嵌套式、包装隐藏式、虚假表示式等交易表象，而在股权转让的复杂交易中，多名交易主体之间往往签订多套交易文件。但是通观数个合同的交易链条，其最终目的是实现一个整体的交易功能，也即在经济目的上具有整体性的共同特征。需强调的是，经济整体性下的数份合同关系考察与学理上的合同联立法律关系不同。合同联立并非法律上的术语，但是关于合同联立的理论在司法审判实践中具有重要作用，在金某诉陈某建设工程施工合同纠纷上诉案中，法院采取了"合同联立"的表述并作出解释，认为当事人之间签订数份合同，虽然在形式上形成多种不同的法律关系，但数份合同间相互依存，合同效力相互影响。因此，虽然经济目的的整体性考察在合同联立中几乎也必不可少，但是合同联立更多地强调数个合同名义上或者实质上"不失其个性，而相结合"，且"一个契约的效力依存于另一个契约的效力"。[1] 这些合同之间在效力上关联，是其区别于一般多数合同关系的最为本质的特征。[2]

因此，合同联立的法律效果在于数份合同之间的效力相互关联，一份合同

---

[1] 金某诉陈某建设工程施工合同纠纷上诉案，参见浙江省丽水市中级人民法院（2017）浙11民终1269号民事判决书。

[2] 潘重阳：《论联立合同的效力关联——以商品房买卖与借款合同联立为例》，载《政治与法律》2021年第11期。

无效、被解除等会影响其他合同的效力。而在数份合同均为有效但共同服务于一个整体的交易目的时，应通过经济整体性的原则将数份合同予以一体化考量，综合分配权利义务内容。

2.“经济整体性”的司法审查。

通常，在传统诉讼标的理论"一法律关系一诉"下，法院可能表现出拆分处理多种法律关系的倾向，由此造成具有经济整体性的多份合同可能被评价落入不同的法律范畴。然而，争讼的法律关系性质需要在"眼光往返流转"过程中反复甄别，如果仅是为了使案件事实适合既定的法律模型而先入为主地切割客观事实，忽略事实之间的联系，则难以达到实质解决纠纷的审判效果。因此，在经济整体性的多份合同背景下，要穿透审查法律关系的真实性。

其一，进行缔约合意的真实审查。探求"缔约合意"追求的是一种更加深入和实质性的公平、公正理念，更加注重平衡好各方之间的利益，而非单纯从"合同相对性"及合同内容角度来机械理解。一要判断"合意"是否达成，二要分析"合意"内容，[①] 既需要考虑"合意"的"真实性"问题，也需考虑"合意"的"准确性"问题。其二，进行多份合同的整体审查。在股权转让交易中，当事人有时会先签订临时的"框架性"协议，约定日后再签订正式合同，但是如果所有实质性条款都达成了一致，可以推断"最终协议"只是合同的一个"备忘录"而已。[②] 又或者，股权转让法律关系中，各方主体间基于不同的身份、法律行为形成股权转让、债务承担、委托服务等多层嵌套的法律关系，需一体化考察。如江苏省南通市中级人民法院审理的一起案件中，法院认定当事人签订的《房地产合作开发意向书》实质为框架协议，系各方对合作模式、合作主体、交易方式等作出的预约合同，目的在于为将来签署正式的股权转让协议奠定基础，而此后签订的《房地产合作开发合同》《房地产项目综合策划咨询顾问合同》实质为本约，系各方通过充分协商，对通过股权转让方式以实现共享利益所作的具体约定，依照合同的整体解释原则，《房地产项目综合策划咨询顾问合同》中的 3000 万元应认定为系股权转让对价的一部分。[③]

（二）“穿透式审判思维”的司法运用

《全国法院民商事审判工作会议纪要》中要求的穿透式审判思维即为整体

---

① 赵振华、李松：《谈合同法中的"合意"》，载《长白学刊》2011 年第 4 期。

② Glenn West and Kymberly Thoumaked：Definitive Agreements, Weil, Gotshal & Manges LLP, on Thursday, December 7, 2017。

③ 江苏省南通市中级人民法院 2021 年度商事审判十大典型案例，载南通市中级人民法院微信公众号，2022 年 2 月 23 日发布。

性考量的思路,① 既重视各个合同权利义务的独立性,也需注重数个合同之间的关联关系,以经济整体性视野审查多份合同下的真实意思表示。该种审查更倾向于依据法律关系的实质,而非仅仅依据其表现形式进行法律关系的认定。②

本案中,争议焦点在于《股权转让合同》《咨询服务合同》是否同时为股权转让法律关系的一部分。《股权转让合同》基于其名称及内容,可认定为股权转让法律关系;《咨询服务合同》仅从名称与合同文本内容看,其法律性质应为服务合同,但结合本案原被告股权转让环节的磋商全过程,两份合同是在同时段形成合意,《咨询服务合同》中关于无论是否取得批文出让方均有权获得4000万元的约定,加上《股权转让合同》项下的9000万元,与当事人在《协议书》中约定的1.3亿元的股权交易对价完全吻合,"承债式"支付安排亦是为了实现在《协议书》中约定的1.3亿元的股权交易对价,三份合同的支付节奏上亦相关联,《股权转让合同》《咨询服务合同》实则具有"经济整体性"。

与本案类似的股权转让情形中,多方主体签订的多份协议叠加影响,但是其各种支付安排,均是在股权转让的过程中磋商形成。因此,为了查明案件事实,需要强调行为的整体性和不可分割性,数个合同关系应置于一个案件中审理,厘清各方权利义务,避免造成司法资源浪费与司法讼累。但是,仍需注意的是,虽然穿透式审判思维的应用为复杂的商事交易提供了思路,但是由于"穿透式审判思维"是先预设结论,再通过列举归纳进行反向论证,该种论证方法有其自身的弱点,实践中需界定好穿透式审判思维运用的边界,注意避免笼统地一体化处理。

（**一审法院合议庭成员**　徐　东　方美玲　潘芳春
　　二审法院合议庭成员　王剑平　沈　洁　朱　鸿
　　编写人　上海市松江区人民法院　钱　茜　周雪瑶
　　责任编辑　韩　煦
　　审稿人　刘　敏）

---

① 《全国法院民商事审判工作会议纪要》规定:"……注意处理好民商事审判与行政监管的关系,通过穿透式审判思维,查明当事人的真实意思,探求真实法律关系……"
② 宋晓燕:《论金融风险控制的司法路径》,载《中国应用法学》2019年第5期。

知识产权

广东某大学诉广西某学院侵害商标权纠纷案

——学校简称型商标纠纷案件中正当使用抗辩的司法审查

关键词：商标　专有权　禁用权　商标注册　商标性使用　描述性正当使用

【裁判要旨】

1. 学校简称型商标的保护强度应与其显著性和知名度相适应。

2. 商标描述性正当使用需要具备以下三个条件：使用商标基于善意、使用商标标识本身固有含义且使用方式符合行业习惯及语言习惯、使用结果不会对注册商标专用权造成损害。

3. 未经许可在相同商品或服务上使用与他人相同或近似的有一定知名度的商标，且不符合正当使用构成要件时，应认定属于《商标法》第五十七条第七项规定的"给他人的注册商标专用权造成其他损害"的商标侵权行为。

【相关法条】

《中华人民共和国商标法》

第十一条　下列标志不得作为商标注册：

（一）仅有本商品的通用名称、图形、型号的；

（二）仅直接表示商品的质量、主要原料、功能、用途、重量、数量及其他特点的；

（三）其他缺乏显著特征的。

前款所列标志经过使用取得显著特征，并便于识别的，可以作为商标注册。

第五十七条　有下列行为之一的，均属侵犯注册商标专用权：

（一）未经商标注册人的许可，在同一种商品上使用与其注册商标相同的商

标的;

（二）未经商标注册人的许可，在同一种商品上使用与其注册商标近似的商标，或者在类似商品上使用与其注册商标相同或者近似的商标，容易导致混淆的;

（三）销售侵犯注册商标专用权的商品的;

（四）伪造、擅自制造他人注册商标标识或者销售伪造、擅自制造的注册商标标识的;

（五）未经商标注册人同意，更换其注册商标并将该更换商标的商品又投入市场的;

（六）故意为侵犯他人商标专用权行为提供便利条件，帮助他人实施侵犯商标专用权行为的;

（七）给他人的注册商标专用权造成其他损害的。

第五十九条第一款 注册商标中含有的本商品的通用名称、图形、型号，或者直接表示商品的质量、主要原料、功能、用途、重量、数量及其他特点，或者含有的地名，注册商标专用权人无权禁止他人正当使用。

《最高人民法院关于审理商标民事纠纷案件适用法律若干问题的解释》

第一条 下列行为属于商标法第五十七条第（七）项规定的给他人注册商标专用权造成其他损害的行为:

（一）将与他人注册商标相同或者相近似的文字作为企业的字号在相同或者类似商品上突出使用，容易使相关公众产生误认的;

（二）复制、摹仿、翻译他人注册的驰名商标或其主要部分在不相同或者不相类似商品上作为商标使用，误导公众，致使该驰名商标注册人的利益可能受到损害的;

（三）将与他人注册商标相同或者相近似的文字注册为域名，并且通过该域名进行相关商品交易的电子商务，容易使相关公众产生误认的。

【案件索引】

一审:广西壮族自治区南宁市中级人民法院（2021）桂01民初2577号（2022年7月20日）

二审:广西壮族自治区高级人民法院（2022）桂民终1153号（2023年8月8日）

【基本案情】

原告（上诉人）广东某大学诉称:其学校于2008年申请注册"广外"商

标，并于 2008 年 10 月 21 日获得核准，核定的服务项目为第 41 类，包括：教育、安排和组织学术讨论会、安排和组织培训班、收费图书馆等。广西某学院未经其同意，在其官网、微信公众号等平台上多处、反复使用"广外"标识，容易使相关公众将其误认为与广东某大学有特定的联系，其行为构成侵权，且经过发函敦促，仍然未停止侵权，属于典型的故意侵权。请求法院判令：（1）广西某学院立即停止侵权，包括但不限于停止使用与注册商标相同或近似的标识；（2）广西某学院赔偿 500 万元以及维权合理费用 72000 元。

被告（上诉人）广西某学院辩称：广西某学院在学校网站和微信公众号中使用"广外"属于对自己第 45271234 号"广西某学院"注册商标和名称简称的使用，在学校网站和微信公众号的突出位置均显著标识了"广西某学院"，网站和公众号仅面向该校教师和学生，未投入商业化使用，不会构成混淆，属于合理使用行为，不属于商标侵权。

法院经审理查明：

1. 广东某大学及涉案商标情况。广东某大学前身是 19××年设立的广州某甲学院和 19××年成立的广州某乙学院。1995 年 5 月，广东省人民政府将两校合并组建广东某大学。2008 年 10 月 21 日，广东某大学经核准注册第 4609822 号"广外"商标，核定使用在第 41 类的教育、安排和组织学术讨论会、安排和组织培训班等服务上。

2. 广西某学院的被诉侵权行为。广西某学院成立于 2005 年，原名广西某职业学院，是由广西壮族自治区教育厅负责管理的民办非企业单位，2011 年 5 月 4 日升格为广西某学院。2020 年 11 月 21 日，广西某学院经核准注册第 45271234 号"广西某学院 + 图形"商标，核定使用在第 41 类的学校（教育）服务上。

广西某教育公司于 2013 年 9 月 25 日设立，设立时系广西某学院全资控股。

2021 年 6 月 30 日，广东某大学委托代理人分别向广东省广州市广州公证处申请对相关公众号内容、相关网站进行保全证据公证。该公证处分别出具（2021）粤广广州第 084301 号、（2021）粤广广州第 083966 号公证书。公证书所附照片显示，广西某学院运营的"广西某学院"微信公众号中，公众号简介为"关注广外头条，获取最新最全学校官方咨询"。公众号文章标题及内容中多处使用"广外"文字，具体使用环境举例如下："广外高考线上咨询会等你来"一文中，有"广西某学院招生咨询直播间，将与广大考生面对面"等内容；"行而不辍 未来可期——广西某学院举行 2021 届毕业生毕业典礼暨学士学位授予仪式"一文中，使用了"从广外出发，前程似锦"文字作为图片标题；"招生专题 | 广西某学院东南亚语言文化学院欢迎您！"一文中，有

"泰国曼谷'广外学子创业一条街'实践教育基地"文字及图片；"凤凰花又开 毕业季又来——广外的凤凰花为您盛开！"一文中，使用了"在广外的每一天 有着说不完的故事"等内容。

广西某学院运营的"广西某学院"网站（域名为 gxufl. com）中，网站首页背景图片标题为"校园一角——广外学子捐赠的思源亭"；文字介绍部分有"广西某学院·国家本科第二批录取高校 广外越南语、泰语专业在由武大中国科学评价研究中心完成的 2015 年中国本科教育大学竞争力排行中分别位列第1、2 位"等内容；"视频 新闻"栏目有"广西某学院会计学院快闪""广外新闻—20210521""广外视线—20210521"等标题；"校园一览"栏目有"广西某学院空港校区""美丽的广外"等图片标题，"关于广外"栏目有学校概况、治理架构、校长致辞等子栏目；"校长致辞"栏目有"作为广西某学院的执行校长……渴望与你们一道共同抒写属于广外人自己的辉煌……在广外雅致的中西合璧校园里"；新闻信息中有"广外学子在美国——触摸大洋彼岸的'文明'"等标题，"广外留学生志愿者走进东盟博览会，展示独特的东盟异国风情"等内容。

2021 年 1 月 13 日，广东某律师事务所受广东某大学委托，向广西某学院校长送达律师函。

【裁判结果】

广西壮族自治区南宁市中级人民法院于 2022 年 7 月 20 日作出（2021）桂01 民初 2577 号民事判决：一、广西某学院立即停止侵犯广东某大学第4609822 号"广外"注册商标专用权的行为；二、广西某学院赔偿广东某大学经济损失 8 万元、合理开支 2 万元，合计 10 万元；三、驳回广东某大学的其他诉讼请求。

一审判决作出后，广东某大学、广西某学院均向广西壮族自治区高级人民法院提出上诉。广西壮族自治区高级人民法院于 2023 年 8 月 8 日作出（2022）桂民终 1153 号民事判决：驳回上诉，维持原判。

【裁判理由】

法院生效裁判认为：广东某大学依法享有第 4609822 号"广外"注册商标专用权，核定使用的服务类别为第 41 类的教育、安排和组织学术讨论会、安排和组织培训班等服务。广西某学院在其微信公众号首页、部分文章标题、内容中使用"广外"文字，例如"广外高考线上咨询会等你来""从广外出发，前程似锦"等。在其官网首页的背景图标题、文字介绍、分区栏目及新闻标题、内容中亦多处出现了"广外"文字，例如，在官网照片里出现了"广外 GUFI 因你而美好"的校园景区装饰，在其下属学院"致达教育学院""东盟法商学院"官网首页中使用了"广外主站"的链接等。

广西某学院主张其只是使用校名简称，并未将该简称进行商业化使用，亦不会造成公众误认，属于对该文字标识的正当合理使用，不应构成侵权。对此，法院认为，首先，广西某学院的官方网站、微信公众号均公开对外发布信息，其受众群体不仅是本校师生，还有不特定社会公众。其次，商标正当使用一般需要具备以下三个条件：使用商标基于善意、使用商标标识本身固有含义且使用方式符合行业习惯及语言习惯、使用结果不会对注册商标专用权造成损害。本案中，广西某学院成立时间晚于广东某大学使用"广外"的时间，亦晚于涉案 4609822 号"广外"商标申请注册时间；广东某大学已提交充分证据证明"广外"简称及商标，经过多年使用及宣传推广，具有标识性和显著性。最后，广西某学院未经许可，在相同或类似服务上使用了"广外"标识，虽然在使用的同时也加入了其校名全称、校徽标识等用以区分其服务来源，但这样的使用方式仍然会导致涉案商标的显著性和其与广东某大学之间的联系被削弱，进而实质性妨碍该注册商标发挥识别服务来源的基本功能，对该注册商标专用权造成基本性损害。因此，广西某学院的被诉行为，构成对涉案注册商标专用权的侵害。由于双方当事人均未能提供证据证明侵权所受损失或侵权所获利益，法院综合全案情况酌情确定广西某学院赔偿广东某大学经济损失 8 万元及维权合理开支 2 万元。

【案例注解】

近年来，发生了多起与学校简称型商标相关的纠纷，如"清华""哈工大""南大"等标识之争。学校简称型商标侵权案件从主体上看，可以分为学校间的纠纷、学校与其他主体的纠纷。关于学校与其他非学校主体间的纠纷，通常由一般的商标侵权判断思路予以认定。但是，对于学校主体之间的纠纷，处理时则具有一定的复杂性。此时，往往需要考量学校、学生、家长、教育行政管理机关等各方主体利益以及社会公共利益、历史传统、地域习惯等多种因素，侵权认定较难把握。如未能妥善处理此类纠纷，容易导致法律效果与社会效果"两败俱伤"的局面。本案涉及的是广东某大学与广西某学院之间对"广外"标识的权利之争：广东某大学享有"广外"注册商标专用权，但广西某学院则认为"广外"文字不应被广东某大学垄断，当其他主体具有合理理由、在描述的目的上使用该词语时，属于对商标的正当使用，不构成侵权。本案在审理过程中，正确把握了商标正当使用抗辩的立法本质、价值取向，从"权利审查"＋"行为判断"两个维度，准确认定学校简称型商标描述性正当使用的审查要件，最终认定广西某学院使用"广外"字样的行为已超出了描述性正当使用的范围，进入了广东某大学"广外"商标权利的规制界限，构成商标侵权。

一、商标正当使用抗辩的制度基础及适用现状

（一）商标正当使用制度的本质

正当使用是商标法中的一项不侵权抗辩。正当使用通常又分为描述性正当使用和指示性正当使用。其中描述性正当使用是指，虽然使用了注册商标中的文字或图形，但实际上是为了准确描述商品或服务的性质、内容、质量等，使用该文字、图形的"第一含义"，例如在招牌上使用"青花椒鱼火锅"的行为，若该火锅确实使用青花椒作为主要原料，即使原告在餐饮服务上享有"青花椒"注册商标，也不能禁止他人在"青花椒"原有含义上使用该词语。指示性正当使用则是指使用某商标是为了说明某种商品的用途或信息，如在墨盒上标注"适用于惠普打印机"，不属于对"惠普"商标的侵权。指示性使用不涉及注册商标本身的"第一含义"问题，只需要从使用场景来判断行为正当性；但描述性正当使用的判断则更为复杂，一方面需要从权利商标的角度对含通用元素商标的保护范围和强度进行界定，另一方面还需要从被告行为的角度，对使用行为的正当性进行审查。

学校简称型商标纠纷中涉及的主要为描述性正当使用抗辩。描述性正当使用的制度基础可从以下三个维度来理解：

1. 我国商标采用注册制，但是，从源头上说，构成商标的所有要素，包括文字、字母、数字、线条、图形、色彩、三维标志等，从一开始就处于共有领域之中。① 商标实际上是将公有元素组合而形成。对于一些含公有元素且不具有很强创造性的商标，如果该商标经过使用、宣传获得了一定的显著性，取得了在原含义上的"第二含义"，该商标将会获准注册。如红酒上的"长城"商标、瓷砖上的"蒙娜丽莎"商标。不过，商标局对于注册商标的审查采取"公告＋异议"的方式，包含通用名称、原材料、地名等公有元素的商标，如果没有人提出异议，则此类商标获准注册的门槛较低。这样一来会产生许多"先天不足"的商标，这些商标有可能在后续被提出无效异议，也有可能在司法程序中遭到被告的"正当使用"抗辩。

2. 即使这样的商标获准注册，法律赋予该标记的保护也是相对狭窄的。

___
① 李明德：《美国知识产权法》（第二版），法律出版社2014年版，第593页。

商标的保护强度应当与其知名度和显著性相一致。在司法程序中，如果被告提出"正当使用"抗辩，法院应当审查的并非权利商标的注册问题（由商标行政管理部门通过无效程序处理），而是应当在审理过程中厘定权利商标的保护强度、边界，判断其商标禁用权能否控制被告的使用行为。商标权人不能阻碍其他经营者在经营中为了描述的目的，在"第一含义"上使用相关词汇和元素。但如果商标的知名度、显著性越强，则其禁用权的边界就会越大，被告的使用行为越有可能构成"不善意"。商标权和正当使用的关系可参见图1。

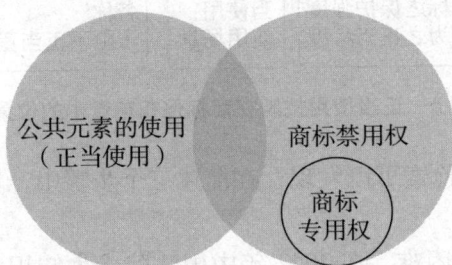

图1 商标权和正当使用的关系

3. 由于商标的基本功能在于识别来源，当其他经营者在"第一含义"上使用相关词汇，而不是将该词汇用于识别商品或服务提供者的来源时，此种行为不属于商标性使用行为。正当使用抗辩并非对商标权利的限制，而是被告的行为根本未进入商标权的权利控制范围。但此时，被告的行为应当满足"正当"之条件。在描述性正当使用的语境下，商标性使用与非商标性使用并没有预先的、具体的区分标准，通常需要结合行为方式进行反推。

综上，描述性正当使用抗辩制度在商标侵权审查体系中的位置为：

（二）商标描述性正当使用抗辩的实践现状及争议

如图1所示，鉴于商标权利范围和正当使用抗辩的"此消彼长"关系，司法实践中，当被告提出描述性正当使用抗辩时，法院一般通过以下步骤进行审查：首先，审查原告注册商标的性质，如果原告的注册商标中确实含有通用名称、原材料、地名等公有元素，则被告存在描述性正当使用之可能，此时，可以进入被告行为正当性审查阶段；然后，被告行为正当性通常考量善意、使用场景、损害三个要件；① 最后，在判断被告行为正当性的三个要件时需要采用利益衡量的方法，通过综合判断、个案判断的方式得出侵权与否的结论。

---

① 《北京市高级人民法院关于审理商标民事纠纷案件若干问题的解答》第26点：构成正当使用商标标识的行为应当具备以下要件：（1）使用出于善意；（2）不是作为自己商品的商标使用；（3）使用只是为了说明或者描述自己的商品。

```
                        ┌──────────┐
                        │  被告行为  │
                        └────┬─────┘
              ┌──────────────┴──────────────┐
        ┌──────────┐                  ┌──────────┐
        │ 商标性使用 │                  │  非商标性  │
        └────┬─────┘                  │   使用    │
             │                        └────┬─────┘
      ┌──────┴──────┐          ┌───────────┼───────────┐
 ┌────────┐  ┌─────────┐  ┌────────┐  ┌────────┐  ┌──────────┐
 │ 相似度  │  │ 混淆可能性 │  │ 正当使用 │  │ 规范使用 │  │ 非商业使用 │
 └────────┘  └─────────┘  └───┬────┘  └────┬───┘  └────┬─────┘
```

描述性正当使用： 1.权利商标之保护强度 2.被诉行为之正当程度	指标性正当使用： 使用场景	规范使用已登记的企业名称 （由不正当竞争处理）	学习使用、私人使用

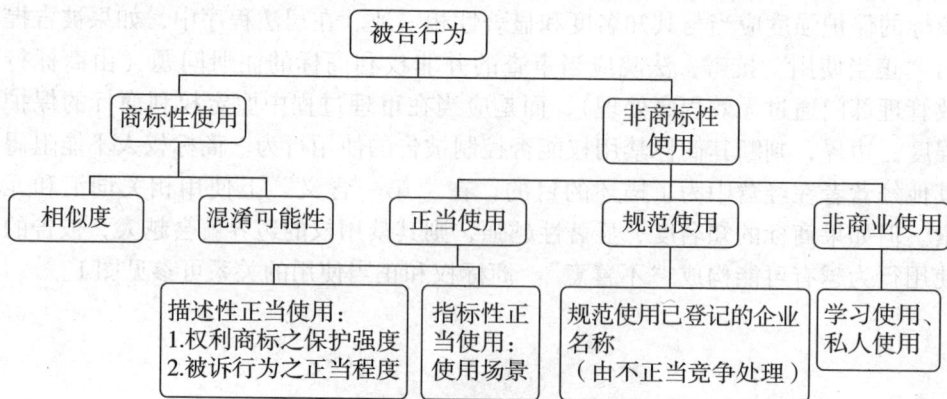

图2　正当使用抗辩在商标侵权审查中的位置

不过，通过案例检索可以发现，在前述三个步骤中，均存在一定的认定困难问题。

1. 通用名称认定困难。在 2022 年中国法院十大知识产权案件"青花椒"案①中，一审法院认为，被告未能举证证明"青花椒"为"饭店"这一服务类别的法定或约定俗成的通用名称，故被告使用"青花椒鱼火锅"作为店招的行为构成商标侵权。但二审法院则认为，青花椒作为一种川菜的调味料由来已久，属于川菜中不可或缺的元素，应当认为其属于一种指代特定调味料的通用名称。与之相似，在"鲁锦"案②中，一审法院认为被告在商品上使用"鲁锦"字样构成侵害原告的"鲁锦"商标权，但二审法院则认为，"鲁锦"是鲁西南民间纯棉手工织锦，应认定为山东特色的手工纺织品的通用名称。被告在其生产的纺织类产品上使用"鲁锦"字样不构成侵权。由此可见，能否准确认定原告的权利商标是否包含通用名称，将直接影响侵权结果的认定。

2. 正当性判断中的要件认定混乱。根据北京市高级人民法院的指导意见以及司法实践的经验总结，被告的行为是否构成正当使用通常可以通过善意、使用场景、损害结果三个方面进行判断。但是，在善意和使用场景的判断中，存在判断标准、侧重程度不一的问题。

有的案件中，法院对善意要件的侧重程度较高，但主要是从原告权利商标的知名度、被告的使用场景等角度来佐证善意的存在。例如，在"齐鲁少年"

---

① 四川省成都市中级人民法院（2021）川 01 民初 8367 号民事判决书、四川省高级人民法院（2021）川知民终 2152 号民事判决书。

② 山东省高级人民法院（2009）鲁民三终字第 34 号民事判决书。

案①中，法院认为，第一，被告作为少年儿童事业发展领导及服务部门，将"齐鲁少年"作为活动名称的一部分，并未采取突出使用的方式使用，属于善意说明其活动的服务对象；第二，被告在涉案商标申请注册前，已经多次开展含"齐鲁少年"的相关活动。因此，从以上两点可以认定被告主观上不具有攀附原告商标知名度且意图使消费者产生混淆误认的恶意，被告正当使用抗辩成立。在"中国黄金"案②中，法院同样认为，被告的经营场所位于中国境内，并无特别标注"中国"之必要，其所销售的商品也并非"黄金"一种，在原告的"中国黄金"商标已经使用多年且具有相当显著性的情况下，被告的行为具有攀附原告商标商誉的主观故意，不构成正当使用。

但是，在另一些案件中，法院则更侧重分析使用场景这一客观要件，对于主观要件未作陈述。例如，"金华火腿"案③中，法院认为被告在其火腿外包装显著位置标明了自己的注册商标"真方宗"，同时也标明了企业名称、厂址、联系方式等信息，还在火腿包装的"金华火腿"字样下标明了"原产地管委会认定"字样，前述使用方式目的是表明产品的原产地，不属于对原告"金华火腿"注册商标的侵害。在"大富翁"案④中亦如是，法院从被告在游戏介绍、游戏画面中的使用方式以及使用范围、进入游戏的途径等方面，认定被告使用"大富翁"文字属于对"大富翁"这一约定俗成的游戏种类的正当使用。

在认定正当使用是否成立时，是否应当区分主客观要件，以及对前述要件是"择一认定动态认定"还是"并列要件式认定"，对于认定结果会产生质的影响。

3. 对损害结果的认识存在偏差。在正当使用判断中，对于是否需要论证损害结果，存在较大争议。有些观点认为，如果被告的使用行为有可能导致混淆，则其行为不可能构成正当使用。在"九制陈皮"案⑤中，法院认为，原告的商标"九制陈皮"为通用名称，被告规范使用自己的注册商标并使用了"九制陈皮"字样，不会造成消费者对商品来源的混淆误认，其使用没有超出正当、合理的限度，不属于商标侵权。同样的，在"马峰"案⑥中，法院也认为，被告在包装上使用的被控侵权标识与原告的注册商标虽然是在类似商品上

---

① 山东省高级人民法院（2020）鲁民终 2934 号民事判决书、最高人民法院（2021）最高法民申 3930 号民事裁定书。

② 甘肃省高级人民法院（2021）甘知民终 9 号民事判决书。

③ 上海市第二中级人民法院（2003）沪二中民五（知）初字第 239 号民事判决书。

④ 上海市第一中级人民法院（2007）沪一中民五（知）终字第 23 号民事判决书。

⑤ 广东省高级人民法院（2019）粤民终 1861 号民事判决书。

⑥ 广西壮族自治区贺州市中级人民法院（2016）桂 11 民初 17 号民事判决书。

使用，但因其无权禁止他人正当使用"马峰"这一地名，被控侵权标识与其注册商标也不构成相同或近似，不会导致相关公众对商品来源产生混淆或者认为被告与原告之间有特定的联系，故被告行为并未侵害原告的注册商标专用权。但另一些观点则认为，即使他人为描述商品或服务的特征的使用可能导致混淆或其他损害，也应当以这种使用是否合理作为判断行为是否构成正当使用的最终标准。① 还有观点认为，在正当使用判断中，无须考虑混淆可能性，而仅需考虑行为是否会对权利商标造成相应损害，此种观点则提高了正当使用抗辩成立的标准。例如，在"金丝馒头"案②中，法院认为，被告使用"金丝馒头"作为商品名称使用的行为，容易误导公众，退一步讲，即使认为该行为不会产生误导公众的效果，该行为也会对原告的"金丝"注册商标造成其他严重损害。将商标用作商品名称使用，会导致商标的显著性退化，最终将会使商标权人丧失该商标权。因此，被告使用"金丝馒头"的行为，不具有正当性，属于给他人的注册商标专用权造成其他损害的行为。

二、学校简称型商标纠纷中描述性正当使用认定的特殊性

学校简称型商标纠纷中的正当使用认定在前述基础上，还具有一定的特殊性，加剧了正当使用认定的困难和复杂性。

（一）学校简称是否属于通用名称难以把握

对于学校简称的性质认定，需要分为两个层次进行考虑。第一个层次为学校全称的性质认定。《高等教育法》规定，设立高等学校，应当根据其层次、类型、所涉学科类别、规模、教学和科学研究水平，使用相应的名称。这就决定了大多数学校的全称在命名结构上具有较大的雷同性，可选择的组成要素有限。有研究总结出大学校名构成几乎可以囊括成"地名＋大学"（如武汉大学）、"特殊名词＋大学"（如同济大学）、"地名＋学校性质/行业/学科＋大学"（如北京师范大学、上海交通大学）、"学科＋大学"（如对外经济贸易大学）等几类。③ 通过这样的分类方式，除了"特殊名词＋大学"这类名称难以认定为通用名称外，其他类型的学校全称均有可能因为所包含的元素全部为通用词汇而被认定为通用名称。

第二个层次则为全称基础上的学校简称的性质认定。由于学校全称的组成要素选择有限，学校简称的选择范围就更加狭窄。因此，学校简称商标难谓具

---

① 王迁：《知识产权法教程》（第四版），中国人民大学出版社2014年版，第463页。
② 重庆市高级人民法院（2018）渝民终281号民事判决书。
③ 吴秋翔、王明鑫：《高校校名简称的冲突与保护途径分析》，载《中国人民大学教育学刊》2018年第3期。

有"显著性"。但是，学校简称又不属于具有"第一含义"的通用词汇，而只是将全称中的一些字进行简化组合，此种简化后的词汇能否被理解为一般意义上的"通用名称"，亟待明确。

（二）被告使用学校简称的行为方式特殊

学校简称型商标的正当使用认定要件中，需要着重考虑学校层次和办学水平、地域性、历史传统性三个特殊因素。

第一，将学校简称注册为商标，该商标不存在臆造、创造的空间，其显著性一定是较弱的。此时，该商标的保护范围和强度应当考虑学校的层次、办学水平和美誉度。学校层次是指该学校属于高校或中小学等层次。通常来说，只有全国性高校的简称商标，能够具有一定的保护强度，因为其招生、宣传是针对全国的学生进行，而中小学等的宣传范围和相关公众则具有较强的封闭性和局限性。此外，办学水平、美誉度也是考量学校简称商标保护范围的特殊因素。一般商标的知名度需要考虑宣传投入、市场销量等因素，但是在学校简称型商标中，市场因素的考虑可以适当淡化，而对于办学水平较高、美誉度较强的学校，则应当适当给予其简称较强的保护。

第二，学校简称具有相当强的地域性特征，在特定地域范围内，相关公众对某些学校具有约定俗成的称呼。例如，在广西地区，公众使用"西大"简称指代的就是"广西大学"，几乎不会产生误解，也不具有恶意搭便车的可能，但如在全国范围内使用"西大"简称，则该简称不一定具有单一指向，可能会与西北大学等相混淆。在一般的正当使用认定中，地域性特征主要是在认定原告的商标是否属于通用名称的环节予以考量，但是在学校简称型案件中，地域性特征更多地应当置于被告的使用场景处作为正当性要件的因素之一进行分析。

第三，学校简称的使用正当性需要充分考虑历史传统因素。一些高校的简称存在较强的历史传承，如果被告能够提交校史、媒体报道等证据证明其简称使用已持续较长时间，此时即使简称的使用会存在一定的冲突，也需要充分考虑历史因素、学生及教师的心理认同等，保证简称合理、正常地共存。

（三）使用学校简称的混淆可能性迷思

在学校简称商标纠纷中，被告的行为后果也是判断中具有迷惑性的难点。考虑到学校宣传的主要对象也即相关公众为学生，学生在择校时的注意力较高，对于所选学校的混淆可能性极低，此时更需要进一步考虑的问题是，如果不会造成混淆，可否直接认定被告的行为构成正当使用。

三、学校简称型商标纠纷中描述性正当使用抗辩的审查路径

如前所述，司法实践在审查描述性正当使用抗辩成立要件时，存在一定的

争议和认定困境，而在此基础上，学校简称型商标还具有一定的特殊性，因此，结合前文的分析及本案审理情况，本文认为，学校简称型商标纠纷中的正当使用抗辩审查可以遵循以下审理思路：

（一）学校简称属于通用名称

《最高人民法院关于审理商标授权确权行政案件若干问题的规定》（2020年修正）第十条第一款、第二款规定："……依据法律规定或者国家标准、行业标准属于商品通用名称的，应当认定为通用名称。相关公众普遍认为某一名称能够指代一类商品的，应当认定为约定俗成的通用名称。被专业工具书、辞典等列为商品名称的，可以作为认定约定俗成的通用名称的参考。约定俗成的通用名称一般以全国范围内相关公众的通常认识为判断标准。对于由于历史传统、风土人情、地理环境等原因形成的相关市场固定的商品，在该相关市场内通用的称谓，人民法院可以认定为通用名称。"

学校简称虽然不属于前述通用名称的范围，但是，由于学校的全称中使用的词汇如地名、行业名称、学科名称等均为明显的公有词汇，除了一些私立、民办学校可以使用臆造词汇命名外，大部分学校的命名方式相当有限。因此，在学校简称型商标纠纷案件中，应当认为以传统结构方式命名的学校名称属于通用名称，相应地，其简称也应当视为通用名称。此时，学校简称的"第一含义"是指与学校全称相关的正常的简称方式，而"第二含义"则是指经过某些高校的使用达到了与该高校之间稳定的、唯一的联系时，该简称具有了指代某特定高校的"第二含义"，其他学校不应当在该第二含义上使用该简称或在使用时务必作出相应标注或合理避让。将学校简称认定为通用名称的功能是考虑到学校名称的命名方式和简称方式确实有限，其显著性过低，应当允许被告学校提出正当使用抗辩。

本案中，虽然广东某大学的注册商标"广外"本身不具有固有含义，但是其作为"地名＋行业＋大学"这一命名结构下的学校简称，也并不具有臆造性，因此，应当将该简称视为一种通用名称进行审查，只有在被告的使用行为属于在广东某大学在"广外"简称之上发展、使用出的"第二含义"上使用时，才可能构成商标侵权，否则，有可能成立正当使用。

（二）正当使用抗辩需结合学校简称特殊性，分别从主、客观要件进行审查

在审查正当使用的构成要件时，应当对主、客观要件加以区分，分别予以认定，避免要素杂糅的情况。

在主观善意上，一般可以考虑原告权利商标的知名度、显著性，如其商标的知名度越大，则被告使用相关标识的善意越难以成立。当然，被告也可以通过主动举证对其主观善意予以证明。将对原告权利商标的审查放置在被告主观

善意的环节进行考量，可以理顺正当使用抗辩审查的不同要件，使判断标准更为统一和明晰。

而对于使用场景等客观要件的审查，可以从被告使用标识的方式、时间、频次、使用场合以及使用的合理性、必要性、相关性等方面进行审查。此外，如前所述，对于使用学校简称行为正当性的审查，还需要考虑学校层次和办学水平、地域性、历史传统三个特殊因素。

本案中，广东某大学已提交证据证明广东某大学全称自 1995 年起开始使用，后该校于 2008 年将"广外"注册为服务商标，经过多年使用及宣传推广，该商标作为该高校的品牌标志之一，具有一定的知名度和标识性，已能在相关公众中建立该商标标识与广东某大学提供的教育服务之间的联系。而广西某学院自 2011 年起才开始使用该学校全称，在 2016 年时该校设立的全资控股公司申请注册"广外"商标，该商标注册申请被驳回。据此，可以认定广西某学院在应当知晓他人在先注册有"广外"商标的情况下，仍在多处使用了"广外"简称，其行为难谓善意。

而在使用场景方面，第一，广西某学院系在其官方网站、微信公众号中使用相关简称，面对不特定公众，且无论是官网还是公众号均存在培训服务、教育服务宣传推广等商业化内容，因此该使用属于在商业环境中使用；第二，广西某学院未能提交证据证明其最早使用或持续使用"广外"简称的时间；第三，虽然广西某学院在使用"广外"字样时也同时使用了其校名全称、校徽标识，但是，结合广西某学院在其下属学院"致达教育学院""东盟法商学院"官网首页中也使用"广外"字样的行为，其使用行为的关联性、必要性不足；第四，考虑到广东某大学的办学水平及在全国范围内的美誉度较高，而"广外"在广西地区也没有形成特指"广西某学院"的稳定、唯一的地域性约定俗成的称呼，广西某学院在商业环境中使用"广外"字样的合理性有限。

综上，从主客观方面及校名简称的特殊因素分别、综合考虑，广西某学院使用"广外"标识并不具有足够的正当性基础。

（三）损害结果应为考量的"加强要件"，独立于主客观要件

在学校简称型商标纠纷的正当使用抗辩审查中，应当考虑使用行为对原告商标可能造成的损害。损害应作为行为正当性的加强要件，而非必要要件。在北京市高级人民法院的解答意见中，也未将损害结果作为认定要件。此种损害不仅可能包括混淆可能性，也包括对商标识别来源功能的实质性损害。

对此，可以从三方面进行考虑：第一，如果从前述主观和客观使用场景要件，结合地域性、历史传统等因素，能够认定被告使用相关简称的行为具有正当性、合理性，此时，即使有可能造成一定的混淆，也不应当以此认定被告的行为构成侵权，但可以要求被告在后续使用时增加相关标注或限制在一定使用

地域内。第二，如果通过主客观方面分析，被告使用简称的合理性仍然不足，而其使用行为还有可能造成一定的混淆可能，那么此时应当认定被告的使用行为属于商标性使用，不构成正当使用。第三，考虑到高校使用简称进行宣传并不主要是为了销售产品，而是为了提供相关教学、培训服务，而相关公众对于服务的来源一般不容易产生混淆，如果通过主客观方面的分析，被告使用简称的合理性基础也不充分，在此情况下可以从商标注册制度的基础角度，加强论证被告的行为造成了对注册商标专用权的其他损害。

本案中，在分析主客观要件均不能得出广西某学院使用正当性的结论的基础上，法院进一步认为，被告的行为导致广东某大学商标的显著性和其与广东某大学之间的联系被削弱，进而实质性妨碍该注册商标发挥识别服务来源的基本功能。因此，被告的行为构成商标侵权，不属于正当使用。

（一审法院合议庭成员　胡桂全　黄礼红　何燕琳
　二审法院合议庭成员　覃　龙　周　冕　覃　岚
　编写人　广西壮族自治区南宁市中级人民法院　韦丛君
　责任编辑　姚俊萍
　审稿人　丁文严）

某甲公司诉某乙公司、某陶瓷厂
侵害外观设计专利权纠纷案

——透明材料对外观设计侵权判断的影响

关键词：外观设计专利　透明材料　保护范围　侵权比对

【裁判要旨】

由透明材料制成的外观设计专利产品，其内部的可视部分应当视为该专利保护范围的一部分，属于产品整体外观的设计元素之一。如果外观设计专利产品没有限定使用透明材料，而被诉侵权产品采用的是透明材料，一般情况下产品材料的变换不会对侵权判断造成影响。但被诉侵权产品因采用透明材料，内部结构处于可见状态。具体比对时，应当按照"整体观察、综合判断"的比对原则判断被诉侵权产品的设计是否与涉案外观设计构成相同或近似。

【相关法条】

《中华人民共和国专利法》

第六十四条第二款　外观设计专利权的保护范围以表示在图片或者照片中的该产品的外观设计为准，简要说明可以用于解释图片或者照片所表示的该产品的外观设计。

《最高人民法院关于审理侵犯专利权纠纷案件应用法律若干问题的解释》

第八条　在与外观设计专利产品相同或者相近种类产品上，采用与授权外观设计相同或者近似的外观设计的，人民法院应当认定被诉侵权设计落入专利法第五十九条第二款规定的外观设计专利权的保护范围。

第十条　人民法院应当以外观设计专利产品的一般消费者的知识水平和认知能力，判断外观设计是否相同或者近似。

第十一条　人民法院认定外观设计是否相同或者近似时，应当根据授权外观设计、被诉侵权设计的设计特征，以外观设计的整体视觉效果进行综合判断；对于主要由技术功能决定的设计特征以及对整体视觉效果不产生影响的产品的材料、内部结构等特征，应当不予考虑。

下列情形，通常对外观设计的整体视觉效果更具有影响：

（一）产品正常使用时容易被直接观察到的部位相对于其他部位；

（二）授权外观设计区别于现有设计的设计特征相对于授权外观设计的其他设计特征。

被诉侵权设计与授权外观设计在整体视觉效果上无差异的，人民法院应当认定两者相同；在整体视觉效果上无实质性差异的，应当认定两者近似。

【案件索引】

一审：福建省厦门市中级人民法院（2021）闽02民初2613号（2022年2月14日）

二审：福建省高级人民法院（2022）闽民终821号（2022年5月13日）

【基本案情】

原告某甲公司（被上诉人）诉称：2019年10月10日，原告某甲公司向国家知识产权局申请名称为"泡茶器（福袋）"的外观设计专利，并于2020年6月19日授权公告并取得外观设计专利权（专利号：ZL201930549059.×），目前该专利仍合法有效。国家知识产权局针对案涉外观设计专利作出了《外观设计专利权评价报告》。该专利权评价报告显示，该外观设计专利不存在不符合《专利法》有关外观设计专利授权条件的缺陷。原告发现二被告未经原告许可，为生产经营目的，擅自实施生产、销售、许诺销售涉嫌侵犯原告专利权的产品的行为，销售数额巨大。被告的侵权行为极大地损害了原告的经济利益。二被告在天猫网店已售出侵权产品3911件、京东网店已售出1539件，合计售出5450件，每件产品合理利润70元，原告因被侵权所受到的经济损失为381500元。为维护原告合法权益，根据《专利法》第十一条、第七十一条等相关法律法规提起诉讼，请求：（1）判令二被告立即停止生产、销售、许诺销售侵害原告外观设计专利权（专利号：ZL201930549059.×）的泡茶器；（2）判令二被告销毁侵权产品；（3）判令二被告赔偿原告经济损失394421.60元（包含维权合理支出12921.60元），并承担本案诉讼费。

被告某乙公司（上诉人）辩称：

1. 被诉侵权产品未落入案涉外观设计专利的保护范围，被告不存在侵权行为。案涉外观设计专利为成套外观设计专利。套件1为泡茶器，套件2是茶杯。专利权人在提交案涉外观设计专利申请时，外观设计产品名称为"福袋泡茶器"，后应要求补正修改为"泡茶器（福袋）"。"福袋"是指日本商家在新年前后将多件商品装入不透明的袋子或不透明的纸盒中，在消费者无法看到具体商品的情况下进行搭配销售的一种促销包装方式。这种装有多件商品的袋子或者纸盒被称为"福袋"。案涉专利设计的要点在于将"福袋"这种软袋包装的设计特征引入泡茶器外观设计的形状与图案结合中。案涉外观设计从上至下分为四部分，即"具有一个略为突出的盖钮顶盖""手拿部""出水口""茶水收纳部"。根据案涉外观设计的照片，其顶盖包括一个整体成型的稍凸起的盖钮，盖钮与顶盖强调一体感，盖钮上有类似封印的凸凹图案。该顶盖整体覆盖在泡茶器上，从视线上遮住茶叶过滤杯，从外观上看不到茶叶过滤杯的杯沿部分，即一体感的顶盖与公道杯杯体形成一个整体感的"袋子"。案涉外观设计顶盖下的手拿部相当于"福袋"上被扎紧的部分。手拿部 U 形的防烫套环略微超过手拿部外圈的一半，但远离出水口处，留出较大空白区，可自由拆卸，案涉外观设计出水口的设计比较圆融，为一圆嘴形，保持了"福袋"的布质柔软质感。手拿部下面茶水收纳部为长短不齐、凹凸不平的不规则布袋褶皱设计，体现出"福袋"柔软的布质褶皱感。因为泡茶器在使用时不可避免地要拿起来并且需要翻转，因此泡茶器底部设计也是容易被一般消费者观察到的部分。案涉外观设计的底部非透明，形状是光滑的圆弧形，底部有收小的突出圆形垫圈，放置于桌上有悬浮感。综上，案涉外观专利从各个设计元素到整体的非透明外观，均体现出模仿新年"福袋"，形成了其强调"被密封且被隐藏内部""鼓起来的袋子"的外观设计要点。与案涉外观专利对比，被诉侵权产品整体上不是四个部分，而是自上而下结构上分为六个部分，即顶盖抓纽部、顶盖部、茶叶过滤杯外翻圈、手拿部、茶叶过滤杯、透明茶水收纳部。泡茶器整体上是一个透明的公道杯，从外部各个方向上均可以观察到内部茶叶过滤杯，茶叶过滤杯的外翻圈外露，较小的顶盖镶嵌在茶叶过滤杯的外翻圈内，与案涉外观专利的外观整体上存在显著区别。被诉侵权产品的顶盖抓纽为上宽下细的形状，固定装配入顶盖，与顶盖之间具有明显的分离感。顶盖面积较小，嵌入了茶叶过滤杯部。茶叶过滤杯部的外翻圈较宽，外翻圈占俯视图的整体比例接近三分之一，与顶盖有明显缝隙，形成与案涉外观专利顶盖与杯体一体化所强调的整体感显著不同的视觉效果。从透明的手拿部和茶水收纳部可清楚地看到茶水过滤杯的外翻圈下面延伸有茶水过滤杯的杯体部分；而案涉外观设计既看不到过滤杯的外翻圈，也看不到茶水过滤杯。手拿部为整体上透明的公道杯的一部分，也为透明设计，手拿部的防烫套环虽然也设计为 U 形，但此种防烫套环因出水口形成的障碍，从功能上就不可能设计为 O 形。被诉侵权产品手拿部的 U 形防烫套环一直延展到出水口，与案涉外观设计有明显区别。鉴于现有设计中已有大量 U 形防烫套环存在，U 形防烫套环并非设计要点。被诉侵权产品的出水口为类似等边三角形的尖形设计，为尖嘴，与案涉专利的出水口存在很大差异。被诉侵权产品的茶水收纳部分为完全透明设计，从外部观察，可清楚地看到内部的茶水过滤杯，二者视觉效果存在极大差异。泡茶器在使用时不可避免地要拿起来并且需要翻转，翻转时因被诉侵权产品的底部是透明的，所以从外观上可以清楚地看到内部的茶叶过滤杯的侧部和底部，对外观造成显著影响。被诉侵权产品的透明并且规则的上下凸凹直纹最后形成了平坦的底部，与案涉外观设计的悬浮感的底部存在显著差异。综上，被诉侵权产品外观整体透明，顶盖嵌入茶叶过滤杯，从外部可以清楚地看到茶叶过滤杯。因此，从二者外观设计的整体视觉效果进行综合判断，被诉侵权泡茶器套件 1 的外观与案涉外观设计套件 1 的区别显著，在产品正常使用时容易被直接观察到的部位存在显著差异，对于一般消费者来说，该差别对外观设计的整体视觉效果产生了显著影响，两者具有实质性差异。套件 2 的茶杯与被诉侵权产品的茶杯完全不同，因此，原告关于被告产品侵权的主张不能成立。

2. 原告主张被告销售 5450 件，每件获利 70 元，没有事实依据。被告在天猫"某说旗舰店"和京东"某说官方旗舰店"上销售被诉侵权产品。两店销售数量未达到原告所称的数量。被告每件产品销售价为 128 元，产品本身的进价成本为 65 元左右，该款产品销售链接的平台推广费用在 25%，人员工资成本占25%。被告销售该款产品的目的是获得消费者流量，以成本价在销售，被告未从该产品的销售中获利。原告类似规格产品在京东上的销售价格是 249 元，按原告利润率的推理方式，该产品的成本约为销售价的 55%，也就是 137 元左右。从此情况也可看出，被告以 128 元销售被诉侵权产品，是没有从中获利的。

3. 原告主张其经济损失 381500 元，要求被告依此金额进行赔偿，没有事实依据。首先，原告认为其推定的被告获利即为其损失，没有事实依据。经被告对在天猫和京东上搜索，仅有京东上有销售"大某窑"的产品，而且没有案涉外观专利的产品。原告案涉外观专利的商品市场价值低。其次，如法院认为被告侵权，原告因侵权所受到的实际损失及侵权人因侵权所获得的利益均难以确定，应综合考量本案专利性质、侵权行为的性质和情节、被诉侵权产品单价及案涉外观设计专利市场价值等因素，酌情确定赔偿金额。本案应综合考虑权利人的专利为外观设计专利；被告非故意侵权，并且在收到《专利无效决定书》当日即下架了所有被诉销售链接，未再销售；被告从被诉侵权行为中未获利，原告案涉专利市场价值低等因素。故原告要求直接以其推定的被告获利情况为赔偿金额，无事实依据。综上所述，原告诉求不成立，请求驳回原告全部诉讼请求。

被告某陶瓷厂（上诉人）辩称：案涉侵权产品是二被告共同销售的，没有生产行为，其余答辩意见与被告某乙公司一致。

法院经审理查明：原告某甲公司于 2019 年 10 月 10 日向国家知识产权局申请了名称为"泡茶器（福袋）"的外观设计专利，并于 2020 年 6 月 19 日获得授权公告，专利号为 ZL201930549059.×，设计人为郑某，专利权人为某甲公司。国家知识产权局于 2021 年 5 月 7 日就涉案专利出具的《外观设计专利权评价报告》载明：初步结论为"全部外观设计未发现存在不符合授予专利权条件的缺陷"；对初步结论的具体说明和解释为"本专利与对比的其他现有设计在产品设计上存在明显区别，对于一般消费者来说，该差别对外观设计的整体视觉效果产生了显著影响，本专利与对比的其他现有设计相比均具有显著差异"；专利简要说明为"产品用途为用于泡茶用的茶具，设计要点为产品的形状与图案的结合，最能表明设计要点的图片或照片为组合状态参考图"。涉案专利产品的组合状态为：套件 1，即泡茶器主体；套件 2，即 3 个可叠合的茶杯。

原告经公证购买，获得被诉侵权产品便携式茶具一套。被诉侵权产品所附合格证印有"委托方：某乙公司""生产商：某陶瓷厂"等字样。

庭审中将被诉侵权产品实物与涉案专利产品实物比对，被诉侵权设计与涉案外观设计相似点如下：（1）整体形状近似，二者均采用"'圆柱 + 扁鼓'形杯身 + U 形防烫套环"设计，茶海上部为圆柱体，端口设有一鸟嘴状出水口，茶海下部均为扁鼓形且周面均分布竖向条纹；（2）结构布局近似，二者的茶海上、下部连接处均有台阶，U 形防烫套环具有开口，套设于茶海台阶与顶沿之间的圆柱体上，出水口对应于防烫套环开口，且各部分的位置、比例大致相同；（3）套件设计近似，过滤内胆通过凸沿套置在茶海中，杯盖盖设于过滤内胆端口上，杯盖为圆盘体且设有提纽。二者主要区别点在于：（1）被诉侵权设计的茶海采用玻璃透明材料，涉案专利的茶海采用非透明材料；（2）被诉侵权设计的防烫套环表面设有仿木纹图案，涉案专利无此设计；（3）被诉侵权设计的杯盖盖设于过滤内胆的端口中，涉案专利的杯盖盖设于过滤内胆的端口上；涉案专利的杯盖提纽顶面设有图案，被诉侵权设计无此设计；二者提纽形状存在区别（两款产品实物参见图 1）。

被诉侵权产品　　　　　　　　　涉案专利产品

图 1　案涉两款产品实物图

【裁判结果】

福建省厦门市中级人民法院于2022年2月14日作出（2021）闽02民初2613号民事判决：一、被告某乙公司、某陶瓷厂立即停止生产、销售、许诺销售侵害原告某甲公司专利号为"ZL201930549059.×"、名称为"泡茶器（福袋）"的外观设计专利权产品，并销毁库存侵权产品；二、被告某乙公司、某陶瓷厂自判决发生法律效力之日起10日内赔偿原告某甲公司经济损失及合理费用共计45000元；三、驳回原告某甲公司其他诉讼请求。

宣判后，某乙公司、某陶瓷厂不服提起上诉。福建省高级人民法院于2022年5月13日作出（2022）闽民终821号民事判决：驳回上诉，维持原判。

【裁判理由】

法院生效裁判认为，本案二审争议的焦点是：（1）被诉侵权设计是否落入涉案专利权的保护范围，某乙公司、某陶瓷厂的涉案被诉行为是否侵害涉案专利权；（2）如侵权成立，一审判决确定的赔偿数额是否合理。

关于争议焦点（1）。《专利法》第六十四条第二款规定："外观设计专利权的保护范围以表示在图片或者照片中的该产品的外观设计为准，简要说明可以用于解释图片或者照片所表示的该产品的外观设计。"《最高人民法院关于审理侵犯专利权纠纷案件应用法律若干问题的解释》第八条规定，在与外观设计专利产品相同或者相近种类产品上，采用与授权外观设计相同或者近似的外观设计的，人民法院应当认定被诉侵权设计落入外观设计专利权的保护范围。第十条规定："人民法院应当以外观设计专利产品的一般消费者的知识水平和认知能力，判断外观设计是否相同或者近似。"第十一条规定："人民法院认定外观设计是否相同或者近似时，应当根据授权外观设计、被诉侵权设计的设计特征，以外观设计的整体视觉效果进行综合判断；对于主要由技术功能决定的设计特征以及对整体视觉效果不产生影响的产品的材料、内部结构等特征，应当不予考虑。下列情形，通常对外观设计的整体视觉效果更具有影响：（一）产品正常使用时容易被直接观察到的部位相对于其他部位；（二）授权外观设计区别于现有设计的设计特征相对于授权外观设计的其他设计特征。被诉侵权设计与授权外观设计在整体视觉效果上无差异的，人民法院应当认定两者相同；在整体视觉效果上无实质性差异的，应当认定两者近似。"《最高人民法院关于审理侵犯专利权纠纷案件应用法律若干问题的解释（二）》第十五条规定："对于成套产品的外观设计专利，被诉侵权设计与其一项外观设计相同或者近似的，人民法院应当认定被诉侵权设计落入专利权的保护范围。"

本案中，被诉侵权产品与涉案专利产品同为泡茶器，属于相同种类产品，可以进行比对。被诉侵权产品与涉案专利套件1的外观均由杯盖和茶海组成，这些部位均是容易被直接观察到的。二审中，各方当事人对一审查明认定的被诉侵权设计与涉案专利套件1的异同点均无异议。经比对，二者的整体形状及结构布局均相似，仅在茶海是否为透明材料、茶海U形防烫套环是否有木纹图案、杯盖盖设方式、杯盖提纽形状及提纽顶面是否有图案等方面存在区别。某乙公司、某陶瓷厂上诉认为茶海是否为透明材料对该产品的整体视觉效果具有显著影响。对此，法院认为，涉案专利的简要说明中并未特别写明产品的外观设计由透明材料制成，表明专利权人并没有排除透明材料的使用。被诉侵权设计中的茶海虽为透明玻璃材料，可由于茶海上部不透明U形防烫套环和下部竖向条纹设计的影响，在使用状态下，茶海内的过滤内胆并非清晰可见，这种非肉眼清晰可见的内部结构对产品外观的整体视觉效果不会产生显著影响。且涉案专利的设计要点为产品的形状与图案的结合，产品的材料对该产品整体形状和图案的影响甚微。所以，以一般消费者的知识水平和认知能力判断，被诉侵权设计与涉案专利套件1的前述区别对整体视觉效果不会产生显著影响，二者在整体视觉效果上无实质性差异。根据前述规定，被诉侵权设计与涉案外观设计套件1构成近似，落入涉案专利权的保护范围。某乙公司、某陶瓷厂生产、销售、许诺销售被诉侵权产品的行为侵害涉案外观设计专利权，依法应承担停止侵权、赔偿损失的法律责任。某乙公司、某陶瓷厂有关被诉侵权设计未落入涉案专利权保护范围，其不构成专利侵权的上诉理由事实和法律依据不足，法院不予采纳。

关于争议焦点（2）。鉴于本案现有证据无法证明某甲公司因被侵权所受到的实际损失或某乙公司、某陶瓷厂因侵权所获得的利益，也无涉案专利许可使用费可供参照，一审适用法定赔偿方式确定赔偿金额并无不当。综合考虑涉案专利权的类型、某乙公司、某陶瓷厂侵权的主观过错程度、被诉侵权产品的售价与网页显示销量，以及某甲公司为制止本案侵权行为所支出的合理费用等因素，一审确定由某乙公司和某陶瓷厂赔偿某甲公司经济损失及合理费用共计45000元，是恰当的。

【案例注解】

由于产品外观设计越来越得到消费者青睐，外观设计元素也更加多样化，对于伴有透明及不透明材质的设计元素组合及变化，对专利保护范围的确定以及对整体视觉效果和侵权判断产生怎样的影响值得认真探讨和分析。

一、外观设计专利侵权比对的基本原则和裁判思路

《最高人民法院关于审理侵犯专利权纠纷案件应用法律若干问题的解释》第八条规定："在与外观设计专利产品相同或者相近种类产品上，采用与授权外观设计相同或者近似的外观设计的，人民法院应当认定被诉侵权设计落入专利法第五十九条第二款规定的外观设计专利权的保护范围。"第十条规定："人民法院应当以外观设计专利产品的一般消费者的知识水平和认知能力，判断外观设计是否相同或者近似。"第十一条规定："人民法院认定外观设计是否相同或者近似时，应当根据授权外观设计、被诉侵权设计的设计特征，以外观设计的整体视觉效果进行综合判断；对于主要由技术功能决定的设计特征以及对整体视觉效果不产生影响的产品的材料、内部结构等特征，应当不予考虑。下列情形，通常对外观设计的整体视觉效果更具有影响：（一）产品正常使用时容易被直接观察到的部位相对于其他部位；（二）授权外观设计区别于现有设计的设计特征相对于授权外观设计的其他设计特征。被诉侵权设计与授权外观设计在整体视觉效果上无差异的，人民法院应当认定两者相同；在整体视觉效果上无实质性差异的，应当认定两者近似。"根据司法解释的上述规定，可以认为一般情况下，一件产品材质上的变换并不会对产品整体外观设计与专利的近似判断构成影响，但透明材料则具有一定的特殊性，主要原因在于透明材料的使用会使产品的内部结构在一定程度上得到呈现，从而对确定专利的保护范围以及判断产品的外观近似构成一定的影响。

二、专利设计采用透明材料对确定外观设计专利保护范围的影响

《专利法》第二条第四款规定："外观设计，是指对产品的整体或者局部的形状、图案或者其结合以及色彩与形状、图案的结合所作出的富有美感并适于工业应用的新设计。"第六十四条第二款规定："外观设计专利权的保护范围以表示在图片或者照片中的该产品的外观设计为准，简要说明可以用于解释图片或者照片所表示的该产品的外观设计。"前述规定可理解为，外观设计专利保护的是产品的形状、图案、色彩等所形成的产品外部视觉效果，而产品外壳之内的结构，或者产品的结构、用途、功能不属于外观设计专利的保护范围。通常而言，材料作为非外观特征，不能用来确定外观设计专利权的保护范围。《北京市高级人民法院专利侵权判定指南（2017）》第七十条规定："对整体视觉效果不产生影响的产品的大小、材料、内部结构，应当排除在外观设计专利权的保护范围之外。"

但如前所述，透明材料的使用具有特殊性。对于授权专利设计采用透明材

料时，是否对专利保护范围产生影响，《专利法》及相关司法解释均没有作出特别规定。对此，可以参考《专利审查指南》的相关规定作为确定专利保护范围的依据。《专利审查指南》第一部分第三章 4.3 简要说明一节中规定："如果产品的外观设计由透明材料或者具有特殊视觉效果的新材料制成，必要时应当在简要说明中写明。"实践中还有一种情况需要注意的是，专利简要说明虽然没有特别写明使用透明材料，但是如果专利视图中明确展示了产品的内部结构，则显然使用的是透明材料，也可以认定内部结构亦属于专利保护范围。《专利审查指南》第四部分第五章 5.2.3 中规定："在对比时应当仅以产品的外观作为判断的对象，考虑产品的形状、图案、色彩这三个要素产生的视觉效果……对于外表使用透明材料的产品而言，通过人的视觉能观察到的其透明部分以内的形状、图案和色彩，应当视为该产品的外观设计的一部分。"由于透明材料的特殊性质，在判断过程中应当区分不同情况，根据专利的简要说明和专利权人对透明材料的权利要求，保护使产品整体视觉效果产生显著性、新颖性和美感的透明材料，防止侵权人利用透明材料的替换来扩大或缩小外观设计专利的保护范围。① 在韩某与深圳市某有限公司侵害外观设计专利权纠纷申请一案中，最高人民法院认为：如果授权外观设计没有在简要说明中作特别说明，一方面表明专利权人对材料的使用没有特别限定，并没有排除透明材料的使用，但同时也意味着专利权人不要求保护由透明材料或者具有特殊视觉效果的新材料制成的产品所带来的不一样的特别的外观设计。②

三、采用透明材料对侵权比对的影响

这里可以区分两种情况：一是授权专利使用了透明材料，被诉侵权设计采用不透明材料。二是授权专利没有限定使用透明材料，被诉侵权设计采用透明材料或者具有特殊视觉效果的新材料。前述情况下，判断被控侵权产品与授权外观设计是否相同或者近似时，仍需依据《最高人民法院关于审理侵犯专利权纠纷案件应用法律若干问题的解释》第十一条的规定，即按照"整体观察、综合判断"的基本原则，根据授权外观设计、被诉侵权设计的设计特征，以外观设计的整体视觉效果进行综合判断。如果被诉侵权产品仅是在授权外观设计的基础上作材料的简单变换，其产品整体视觉效果与授权外观设计相比无差异或者无实质性差异的，被诉侵权产品落入外观设计专利的保护范围；如果材料的特别使用使得被诉侵权产品的整体视觉效果与授权外观设计明显不同，则

① 陈子朝：《透明材料对外观设计保护范围的影响》，载"华政东方知识产权"微信公众号，2018 年 11 月 7 日。
② 参见最高人民法院（2014）民申字第 1367 号民事裁定书。

两者不近似。判断时，通过透明材料可以观察到的产品的内部结构应作为该产品的外观设计的一部分予以考虑。《北京市高级人民法院专利侵权判定指南（2017）》第九十一条规定："将不透明材料替换为透明材料，或者将透明材料替换为不透明材料，且仅属于材料特征的变换，未导致产品外观设计发生明显变化的，在判断外观设计的相同相近似时，应不予考虑。但是，如果透明材料使得该产品外观设计的美感发生了变化，导致一般消费者对该产品的整体视觉效果发生变化的，则应当予以考虑。被诉侵权产品系将不透明材料替换为透明材料，通过透明材料可以观察到的产品内部的形状、图案、色彩，应当视为该产品的外观设计的一部分。"在广东某桦智能科技公司与揭阳市某意家居用品公司侵害外观设计专利权纠纷一案中，最高人民法院认定：对于外表使用透明材料的产品而言，通过视觉能观察到的其透明部分以内的形状、图案和色彩，应当视为该产品的外观设计的一部分。由于涉案专利盒体使用半透明材料，两款被诉侵权产品盒体均使用不透明材料，该种不同材料的使用使得两款被诉侵权产品的整体视觉效果与涉案专利设计存在明显区别。以涉案专利产品的一般消费者的知识水平和认知能力进行整体观察、综合判断，上述区别设计特征对整体视觉效果具有显著影响，两款被诉侵权产品的设计均与涉案专利设计存在实质性差异，二者不构成近似。① 在某鑫机械有限公司与吴某等侵害外观设计专利权纠纷一案中，上海市高级人民法院认定：外观设计专利侵权判断遵循"整体观察、综合判断"的基本方法。被诉侵权设计的产品外表使用透明材料，相对于授权外观设计而言，会给一般消费者带来不同的视觉感观，但是否必然导致二者不相同或不近似，不能一概而论。判断时需要将一般消费者可观察到的透明部分以内的形态、图案和色彩视为被诉侵权设计的一部分，比较其与授权外观设计相同和相异部分在整体视觉感观上的效果，并结合公共政策因素的考量，综合判断得出侵权与否的结论。②

透明材料的使用对外观设计整体视觉效果的具体影响还需要区分不同场景。第一种是透明材料之下是否存在能被观察到的结构。（1）透明材料之下不存在能被观察到的结构。包括透明材料为半透明而导致内部的结构无法被清楚地观察到，或透明材料之下没有结构。此时只需考虑该部分透明材料特征自身对整体视觉效果的影响。（2）透明材料之下存在能被观察到的结构。透明材料之下的内部结构如果可以被直接观察到，则内部结构可以被纳入外观设计的保护范围。在透明材料之下的内部结构可以被直接观察到的情况下，此结构对于消费者对外观设计的感知会产生较大影响，会使外观设计的整体视觉效果

---

① 参见最高人民法院（2020）最高法民申5783号民事裁定书。
② 参见上海市高级人民法院（2022）沪民终38号民事判决书。

发生显著差异。此时根据整体比较、综合判断的方法,应当将内部结构视为外观设计的一部分。第二种是透明材料的使用是否为惯常设计。若透明材料使得其内部的结构能被直接观察到,此时也要对这些能观察到的部分进行具体判断。在通过人眼能够观察到透明材料特征部分内的形状、图案和色彩的情形中,也还是要具体分析透过透明材料特征观察到的这些部分对于整体视觉效果的影响,如果所观察到的部分是惯常设计或者不具有显著视觉效果,则在比较时所考量的比重要小,反之则会对外观设计相同相近似比较产生较大比重的影响。①

综上,外表使用透明材料时,若内部无形状、图案、色彩等设计要素,或内部设计要素过于简单,或者内部设计要素可以通过其他视图显示,或者属于惯常设计,或者内部设计要素在产品整体中所占比重较小,或者产品正常使用时不容易被直接观察到等,则外表使用透明材料对于产品的整体视觉效果不会产生明显影响,仅以此无法影响外观设计的相同相近似的判断。

具体到本案,被诉侵权产品与涉案专利套件1外观均由杯盖和茶海组成,均是容易被直接观察到的部位。经比对,二者的整体形状及结构布局均相似,仅在茶海是否为透明材料、茶海U形防烫套环是否有木纹图案、杯盖盖设方式、杯盖提纽形状及提纽顶面是否有图案等方面存在区别。涉案专利的简要说明中并未特别写明产品的外观设计由透明材料制成,表明专利权人并没有排除透明材料的使用。被诉侵权设计中的茶海虽为透明玻璃材料,可由于茶海上部不透明U形防烫套环和下部竖向条纹设计的影响,在使用状态下,茶海内的过滤内胆并非清晰可见,这种非肉眼清晰可见的内部结构对产品外观的整体视觉效果不会产生显著影响。且涉案专利的设计要点为产品的形状与图案的结合,产品的材料对该产品整体形状和图案的影响甚微。所以,以一般消费者的知识水平和认知能力判断,被诉侵权设计与涉案专利套件1的前述区别对整体视觉效果不会产生显著影响,二者在整体视觉效果上无实质性差异。被诉侵权设计与涉案外观设计套件1构成近似,落入涉案专利权的保护范围。

（一审法院合议庭成员 张水波 江 伟 李 隽
二审法院合议庭成员 蔡 伟 张丹萍 曹慧敏
编写人 福建省高级人民法院 蔡 伟 张丹萍
责任编辑 姚俊萍
审稿人 丁文严）

---

① 陈子朝:《透明材料对外观设计保护范围的影响》,载"华政东方知识产权"微信公众号,2018年11月7日。

M×荷兰公司诉宁波某车业有限公司、上海某汽车贸易有限公司侵害发明专利权纠纷案

——专利侵权案件惩罚性赔偿的适用

关键词：知识产权　专利权　侵权获利　惩罚性赔偿

【裁判要旨】

被告明知被诉侵权产品落入涉案专利权保护范围，仍继续实施侵权行为，且侵权规模巨大；同时在诉讼中作不实陈述，未履行在先生效判决，属于故意实施侵犯涉案专利权的行为，且情节严重，应承担惩罚性赔偿责任。

【相关法条】

《中华人民共和国专利法》

第七十一条第一款　侵犯专利权的赔偿数额按照权利人因被侵权所受到的实际损失或者侵权人因侵权所获得的利益确定；权利人的损失或者侵权人获得的利益难以确定的，参照该专利许可使用费的倍数合理确定。对故意侵犯专利权，情节严重的，可以在按照上述方法确定数额的一倍以上五倍以下确定赔偿数额。

【案件索引】

一审：上海知识产权法院（2021）沪73知民初612号（2022年8月30日）
二审：最高人民法院（2022）最高法知民终2892号（2023年5月19日）

【基本案情】

原告M×荷兰公司（以下简称M×公司）诉称：M×公司是第ZL01819322.×

号名称为"运动机构"的发明专利的专利权人，依法享有专利权。被告宁波某车业有限公司（以下简称某车业公司）自 2013 年就开始生产、销售侵犯涉案专利的产品型号为 JCDES - 22118 的镜面驱动器。2016 年 9 月，M×公司以某车业公司 2013 年及 2016 年生产、销售的型号为 JCDES - 22118 的镜面驱动器侵犯涉案专利为由，向北京知识产权法院提起专利侵权诉讼，该案一审判决驳回 M×公司诉请，后二审改判某车业公司向 M×公司承担赔偿损失的民事责任。在 M×公司提起前述诉讼之后，某车业公司并未停止生产、销售上述 JC-DES - 22118 镜面驱动器产品。M×公司后续购买到的产品与前述案件中的产品结构完全相同，至少具备涉案专利的权利要求 2、6、7 的全部技术特征，落入涉案专利权的保护范围，某车业公司应承担相应的侵权责任。且某车业公司侵权恶意明显，情节严重，本案应适用惩罚性赔偿制度。被告上海东某汽车贸易有限公司（以下简称某汽车贸易公司）销售了侵害涉案专利权的产品，亦应承担相应的侵权责任。因此，M×公司诉至法院，请求法院判令：某车业公司、某汽车贸易公司停止侵权，某车业公司向 M×公司支付侵权赔偿金以及 M×公司为制止侵权行为所支付的合理开支共计人民币（以下币种相同）3000 万元，某汽车贸易公司向 M×公司支付侵权赔偿金以及 M×公司为制止侵权行为所支付的合理开支共计 50 万元。案件审理过程中，M×公司以涉案专利权到期为由，撤回有关停止侵权的诉讼请求。

某车业公司辩称：（1）M×公司递交起诉状的时间为 2021 年 4 月 2 日，故 M×公司有关某车业公司 2018 年 4 月 2 日之前销售被诉侵权产品的赔偿请求已超过诉讼时效。（2）M×公司公证购买的涉案三款被诉侵权产品均非某车业公司制造。（3）M×公司主张的赔偿数额明显过高，涉案专利的专利贡献度极低且本案不适用惩罚性赔偿制度。即使适用惩罚性赔偿，计算赔偿数额的基数也应为 65726.56 元。

某汽车贸易公司辩称：被诉侵权产品来源于某汽车集团股份有限公司乘用车公司，某汽车贸易公司对此已尽到合理注意义务，不应当承担赔偿责任。

法院经审理查明：M×公司系名称为"运动机构"（专利号：ZL01819322.×）发明专利的专利权人，其分别于 2018 年、2020 年、2021 年通过不同渠道购买某车业公司制造、销售的被诉侵权产品，其中，2020 年系购买自某汽车贸易公司经营的 4S 店。

M×公司曾于 2016 年以某车业公司 2016 年 9 月 18 日之前制造、销售的被诉产品侵犯涉案专利权为由，向北京知识产权法院提起诉讼。2019 年 2 月 25 日，北京知识产权法院一审认定 M×公司于 2013 年购买的产品系某车业公司制造，且落入涉案专利权的保护范围，但 M×公司提起该案诉讼已过诉讼时效，且 M×公司未能举证证明其于 2016 年购买的产品系由某车业公司制造，故判决某车业公司不承担侵权责任。M×公司提起上诉。最高人民法院于2020年8月20日作出二审判决认为，M×公司于2016年购买的产品系由某车业公司生产，M×公司于2013年6月24日、2015年6月17日、2015年11月3日分别发送的侵权警告函已经送达某车业公司，M×公司的起诉并未超过诉讼时效，故改判某车业公司赔偿M×公司61万元。2020年10月12日，上述最高人民法院判决书送达某车业公司。

根据法院从税务局调取的相关发票，当事人确认2016年9月19日至2021年11月19日期间，某车业公司销售被诉侵权产品的含税销售金额总计137549258.20元，其中，有一张发票的开票时间在前述最高人民法院判决书送达某车业公司之后。由中华人民共和国工业和信息化部指导、中国汽车技术研究中心有限公司与中国汽车工业协会联合主办的《中国汽车工业年鉴》2021年版中有"2020年中国汽车零部件产业发展综述"一文，文中介绍2020年中国汽车零部件产业产品利润率约为6.5%。

【裁判结果】

上海知识产权法院于2022年8月30日作出（2021）沪73知民初612号民事判决：一、某车业公司于判决生效之日起10日内赔偿M×公司经济损失12069947.40元，以及为维权所支出的合理开支15万元；二、某汽车贸易公司就上述第一项判决中M×公司为维权所支出的合理开支中的1万元承担连带赔偿责任；三、驳回M×公司的其余诉讼请求。

宣判后，M×公司、某车业公司提出上诉。最高人民法院于2023年5月19日作出（2022）最高法知民终2892号民事判决：驳回上诉，维持原判。

【裁判理由】

法院生效裁判认为：M×公司于2018年、2020年、2021年购买到的被诉侵权产品均为某车业公司制造，且被诉侵权产品落入涉案专利权保护范围，某车业公司应承担相应赔偿责任。关于赔偿数额，首先，根据2016年9月19日至2021年11月19日期间被诉侵权产品的含税销售额，结合我国汽车零部件产品6.5%的利润率以及涉案专利贡献率，确定某车业公司因侵权获益为4023315.80元。其次，考虑到M×公司在提起前案诉讼之前，曾三次向某车业公司发送侵权警告函；在北京知识产权法院明确认定被诉侵权产品落入涉案专利保护范围的情况下，某车业公司并未停止实施侵权行为；被诉侵权产品与涉案专利系构成相同侵权，某车业公司作为专业生产汽车零部件的公司，其制造被诉侵权产品应知晓涉案专利的存在；某车业公司在前案诉讼及本案诉讼中均存在诉讼不诚信行为；在某车业公司收到前案最高人民法院生效判决后，仍继续实施侵权行为等因素，足以说明某车业公司故意实施侵犯涉案专利权的行为，且情节严重，应当承担惩罚性赔偿责任，并确定予以 2 倍赔偿。因此，本案判决某车业公司赔偿 M×公司经济损失 12069947. 40 元以及合理开支 15 万元。被告某汽车贸易公司作为具有合法来源的销售商就合理开支中的 1 万元承担连带赔偿责任。

【案例注解】

知识产权惩罚性赔偿制度的确立是我国加大知识产权保护力度的重要体现，对于遏制故意侵权行为具有重大意义。2020 年修正的《专利法》增设了惩罚性赔偿责任制度，目前司法实践中适用惩罚性赔偿的专利侵权案件较少。如何准确把握专利侵权案件中惩罚性赔偿的适用条件，是此类案件需要解决的问题。

一、惩罚性赔偿的适用条件

《专利法》第七十一条第一款规定："侵犯专利权的赔偿数额按照权利人因被侵权所受到的实际损失或者侵权人因侵权所获得的利益确定；权利人的损失或者侵权人获得的利益难以确定的，参照该专利许可使用费的倍数合理确定。对故意侵犯专利权，情节严重的，可以在按照上述方法确定数额的一倍以上五倍以下确定赔偿数额。"《最高人民法院关于审理侵害知识产权民事案件适用惩罚性赔偿的解释》（以下简称《惩罚性赔偿解释》）第一条第一款规定："原告主张被告故意侵害其依法享有的知识产权且情节严重，请求判令被告承担惩罚性赔偿责任的，人民法院应当依法审查处理。"根据上述规定，适用惩罚性赔偿需要同时满足主客观两方面的要件，主观要件为"故意"，客观要件为"情节严重"。故意是指行为人明知自己的行为会造成损害后果而希望或者放任结果发生的主观状态。情节严重主要针对行为人的手段方式及其造成的后果等客观方面。《惩罚性赔偿解释》第三条、第四条分别对符合该两项要件的情形进行了列举，但也均设定了兜底条款。这给惩罚性赔偿的适用留有了空间，但在具体案件的适用中仍应合理把握尺度，防止惩罚性赔偿的滥用。对于专利侵权案件中适用惩罚性赔偿应从主客观两方面考量以下主要因素：

关于主观要件，即对于侵犯专利权的故意的认定，应综合考虑涉案专利权的状态、侵权人对于涉案专利的存在是否知晓、侵权人对于侵权是否有判断能力、侵权人是否有企图隐瞒侵权的行为等因素，在侵权人明知被诉侵权产品落入涉案专利权保护范围的情况下而实施的侵权行为，应认定属于故意侵权。本案中，首先，被告的被诉行为发生在原告专利权有效期内，且原告曾三次向被告发送侵权警告函，即被告知晓涉案专利的存在。其次，侵权产品与涉案专利系构成相同侵权，被告作为专业生产汽车零部件的公司有判断侵权的能力，且在先判决已认定被告产品落入涉案专利权的保护范围。最后，被告在两次诉讼中均存在否认实施制造侵权产品，以及未主动履行在先生效判决的不诚信行为。因此，本案被告在知晓涉案专利且明知其产品落入涉案专利权保护范围的情况下而实施侵权行为，符合故意侵权的主观要件。

关于客观要件，即对于侵犯专利权情节严重的认定，应综合考虑侵权方式、侵权次数及侵权行为的持续时间、规模、后果等因素。本案中，首先，在前案生效判决作出后，被告仍继续实施侵犯原告专利权的行为。其次，虽然前案一审因诉讼时效等原因未判决被告承担侵权责任，但在该判决作出后，被告未提出上诉，此时被告产品落入原告涉案专利权保护范围的认定已经明确且不存在争议，且本案中，被告对于被诉侵权产品落入涉案专利保护范围亦不持异议，此种情况下，被告仍继续实施侵权行为，与《惩罚性赔偿解释》中"因侵权被行政处罚或者法院裁判承担责任后，再次实施相同或者类似侵权行为"从本质上而言是相同的。最后，被告系侵权产品的制造商，侵权获利达400余万元，数额巨大。因此，本案被告在被法院认定侵权的情况下，继续实施侵权行为，且数额巨大，符合情节严重的客观要件。

综上，结合以上主客观要件，被告明知被诉侵权产品落入涉案专利权保护范围，仍继续实施侵权行为的，属于故意实施侵犯涉案专利权的行为，且情节严重，应承担惩罚性赔偿责任。

二、惩罚性赔偿基数的确定

根据《专利法》第七十一条的规定，惩罚性赔偿数额的确定首先需要明确权利人因被侵权所受到的实际损失或者侵权人因侵权所获得的利益，在权利人的损失或者侵权人获得的利益难以确定的情况下，也需要有可参照的专利许可使用费。赔偿金额基数确定难是导致实践中惩罚性赔偿制度适用较少的重要原因。这一问题需要从两方面进行解决：一方面，适度加强法院依职权调取证据的力度。由于与侵权行为相关的财务资料主要由侵权人掌握，除非被告提供，否则难以确认侵权获利。除强化证明妨碍制度的适用外，法院可以向网络平台、税务机关等第三方机构调取有关被诉侵权产品销售情况的资料，从而更为准确地计算出被告的侵权获利。例如本案中，法院通过向税务机关调取涉及被诉侵权产品的销售发票，以此作为确定赔偿金额的基础。另一方面，适度降低惩罚性赔偿金额基数确定因素的精度。实践中，要精确计算出侵犯知识产权的损失或获利基本上是难以实现的，对此可以通过已查明的侵权产品的销售金额，乃至侵权人对外宣称的经营业绩，并结合较为权威的行业利润率，考量专利贡献率后予以确定。本案中，在确定了被诉侵权产品销售金额的基础上，结合较为权威的行业利润率，考量专利贡献率，合理计算得出被告的侵权获利，明确了惩罚性赔偿的基数。

（一审合议庭组成人员　范静波　叶菊芬　顾月琴
二审合议庭组成人员　刘晓军　周　平　陈瑞子
编写人　上海知识产权法院　范静波　陈蕴智
责任编辑　姚俊萍
审稿人　丁文严）

N××株式会社诉某（天津）润滑油有限公司等侵害商标权及不正当竞争纠纷案

——涉工业品商标案件中类似商品及驰名商标的认定

关键词：知识产权　侵害商标权　类似商品　驰名商标　工业品

【裁判要旨】

工业品在功能、用途、生产部门、销售渠道、消费对象、营销方式等方面均有别于消费品，普通公众因不直接接触工业品而对其了解甚少。在涉工业品商标案件中认定是否构成类似商品及驰名商标时，应充分考虑工业品的以上特征，根据所涉工业品的专业领域特征准确界定"相关公众"及其"一般认知"，根据工业品营销的特殊性合理确定驰名商标各考量因素的权重。

【相关法条】

《中华人民共和国商标法》

第十三条第一款　为相关公众所熟知的商标，持有人认为其权利受到侵害时，可以依照本法规定请求驰名商标保护。

第十四条第一款　驰名商标应当根据当事人的请求，作为处理涉及商标案件需要认定的事实进行认定。认定驰名商标应当考虑下列因素：

（一）相关公众对该商标的知晓程度；

（二）该商标使用的持续时间；

（三）该商标的任何宣传工作的持续时间、程度和地理范围；

（四）该商标作为驰名商标受保护的记录；

（五）该商标驰名的其他因素。

《最高人民法院关于审理商标民事纠纷案件适用法律若干问题的解释》

第八条　商标法所称相关公众，是指与商标所标识的某类商品或者服务有关的消费者和与前述商品或者服务的营销有密切关系的其他经营者。

第十一条第一款 商标法第五十七条第（二）项规定的类似商品，是指在功能、用途、生产部门、销售渠道、消费对象等方面相同，或者相关公众一般认为其存在特定联系、容易造成混淆的商品。

【案件索引】

一审：上海知识产权法院（2020）沪73民初520号（2022年4月21日）
二审：上海市高级人民法院（2022）沪民终535号（2023年7月12日）

【基本案情】

原告（被上诉人）N××株式会社（以下简称N××公司）诉称：其1939年成立于日本国，系日本第一家油封制造商。自1980年开始，N××公司在我国陆续注册了多个"NOK"系列商标，在本案中主张的第1180250号"×× **NOK**"商标于1998年核准注册，核定使用商品为第17类油封等，已享有极高的知名度。某（天津）润滑油有限公司（以下简称某公司）未经许可，登记并使用"恩欧凯"字号，注册域名"nokrhy.com"，并在该网站以及宣传册、产品、经营场所等处使用了与涉案商标近似的多个商标，侵权产品由上海火某润滑油有限公司（以下简称火某公司）生产。某公司的宣传册中还宣称"NOK株式会社是日本石油制造商……"N××公司认为，涉案"×× **NOK**"商标构成在油封商品上的驰名商标，某公司和火某公司的前述行为构成商标侵权及不正当竞争。请求法院判令：某公司和火某公司停止侵权、消除影响并赔偿200万元，某公司变更字号、注销域名。

被告（上诉人）某公司辩称：（1）涉案商标不构成驰名商标。（2）被诉行为不构成商标侵权。其使用的是经授权的注册商标，且经营的商品与涉案商标核定使用的商品不相同也不类似，不存在混淆可能性。（3）相关被诉行为不构成不正当竞争。（4）火某公司仅提供场地租赁并受某公司委托灌装润滑油。（5）N××公司主张的赔偿金额明显过高。

被告（上诉人）火某公司同意某公司的答辩意见，并补充辩称：其与某公司不构成共同侵权，且其仅在2019年经某公司委托生产了少量被诉侵权产品。

法院经审理查明：N××公司于1939年成立于日本国，系日本第一家油封制造商，N××系全球十大油封品牌，在2003～2020年间的"世界非轮胎橡胶制品50强"中始终排名前十。N××公司自1980年5月开始在我国陆续注册了多个"NOK"系列商标，在本案中主张的第1180250号"×× **NOK**"（指定颜色）商标于 1998 年核准注册，核定使用商品为第 17 类油封等。1992 年至 2005 年间，N××公司与另一德国油封厂商在我国先后合资设立了多家关联公司经营油封。N××公司将涉案注册商标许可给各关联公司使用，其中一家关联公司 2013 年到 2017 年间的主营业务收入从 15 亿余元持续增长至 20 亿余元。自 2012 年开始，各关联公司每年持续参加行业内的展会，并连续多年获得我国多家大型车企、发动机企业颁发的最佳合作奖、品质优秀奖等。2007 年开始，N××公司多次以"NOK"系列商标维权并被认定具备一定知名度。2017 年 4 月前，相关招标网站有多个指定"NOK"油封的招标公告或采购询价，多篇报刊文献对其在中国的经营情形进行报道。

某公司成立于 2017 年 4 月，注册了域名"nokrhy.com"并经营该网站，在网站、网店、微信公众号、宣传册、产品包装、经营场所等处使用了 NOK 等多个商标，宣传册中宣称"NOK 株式会社是日本石油制造商……""跻身润滑油行业品牌前列"等。其中，NOK 等部分商标系某公司或其关联公司申请的注册商标，核定使用商品为第 4 类润滑油等。火某公司与某公司签订协议，约定火某公司将经营场所出租给某公司使用，并接受某公司的委托加工润滑油，包装物、标签等由某公司提供。某公司的经销商同时销售润滑油、油封等产品，火某公司的官网发布了多篇油封相关文章。某公司销售人员称，其招募的地级代理一次进货 5 万元，地方代理 20 万元，全国连锁店有上百家。

【裁判结果】

上海知识产权法院于 2022 年 4 月 21 日作出（2020）沪 73 民初 520 号民事判决：一、某公司、火某公司立即停止侵害 N××公司的注册商标专用权的行为；二、某公司立即停止不正当竞争行为；三、某公司立即停止使用该企业名称；四、某公司注销域名"nokrhy.com"；五、某公司连续 3 日刊登声明，以消除因侵害商标权及不正当竞争行为所造成的不良影响；六、某公司赔偿 N××公司 100 万元及为制止侵权行为所支付的合理开支 20 万元；火某公司对其中的 40 万元承担连带责任；七、驳回 N××公司其余诉讼请求。

宣判后，某公司、火某公司提出上诉。上海市高级人民法院于 2023 年 7 月 12 日作出（2022）沪民终 535 号民事判决：驳回上诉，维持原判。

【裁判理由】

法院生效裁判认为：（1）油封与润滑油构成类似商品。二者在《类似商品和服务区分表》（以下简称《区分表》）中虽分属不同商品类别，但一般同时使用在发动机等设备中，在功能、用途方面存在直接关联；在案证据显示，相关经营者同时销售该两种产品并进行捆绑营销，可见二者在销售渠道、营销推广方面也存在紧密关联。根据相关公众基于对商品使用情况的通常认知和一般交易观念，容易认为二者存在特定联系，可认定二者构成类似商品。（2）N××公司的涉案商标构成驰名商标。油封系工业品里的中间组件而非大众消费品，在认定是否驰名时应以该专业领域的相关公众的普遍认知进行判断。证据显示，涉案注册商标在国际市场长期具有较高知名度，在我国市场使用时间也较长，持续参加业内展会并获得客户高度认可，报道也显示 N××公司的关联公司在中国的油封生产基地投资额高、规模大，据此足以认定涉案商标在被诉行为发生时已为中国境内的相关公众所熟知。（3）某公司的被诉行为构成商标侵权及不正当竞争。涉案注册商标具有较强的显著性和较高的知名度，某公司使用的被诉侵权商标与涉案商标高度近似，其中有 2 个系对其自有注册商标的使用，该行为属于摹仿涉案驰名商标、误导公众的商标侵权行为；其余被诉标识与某公司的自有注册商标存在较大差异，不属于对注册商标的使用，该行为构成在类似商品上使用与涉案注册商标近似商标、容易导致相关公众混淆的商标侵权行为。某公司登记并使用"某"字号、注册并使用域名"nokrhy. com"及相关宣传行为构成不正当竞争。（4）火某公司作为长期专业经营润滑油的企业，对与润滑油具有紧密联系的油封及知名度极高的涉案商标应有一定认知，在此情形下仍为某公司的侵权行为提供场地并根据其委托生产被诉侵权产品，应就该部分行为与某公司承担共同侵权责任。

【案例注解】

本案中，权利商标核定使用的油封与被诉侵权商品润滑油在《区分表》中被归入不同商品类别，其中油封又是普通公众了解较少的工业品，双方在类似商品、驰名商标的认定方面存在较大争议。

一、涉工业品案件中类似商品的认定

（一）类似商品的认定可突破《区分表》

由于注册商标核定使用的类别系根据《区分表》确定，核定使用的具体商品一般也从《区分表》列明的商品名称中选取，这就导致在商标侵权诉讼中，常有被告以被诉侵权商品与权利商标核定使用的商品在《区分表》中分属不同类别为由提出不侵权抗辩。关于在《区分表》中被归于不同类别的商品可否被认定为类似商品，学术界和实务界的认识早已趋于统一，即《区分表》可以作为判断类似商品的参考，但并非认定类似商品的直接和唯一依据，

不能仅因在《区分表》中被归于不同类别就直接认定不构成类似商品。

关于商标侵权诉讼中类似商品的认定，《最高人民法院关于审理商标民事纠纷案件适用法律若干问题的解释》第十一条、第十二条规定：类似商品是指在功能、用途、生产部门、销售渠道、消费对象等方面相同，或者相关公众一般认为其存在特定联系、容易造成混淆的商品。人民法院认定商品是否类似，应当以相关公众对商品或者服务的一般认识综合判断；《商标注册用商品和服务国际分类表》《类似商品和服务区分表》可以作为判断类似商品或者服务的参考。

司法解释之所以作如此规定，是因为商标的本质在于区别商品或服务来源，故类似商品的认定也应立足于制止混淆的目的，相关公众对商品的一般认识才是类似商品的主要评判标准。也就是说，相关公众一般认为存在特定联系、容易造成混淆的商品，就属于类似商品。而《区分表》的核心功能在于为商标的注册审查及行政管理提供分类依据，使得商标注册审查及行政管理中认定类似商品的标准清晰、操作简易、结果统一。[1]《区分表》由商标管理专业人员在综合考量商品物理及社会属性的基础上，对通常认为类似程度明显的商品和服务项目作出类似关系界定，其分类原则考虑了商品功能、用途、原材料等因素，与司法解释规定的类似商品的定义具有内在一致性，故而司法解释规定《区分表》可作为认定类似商品的参考。但《区分表》无法穷尽所有商品和服务，且随着社会经济发展和商业活动的日益复杂，不仅会不断涌现新的商品或服务，原有商品或服务在功能、用途、主要原料、消费对象、销售渠道等方面也有可能发生变化。尤其是随着互联网与传统行业的深度融合，《区分表》中商品、服务类别缺失和交叉的情形愈加严重。这就不可避免地导致《区分表》中的商品类似关系与市场交易的客观现实及相关公众的一般认识产生矛盾。[2] 因此，在商标侵权诉讼中进行商品类似关系的判断时，不能简单、机械地以《区分表》为依据或标准。

商标案件司法实践中，时常出现突破《区分表》认定类似商品的情况。例如，在某璞（国际商标）公司与中华人民共和国原国家工商行政管理总局商标评审委员会、某恒利眼镜制造（深圳）有限公司商标异议复审行政纠纷案中，生效判决认为，被异议商标"GAP"指定使用的"太阳镜、眼镜框"等商品虽与引证商标"GAP"指定使用的"服装"等商品在《区分表》中被划分为不同的大类，但二者在功能用途、销售渠道、消费群体方面具有较大的

---

[1]　柯晓军、梅远：《商标近似、商品类似的认定及其与知名度的关系》，载《中华商标》2012年第8期。

[2]　参见王艳芳：《商标侵权案件中类似商品的判断》，载《法律适用》2005年第12期。

关联性，生产者亦具有在同一品牌内同时经营二者的惯例，考虑到引证商标具有一定知名度，被异议商标申请人也具有"搭便车"的意图，客观上容易造成相关公众认为商品是同一主体提供，或者其提供者之间存在特定联系，故认定构成类似商品。①

（二）涉工业品案件中类似商品的认定应考虑其专业领域特征

判断商品类似应当以相关公众对商品或者服务的一般认识综合判断，故对"相关公众"及其"一般认识"的界定相当重要。根据司法解释的规定，相关公众是指与商标所标识的某类商品或者服务有关的消费者和与商品或者服务的营销有密切关系的其他经营者。可见，商品的相关公众包括两部分人群，即商品的最终消费者和商品生产、流通环节所涉及的经营者。所谓相关公众的一般认识，是指相关公众根据一般交易观念对商品关系的通常认知，不受限于商品本身的自然特性；所谓综合判断，是指将相关公众在个案中的一般认识，与商品交易中的具体情形，以及司法解释规定的判断商品类似的各要素结合在一起，从整体上进行考量。司法解释规定的商品的功能、用途、生产部门、销售渠道、消费群体等，是判断类似商品的主要考量因素，但具体认定中并不要求在司法解释规定的每一个商品属性方面均构成相同或存在特定联系，只要相关公众一般认为其存在特定联系，哪怕只有部分甚至只有一个商品属性相同或存在特定联系，也有可能构成类似商品。除司法解释明确列举的各考量要素之外，商品成品与其原材料、零部件的关系、消费习惯等也可能对类似商品的判定产生影响。同时，相较商品属性本身的相似程度，更应突出在个案中的消费者混淆这一因素，故不能仅根据商品本身的功能、用途等自然属性是否相同进行判断，还应关注商品的社会属性，最终落脚点是相关公众是否认为其存在特定联系、容易造成混淆。

工业品和消费品的主要区别在于购买目的不同。工业品的购买者主要是经营者，购买后是为了投入工业生产或工业使用而非用于消费；消费品的购买者主要是消费者，购买后用于个人使用。以上区别，导致工业品与消费品尤其是大众消费品相比，在功能、用途、生产部门、销售渠道、消费群体等方面体现出明显的专业性。一般而言，消费品有着较为长期的市场实践，商品类别的区分比较成熟稳定；同时，消费品的消费群体较为广泛，对商品功能、用途等要素的认知程度较高，裁判者通常也是"相关公众"的一员。因此，消费品的相关公众对商品类别及其类似关系的认知一般较易确定，与《区分表》的一致性也较高，即便裁判者作出与《区分表》不同的类似关系认定，其他"相关公众"的接受程度一般也较高。例如，在前述"GAP"商标案中，《区分

① 参见最高人民法院（2012）行提字第10号行政判决书。

表》将服装归于第25类，将太阳镜归于第9类，但根据普通消费者的日常生活经验，将二者理解为类似商品并不存在障碍。但对主要在工业生产中使用的工业品而言，包括裁判者在内的普通公众接触较少，对"相关公众"及其"一般认识"的确定，则需要根据当事人的举证，对所涉工业品在市场上的实际使用、交易情况进行审查后方可确定。

本案权利商标核定使用的油封系用于防止润滑油渗漏的机械元件，属于工业品；被诉侵权商品润滑油主要使用在机动车或机械设备中用于减少摩擦，兼具工业品和专业领域消费品的属性。二者在功能、用途、生产部门、消费对象等方面存在差异，在《区分表》中也被归于不同的商品类别。但根据产品的具体使用情况，二者在功能上需要相互配合使用；一般消费者虽然并不直接接触油封，但相关经营者一般同时销售油封和润滑油，还将二者进行捆绑宣传推广。因此，润滑油与油封在功能、用途、销售渠道、消费对象方面具有较高的关联性，根据相关公众对商品使用情况的通常认知和一般交易观念，容易认为二者存在特定联系并产生混淆，法院据此认定二者构成类似商品。

二、涉工业品案件中驰名商标的认定

《商标法》第十四条规定了认定驰名商标应当考虑的因素，即相关公众对该商标的知晓程度；该商标使用的持续时间；该商标的任何宣传工作的持续时间、程度和地理范围；该商标作为驰名商标受保护的记录；该商标驰名的其他因素。《最高人民法院关于审理涉及驰名商标保护的民事纠纷案件应用法律若干问题的解释》第五条围绕以上考虑因素，对当事人主张商标驰名应提供的证据形式作了具体规定。实践中，权利商标持续使用的证据、审计报告等经营业绩证据、宣传报道类证据、荣誉证据、维权的生效裁判文书等是主要证据形式。

工业品和消费品在主要客户群体方面的区别，导致二者的经营、推广方式大相径庭，从而使得当事人为证明商标驰名所提交的证据形式、内容也存在较大区别。就消费品而言，其消费群体多为广大的普通消费者，投放大众媒介如报刊、电视台、网络等渠道广告可能是拉动销售的第一关键要素。在涉消费品的驰名商标案件中，权利人通常会提交大量广告载体、广告费支出的凭证或审计报告等作为证明商标驰名的证据。但就工业品而言，其目标客户群体相对明确而集中，供销双方关系更为密切，这就导致工业品的经营者更加重视围绕客户进行精准营销，如参加行业内的专业展会、邀请客户参加产品展示会、安排销售人员拜访客户等。即便投放广告，工业品经营者也倾向于在行业内的专业媒体上投放广告，而非在大众媒体投放广告。同时，工业品的客户更注重产品的功能性价值尤其是质量和价格，使得工业品经营者尤其重视行业头部企业对其产品的使用和评价，以起到以点带面的作用。此外，参加行业协会并在其中担任一定职位，参与工业品相关国家标准、行业标准的制定等，也能一定程度上提升相关公众对该工业品商标的知晓程度，可作为认定商标驰名的其他因素。工业品区别于消费品的以上营销特性，在驰名商标认定中应予以充分考虑。

本案中，权利商标核定使用的油封作为工业品，其主要客户群体系发动机、汽车等行业领域的经营者，故在认定时不应以一般大众作为相关公众，而应更多考虑其主要客户群体的一般认识。油封的客群特征决定了其营销途径主要不是通过大众传媒投放广告，而是更多集中于行业内的展会及特定客户的拜访等方式；此种商品较少有市场监督管理部门组织的著名商标评选等评比活动，经营者更为在意客户尤其是大客户的评价。经审查，权利商标在被诉侵权行为发生前已持续使用多年，经原告许可使用权利商标的关联公司持续多年参加行业内的展会，我国多家知名车企及发动机行业经营者系原告关联公司的客户并对其予以高度认可，体现了涉案商标在其所涉领域的市场知名度和美誉度。同时结合涉案商标在该领域全球市场的排名情况，足以认定权利商标在被诉行为发生时已为我国境内的相关公众所熟知，构成驰名商标。

（一审法院合议庭成员　吴盈喆　叶菊芬　顾月琴
二审法院合议庭成员　王　静　马剑峰　朱佳平
编写人　上海知识产权法院　叶菊芬
责任编辑　姚俊萍
审稿人　丁文严）

湖北汇某科技公司诉张某某、湖北志某化工公司侵害技术秘密纠纷案①

——权利人为制止技术秘密犯罪支付的鉴定费属维权合理支出

关键词：刑事　技术秘密　鉴定　合理开支

【裁判要旨】

技术秘密权利人为制止侵权行为所支付的合理开支，不应局限于民事诉讼产生的费用，还应包括权利人因采取刑事报案、行政投诉等救济措施而发生的费用。在生效刑事判决认定被告构成商业秘密犯罪后，权利人可以在后续提起的民事侵权诉讼中主张由被告负担刑事案件中代付的鉴定费用。此种做法既契合商业秘密的私权属性，也能避免不当增加公共财政支出，能有效破解侵害技术秘密刑事追责难的问题。

【相关法条】

《中华人民共和国反不正当竞争法》

第十七条　经营者违反本法规定，给他人造成损害的，应当依法承担民事责任。

经营者的合法权益受到不正当竞争行为损害的，可以向人民法院提起诉讼。

因不正当竞争行为受到损害的经营者的赔偿数额，按照其因被侵权所受到的实际损失确定；实际损失难以计算的，按照侵权人因侵权所获得的利益确定。经营者恶意实施侵犯商业秘密行为，情节严重的，可以在按照上述方法确定数额的一倍以上五倍以下确定赔偿数额。赔偿数额还应当包括经营者为制止

---

① 本案入选2023年中国法院50件典型知识产权案例。

侵权行为所支付的合理开支。

经营者违反本法第六条、第九条规定，权利人因被侵权所受到的实际损失、侵权人因侵权所获得的利益难以确定的，由人民法院根据侵权行为的情节判决给予权利人五百万元以下的赔偿。

【案件索引】

一审：湖北省武汉市中级人民法院（2021）鄂01知民初334号（2022年5月13日）

二审：最高人民法院（2022）最高法知民终2430号（2023年3月17日）

【基本案情】

原告（被上诉人）湖北汇某科技公司（以下简称某科技公司）诉称：某科技公司系北京英某技术公司（以下简称英某公司）的全资子公司。英某公司通过自主研发完成小试，后在某科技公司中试、试生产，完善工艺流程，形成成熟的嘧啶胺工业化生产技术。某科技公司对嘧啶胺生产技术采取了严格的保密措施。被告张某某曾为被告湖北志某化工公司（以下简称某化工公司）副总经理、董事，2010年开始负责嘧啶胺生产项目研发，其通过网络查询到某科技公司为国内首家掌握相关技术的厂家，遂于2011年2月14日通过购置伪造的身份材料化名进入某科技公司工作。2011年3月14日，张某某被任命为某科技公司相关车间副主任，全面主持车间工作，接触到了某科技公司嘧啶胺生产相关的技术信息。同年5月，张某某离开某科技公司返回某化工公司后，运用其掌握的嘧啶胺生产技术建设嘧啶胺工业化生产项目，未经中试，2012年实现嘧啶胺工业化生产，对外销售嘧啶胺产品。此外，2011年12月12日，某化工公司作为申请人，张某某作为发明人，向国家知识产权局就嘧啶胺的制备方法申请发明专利，该申请于2012年6月13日公布。2014年7月29日，某科技公司就张某某涉嫌侵犯其嘧啶胺生产技术商业秘密向湖北省荆州市公安局荆州经济开发区公安分局（以下简称荆州市公安局经开分局）经侦大队报案，荆州市公安局经开分局以张某某涉嫌侵犯商业秘密罪立案侦查。2016年3月24日，受荆州市公安局经开分局委托，北京京洲科技知识产权司法鉴定中心（以下简称京洲司法鉴定中心）进行了司法鉴定。2019年3月5日，湖北省荆州市中级人民法院作出一审判决，认定张某某构成侵犯商业秘密罪，判处其有期徒刑四年，并处罚金50万元。张某某不服，上诉至湖北省高级人民法院。2020年7月14日，湖北省高级人民法院作出二审判决，认定构成侵犯商业秘密罪，判处有期徒刑三年，并处罚金50万元。本案中，张某某违反某科技公司保密协议的规定，披露其在某科技公司工作期间接触到的嘧啶胺生产技术信息，允许某化工公司使用该技术信息，而某化工公司明知该技术信息系张某某盗取，仍使用该技术信息，并获得巨额利益，给某科技公司造成损害。此外，张某某被判决构成侵犯商业秘密罪后，某化工公司至今仍在生产销售嘧啶胺产品。上述事实足以说明，张某某及某化工公司恶意实施侵犯某科技公司商业秘密的行为，情节严重。关于经济损失赔偿，张某某及某化工公司应负担的赔偿责任包括以申请专利方式造成某科技公司5个技术秘密点被公众知悉造成的损失4681785.63元、2012年9月27日至2016年1月6日期间生产销售侵权产品给某科技公司造成的损失257.71万元，以及2016年1月7日之后继续生产销售侵权产品给某科技公司造成的损失。同时，因张某某及某化工公司存在恶意侵权，请求法院在该三项赔偿金额之和基础上对张某某及某化工公司处以2~5倍的惩罚性赔偿。某科技公司为维权事项，包括在有关商业秘密刑事案件中产生的合理费用，也应由张某某及某化工公司负担。请求法院判令：（1）某化工公司、张某某停止继续使用或者允许他人使用其生产嘧啶胺的技术秘密；（2）某化工公司、张某某连带赔偿某科技公司经济损失23235970.67元及为制止侵权支出的鉴定费、律师费、翻译费、差旅费等合理支出共计1700909元。

被告（上诉人）张某某、某化工公司共同辩称：（1）某科技公司起诉已超过诉讼时效，依法应当驳回其诉讼请求。某化工公司申请专利公布的时间是2012年6月13日，而某科技公司向公安机关报案的时间是2014年7月29日，超出了当时《民法通则》所规定的诉讼时效。（2）某科技公司主张的技术信息不构成商业秘密，不符合非公知性和采取了合理保密措施的条件，且某化工公司所使用的生产技术信息与某科技公司主张的技术秘密也不具有同一性。（3）张某某、某化工公司未实施侵害某科技公司商业秘密的行为。因某科技公司所主张的商业秘密不符合法定要件，张某某进入某科技公司工作的行为并不属于窃取商业秘密。本案也没有任何证据表明某化工公司明知或应知张某某以不正当手段获取了某科技公司的所谓商业秘密，张某某、某化工公司之间不应承担全部连带责任。（4）某科技公司有关经济损失赔偿的计算缺乏合理依据，且本案中不存在应适用惩罚性赔偿的情形。（5）某科技公司所主张的维权费用也不合理，不能将在刑事案件中发生的费用作为本案维权合理费用。

法院经审理查明：某科技公司成立于2007年12月，该公司经中试、试生产，完善工艺流程后，建成了丙二腈路线工业化生产嘧啶胺产品的工业装置和生产线，并于2009年开始工业化生产嘧啶胺产品。某化工公司也从事化工中间体的研发、制造、销售，被告张某某2009年6月起任该公司副总经理、董事，负责技术研发工作，并持股7%。2011年年初，张某某在某高校实验室完成丙二腈路线合成嘧啶胺的小试后，在网上查询了解到某科技公司以丙二腈路线工业化生产嘧啶胺产品的环评公示信息，遂购置伪造的证件，使用化名进入某科技公司工作。在掌握某科技公司生产嘧啶胺产品的技术信息后，张某某借故从某科技公司离职，回到某化工公司开展嘧啶胺工业化生产项目建设。2011年12月，某化工公司提出了有关嘧啶胺制备方法的发明专利申请，张某某为发明人。2012年8月，某化工公司未经中试即实现了工业化生产嘧啶胺产品。

2014年7月，某科技公司就张某某涉嫌侵犯其嘧啶胺生产技术秘密向荆州市公安局经开分局经侦大队报案。2015年12月，荆州市公安局经开分局就某科技公司主张的嘧啶胺生产技术信息的非公知性、某化工公司专利申请记载的技术信息与某科技公司嘧啶胺生产技术中相关非公知技术信息的同一性，聘请京洲司法鉴定中心进行鉴定。2016年3月，京洲司法鉴定中心出具鉴定意见，认为某科技公司所主张的26项技术信息中有22项在张某某从某科技公司离职时不具有公知性，某化工公司提出的发明专利申请中有5项技术信息与某科技公司主张的保密技术信息具有同一性。2017年4月，荆州市公安局经开分局决定对张某某等人立案侦查，并扣押了某化工公司生产嘧啶胺产品相关的图纸、物料记录本等。2017年5月，荆州市公安局经开分局聘请京洲司法鉴定中心对侦查过程中扣押的资料是否包含某科技公司保密技术信息进行司法鉴定。2017年6月，京洲司法鉴定中心出具鉴定意见，认定从某化工公司取证的材料中有14项技术信息与某科技公司主张的保密技术信息具有同一性。2017年11月，荆州市公安局经开分局还聘请评估公司对张某某侵犯技术秘密造成的经济损失进行了鉴定，经核算，认定某科技公司在2012年9月至2016年1月期间的经济损失额达257万余元。某科技公司支付了荆州市公安局经开分局委托京洲司法鉴定中心鉴定的费用102万元，委托评估公司鉴定的费用15万元。2018年6月，张某某被批准逮捕。2018年11月，荆州市检察院以张某某犯侵犯商业秘密罪提起公诉。2019年3月，湖北省荆州市中级人民法院一审判决认定张某某构成侵犯商业秘密罪，判处其有期徒刑四年，并处罚金50万元。张某某不服，提起上诉。2020年7月，湖北省高级人民法院终审判决张某某有期徒刑三年，并处罚金50万元。在荆州市公安局经开分局2017年5月10日对某化工公司生产现场进行勘验取证及张某某被判处刑罚之后，某化工公司仍然继续从事嘧啶胺的生产、销售。有关合同及发票显示2016年1月7日至2021年7月1日期间，某化工公司对外销售嘧啶胺产品开具的发票金额为432.4万元。经核查，2016年1月7日至2021年12月20日期间，某化工公司对外销售嘧啶产品开具的发票金额合计815万元（含税）。在刑事案件侦查过程中，某科技公司向京洲司法鉴定中心支付鉴定费102万元，向华审评估公司支付鉴定费 15 万元。为配合刑事案件侦查，汇某公司向国家知识产权局专利检索咨询中心支付翻译费 7790 元，为刑事诉讼支出律师费 30 万元，为本案民事诉讼支出律师费 20 万元。

【裁判结果】

湖北省武汉市中级人民法院于 2022 年 5 月 13 日作出（2021）鄂 01 知民初 334 号民事判决：一、某化工公司、张某某立即停止侵害某科技公司技术秘密的行为；二、某化工公司赔偿某科技公司经济损失 10435470 元，张某某在 7% 的责任范围内对该项赔偿负连带责任；三、某化工公司、张某某连带赔偿某科技公司维权合理支出 1677790 元（含刑事案件中产生的鉴定费、律师费和翻译费 1477790 元）；四、驳回某科技公司的其他诉讼请求。

一审宣判后，某化工公司和张某某向最高人民法院提起上诉。二审诉讼过程中，某化工公司、张某某申请撤回上诉。最高人民法院于 2023 年 3 月 17 日作出（2022）最高法知民终 2430 号民事裁定：准许撤诉。一审判决已生效。

【裁判理由】

法院生效裁判认为：根据京洲司法鉴定中心所作的司法鉴定意见书等证据，在张某某从某科技公司离职前，某科技公司对其生产嘧啶胺产品的方法并未申请专利，亦未在公开出版物发表或在其他场合公开，相关技术信息不为公众所知悉且具有商业价值。某科技公司对相关技术信息采取了相应保密措施，而有关技术信息在某化工公司现场查获的材料中均有反映或体现，且在张某某被判决构成侵害商业秘密罪后，某化工公司仍在生产、销售嘧啶胺产品，张某某和某化工公司的行为构成侵权，应承担停止侵权并赔偿经济损失的责任。关于某科技公司为维权产生的合理费用支出，因提起民事诉讼、发起行政投诉、进行刑事报案均是权利人维护自身权益时可选择的途径，《反不正当竞争法》第十七条第三款界定的权利人为制止侵权行为所支付的合理开支，应不局限于权利人提起民事诉讼产生的开支，还可以包括权利人因采取刑事报案、行政投诉等救济措施而发生的费用。因此，某科技公司除有权主张本案民事诉讼发生的维权费用外，对其在刑事案件中支出的鉴定费、翻译费、律师费等费用亦有权主张赔偿。

【案例注解】

在侵害技术秘密刑事犯罪案件中，有关委托鉴定难特别是鉴定费用支出负担主体不明的问题，是制约通过刑事追诉手段追究侵害人法律责任的一大难题。本案裁判对侵害技术秘密犯罪案件中由公安机关委托外部鉴定机构进行鉴定，权利人代付鉴定费用的做法给予了积极回应，并在生效刑事判决认定侵害人构成侵害商业秘密犯罪后，支持权利人在后续民事侵权诉讼中一并请求侵害人负担此前代付鉴定费用，既有效解决了侵害商业秘密刑事犯罪案件委托鉴定启动难、鉴定费用无着落等实际问题，有利于商业秘密权利人积极维权，也避免了在权利人提出的商业秘密侵权主张不成立时委托鉴定费用仍由公共财政负担的情形。

一、侵害技术秘密刑事犯罪案件可以由权利人预先代付对外委托鉴定费用

权利人主张的技术信息是否属于非公知技术信息、被控侵权人获取或使用的技术信息与权利人主张的保密信息是否具有同一性，是侵害技术秘密案件侦查处理过程中不可回避的问题。但因侵害技术秘密案件涉及的技术领域可能非常专业或特殊，譬如本案涉及的丙二腈路线合成嘧啶胺产品并工业化生产的技术，通常会超出公安机关鉴定机构的鉴定项目范围，公安机关鉴定人也缺乏对相关问题展开鉴定的技术能力和经验，如此使得通过公安机关内部鉴定程序解决上述问题必然会遇到困难和障碍。而从有效保护权利人合法权益，惩治侵害技术秘密刑事犯罪行为角度考量，办理案件的公安机关显然不能以公安机关内设鉴定机构没有能力对技术信息的非公知性、同一性等进行鉴定而拒绝权利人的报案，或者拒绝对案件采取进一步的侦查措施。此时，办理案件的公安机关有必要根据《公安机关鉴定规则》第十八条的规定，委托公安机关以外的有相应技术资质和能力条件的鉴定机构，对权利人主张的技术信息是否具有非公知性、被控侵权人获取或使用的技术信息与权利人主张的保密信息是否具有同一性等进行鉴定。

当然，委托外部鉴定机构进行鉴定会牵涉到鉴定机构的选择、鉴定费用的支付、鉴定结论的效力等诸多问题。根据《公安机关鉴定规则》第七条的规定，公安机关应当保障所属鉴定机构开展鉴定工作所必需的人员编制、基础设施、仪器设备和有关经费。在常规的刑事案件侦办过程中，公安机关自身所属鉴定机构即可完成相关鉴定工作，相关鉴定机构的人员工资、办案设备及经费等均由公共财政保障，此时是不会发生鉴定费支付问题的。但委托外部鉴定机构进行鉴定则截然不同，外部鉴定机构受理鉴定委托事项必然要收取鉴定费用。加之技术秘密鉴定事项较为专业，工作量通常也较大，有关鉴定费用动辄数十万元甚至上百万元，使得鉴定费的支付问题成为横亘在侵害技术秘密案件侦办过程中最大的障碍。对该问题，目前主要有两种解决办法：一种是将委托

鉴定费用在办案机关的办案经费中列支，由办案机关向外部鉴定机构支付鉴定费，另一种则是由办案机关委托鉴定机构鉴定，但鉴定费用由权利人代为支付。

从实际运行情况看，第一种做法虽符合由办案机关负担追究刑事犯罪成本支出的通行做法，但在实际执行中会存在明显的困难。首先，侵害技术秘密案件通常并不涉及公共安全，且本身并不是多发易发类型案件，公安机关在编制预算时一般是不会考虑该类案件对外委托鉴定费用支出的。在办案经费相对固定却又确实遇到侵害技术秘密案件时，办案机关肯定无力承担高昂的鉴定费用支出。其次，即使办案机关有相关的经费预算，按通常的公共财政支出程序，还需履行招投标和审批程序，而对侵害技术秘密案件侦办活动而言，侦办活动本身有较强的保密性和时限性要求，履行招投标等程序显然不能满足侵害商业秘密犯罪侦查活动的需要。最后，由办案机关向外部鉴定机构支付鉴定费的做法，也不能准确反映技术秘密与其他人身性权益、财产性权益的差异性。在常规的刑事案件侦办过程中，受害者人身或财产受到侵害是很容易确定的基础法律事实，只是需要通过刑事侦查手段查找犯罪嫌疑人，通常不存在报案人请求保护的权利是否客观存在、该权利是否实际受到侵害等基础法律事实不明的问题。而技术秘密保护的客体为处于非公知状态的技术信息，缺乏可以客观感知的外在物理形态，该权利是否实际存在、是否实际受到侵害均具有很大的不确定性，与常规刑事犯罪案件具有明显的不同。此时，仅以权利人主张其技术秘密受到侵害即由公安机关自负费用委托对外鉴定，显然是不慎重的。特别是在权利人主张的技术秘密经鉴定不具有非公知性，又或者经鉴定被控侵权人获取或使用的技术信息与权利人主张的技术秘密不具有同一性或关联性时，还会造成由公共财政为权利人并不成立的私权主张"买单"的问题。

相反，从有效提高商业秘密案件侦办效果，减少公共财政无谓支出的角度考虑，采取第二种办法，即由公安机关委托合适的外部鉴定机构开展鉴定，鉴定费用由权利人先行代付的做法，则具有明显的制度优势。首先，采取该种做法，可以有效解决侵害技术秘密犯罪案件有对外委托鉴定需求但费用支出无着落的问题，畅通通过刑事追诉手段制止侵害技术秘密犯罪行为的渠道。其次，由权利人预先代付鉴定费用，经鉴定程序确定其主张的技术秘密是否客观存在、被控侵权人获取或使用的技术信息与其主张的技术秘密是否具有同一性或关联性之后，再根据鉴定结果决定是否对被控侵权人采取刑事强制措施、是否将案件移送检察机关审查起诉，恰恰是对侵害技术秘密犯罪行为与侵犯人身权、侵害有形财产权等常规犯罪行为差异性的客观尊重，不存在不当加重权利人维权救济负担、违背刑事案件办案规范的问题。最后，当鉴定结论认定权利人主张的技术秘密不具有非公知性，又或者被控侵权人获取或使用的技术信息与权利人主张的技术秘密不具有同一性时，由权利人自行负担鉴定费用，也不会导致公共财政无谓支出和浪费的问题，符合公平和经济效率原则。本案涉及的在先刑事案件即采取了第二种做法，有效保障了某科技公司通过刑事追诉手段保护自身技术秘密的权益。

二、权利人可以通过民事诉讼向侵权人追索刑事诉讼程序中代付的鉴定费用

《反不正当竞争法》第十七条第三款规定，因不正当竞争行为受到损害的经营者的赔偿数额，还应当包括经营者为制止侵权行为所支付的合理开支。根据该款之规定，在侵害技术秘密民事纠纷案件中，如侵权行为成立，权利人是有权要求侵权人承担其提起民事诉讼所产生的鉴定费、律师费等合理支出的。但如果权利人在提起民事侵权诉讼之前还向公安机关提起过刑事控告，在该刑事案件侦办过程中代付了委托鉴定费用，在生效刑事判决认定侵权人构成侵害商业秘密犯罪之后，权利人可否在在后提起的民事侵权诉讼中一并主张由侵权人负担此前代付的鉴定费用，实践中还存在较大的争议。

肯定说认为，从《反不正当竞争法》第十七条第三款的措辞和立法目的分析，提起民事诉讼、发起行政投诉、进行刑事报案均是权利人维护自身权益时可选择的途径，该款界定的权利人为制止侵权行为所支付的合理开支，应不局限于权利人提起民事诉讼所产生的开支，还可以包括权利人因采取刑事报案、行政投诉等救济措施而发生的费用。因此，权利人可以在民事侵权诉讼中请求侵权人赔偿其在此前刑事案件中代付的鉴定费。否定说则认为，公安机关在侵害技术秘密案件侦查过程中对外委托鉴定所产生的费用属于办案经费开支，该项开支应由公共财政支出负担，而不应由侵权人即刑事案件的被告负担。倘若由侵权人负担该项费用，将会导致犯罪嫌疑人自证其罪的后果，不利于对侵害商业秘密犯罪嫌疑人的人权保护。

在上述两种相对立的观点中，本案裁判采取了肯定说，即认为在生效判决认定被诉侵权人构成侵害商业秘密犯罪之后，权利人有权在民事侵权诉讼中诉请由侵权人负担刑事案件中代付的鉴定费。原因在于，相较于否定说而言，肯定说不仅符合《反不正当竞争法》第十七条第三款的措辞和立法目的，更加符合公平、效率原则，也并不会减损被诉侵权人的权益。首先，如前所述，《反不正当竞争法》第十七条第三款并未将经营者为制止侵权行为可采取的措施局限于提起民事诉讼，发起行政投诉、进行刑事报案也是权利人制止侵权行为的可选方式，权利人在案件刑事侦查过程中支付的合理范围内的鉴定费，自然有权向侵权人主张。其次，鉴定费支出系因侵权人实施的行为所引起，在其行为确定构成侵害商业秘密犯罪时，由其负担鉴定费用符合"自己责任"原

则。相反，若不支持权利人的该项主张，会导致权利人正当维权之举的成本最终由自身负担，对权利人而言是不公平的。再次，支持权利人向侵权人追索刑事案件中产生的鉴定费开支，并不会导致犯罪嫌疑人自证其罪的结果。在侵害技术秘密犯罪案件中，查找、收集侵权人有实施犯罪行为证据的责任仍在公安机关，出庭指证侵权行为构成犯罪的责任也仍在公诉机关，该在先刑事案件中并不存在要求侵权人自证其罪的问题。支持权利人嗣后在民事诉讼中追索代付鉴定费，不可能影响到在先刑事案件的证明责任分配问题。最后，允许权利人追索代付的鉴定费，也不会改变或影响常规刑事案件侦查成本的负担规则。常规的侵害财产犯罪案件，如抢劫、盗窃等犯罪行为，其不仅损害被害人的私权利，还直接对社会公共安全和管理秩序造成损害，打击常规刑事犯罪发生的鉴定费由公安机关负担符合由公共财政保护公共利益原则。侵害商业秘密犯罪虽然也会对市场经济秩序造成危害，但其对公共安全和公共利益的影响相对常规刑事犯罪而言要轻，其更多影响的是权利人的个体权益。在权利人主张的技术秘密是否具有非公知性、被控侵权人获取或使用的技术信息与其主张的技术秘密是否具有同一性或关联性还不确定的情况下，由权利人代付鉴定费以推进刑事案件侦查，再根据刑事案件裁判情况决定是否支持权利人的追索，并不会对其他常规刑事案件的委托鉴定程序造成冲击和影响。

三、支持权利人代付刑事案件委托鉴定费用的程序设计和风险防控

在侵害技术秘密犯罪案件中，认可由权利人代付公安机关对外委托鉴定费用的做法，也确实会引起各方面的质疑和担心。譬如，由鉴定机构向权利人收取鉴定费用，是否会导致有关鉴定结论失去科学性？鉴定机构是否更容易得出偏向于权利人的结论，进而损害被控侵权人的利益？为此，可以从委托鉴定流程和侦查程序等各方面进行规范和约束，建立防止权利人不当介入刑事案件侦查和鉴定过程的机制，规范鉴定流程和鉴定机构保密要求，同时做好对鉴定意见的实质性审查，确保鉴定意见的科学性、客观性和公正性。

首先，应明确办案机关、鉴定机构和权利人三方各自的职责和工作事项。实践中，有的是由办案机关、鉴定机构和受害单位（即权利人）签署三方合同，办案机关作为委托鉴定的委托方，出具鉴定聘请书，与鉴定机构沟通鉴定事项并提供鉴定检材；受害单位作为鉴定费的付款方；鉴定机构向受害单位（付款方）开具发票，向办案机关出具《鉴定意见书》。此种由三方签署合同明确各方权利义务的做法，可以有效解决鉴定费支付时面临的程序障碍，未尝不是一项很好的创举。但考虑到该三方合同在性质上存在解释上的难题，也可以考虑对常规的对外委托鉴定模式进行适当的变通处理，即由办案机关事先与权利人做好沟通，取得权利人愿意代付鉴定费的承诺函之后，再与鉴定机构签

订《委托鉴定协议》，在协议中约定鉴定费由办案机关指定的单位（即权利人）支付；鉴定机构收到权利人支付的鉴定费之后，向其开具发票并开始鉴定工作；鉴定过程结束后，鉴定机构直接向办案机关提交《鉴定意见书》，办案机关再依据《鉴定意见书》的结论决定刑事案件的后续处理。

其次，应建立防止权利人不当介入鉴定程序的工作机制。公安机关委托外部鉴定机构开展鉴定活动，在性质上仍属于刑事侦查活动的范畴，在委托鉴定过程中应建立相关工作机制，避免鉴定机构的活动受到权利人的不当影响。一是鉴定费用原则上应在鉴定机构正式启动鉴定之前即由权利人支付，避免出现鉴定机构为收取鉴定费而有意得出有利于权利人的鉴定结论，或者当鉴定意见对权利人不利时权利人拒绝支付后续鉴定费的问题。二是非因鉴定工作必需且经办案机关同意，鉴定机构和权利人之间不得就鉴定事项进行沟通。技术秘密的非公知性判断、技术信息的同一性判断等问题，涉及鉴定人的主观认识和分析判断，为确保鉴定机构独立、公正地开展鉴定工作，不应准许鉴定人就上述问题与权利人进行沟通。三是应禁止权利人直接接触或复制办案机关经侦查手段获取的被控侵权人实施侵权行为的证据。办案机关在被控侵权人处获取的技术文档资料等，属于办案机关查获的与刑事犯罪相关的证据，只能交由鉴定机构进行分析，而不能交由权利人，避免出现在被控侵权人不构成犯罪时权利人反倒获取了被控侵权人的技术信息的情况。

再次，应确保鉴定机构独立、公正、客观地开展鉴定工作。技术秘密的非公知性判断、技术信息的同一性或关联性判断等会牵涉到鉴定人的主观认识和分析判断。鉴定人在开展鉴定时要解决检索词设置、检索范围确定、技术比对方法等细节性问题，对上述问题的选择取舍难免会受到鉴定人工作经验和主观认识的影响。因技术秘密鉴定的结果关涉案件的走向和被控侵权人的人身权益问题，外部鉴定机构在接受委托鉴定事项时应确保本机构有能力对委托事项进行鉴定，并选派适格的鉴定人开展鉴定工作。实践中，权利人在向公安机关报案前可能也曾委托鉴定机构对有关技术秘密的非公知性进行过鉴定，对案件进入刑事侦查程序之后可否再行委托该机构进行鉴定，考虑有关鉴定事项的专业性，虽不应绝对排除该鉴定机构继续参与鉴定，但应确保该机构此前参与过鉴定事项的鉴定人不得再次参与相关鉴定工作。同时，鉴定人在从事相关鉴定工作时，应严格遵守保密原则，除向办案机关提供《鉴定意见书》外，不得向包括权利人在内的第三方透露与鉴定有关的信息。

最后，办案机关应对鉴定机构出具的鉴定意见进行实质性的审查。如前所述，鉴定意见决定着案件的走向，关系到被控侵权人的人身权益，办案机构在收到鉴定机关提交的《鉴定意见书》之后，应对鉴定意见进行实质性而非形式性的审查。此种实质性的审查应从鉴定事项、检索词设置、检索范围、比对方法等各方面进行审查，并贯穿于对被控侵权人采取强制措施、提请批捕、移送审查起诉、作出司法裁判等重要环节之中。特别是在案件移送审查起诉之后，应充分听取被控侵权人及其辩护人对鉴定意见的质证意见。在被控侵权人举出相反证据否定技术秘密的公知性，又或者对技术信息同一性、关联性的判断结论提出具有科学依据的反驳意见时，办案机关更应慎重对待，必要时可聘请专家辅助人参与案件审判，并可通知鉴定人到庭说明与鉴定有关的事项，确保在科学、合理的基础上决定是否采信该鉴定意见。

（一审合议庭成员　赵千喜　杨　新　黄　俊
二审合议庭成员　张本勇　杨凌萍　单　立
编写人　湖北省武汉市中级人民法院　赵千喜
责任编辑　姚俊萍
审稿人　丁文严）

行政与国家赔偿

天津某公司诉天津市市场监督管理委员会、国家市场监督管理总局行政处罚及行政复议案

——以投资谋取竞争优势型商业贿赂的认定

关键词：行政　行政处罚　反不正当竞争　商业贿赂　电信配套设施

【裁判要旨】

1. 商业贿赂的认定应围绕行为手段是否产生不当利益输送、行为对象能否对交易施加重要影响、行为目的是否在于谋求竞争优势三方面予以综合判断。

2. 电信经营者投资配套设施建设以谋求电信业务优先提供者或唯一提供者地位会构成商业贿赂，市场监管部门依据《反不正当竞争法》对其进行处罚，人民法院应予支持。

【相关法条】

《中华人民共和国反不正当竞争法》

第七条第一款第三项　经营者不得采用财物或者其他手段贿赂下列单位或者个人，以谋取交易机会或者竞争优势：

（三）利用职权或者影响力影响交易的单位或者个人。

【案件索引】

一审：北京市西城区人民法院（2023）京0102行初377号（2023年9月

21 日）

【基本案情】

原告天津某公司诉称：（1）被诉处罚决定认定事实不清。2017 年 6 月，原告与某创意园管理方——天津某文化公司签订协议，约定由原告为某创意园弱电管线等工程垫资建设，园区以 15 年的通信服务经营权作为偿还，该垫资行为不是商业贿赂。（2022）津 0110 民初 393 号民事判决书认定涉案协议是双方真实意思表示，不违反法律、行政法规的强制性规定。被诉处罚决定与生效判决存在矛盾，属认定事实错误。（2）被诉处罚决定量罚过重。原告未实际获得唯一代理商地位，且未实际获利，未造成严重后果，依法应免予处罚。故诉至法院，请求法院判令：撤销被诉处罚决定及被诉复议决定，依法对原告不予行政处罚。

被告天津市市场监督管理委员会辩称：原告与某创意园管理单位签订的涉案协议明显违反《电信条例》第四十五条第一款的规定和《工业和信息化部、公安部、住房和城乡建设部、国务院国有资产监督管理委员会、国家市场监督管理总局关于开展商务楼宇宽带接入市场联合整治行动的通告》（工信部联通信函〔2020〕211 号，以下简称 211 号文）的要求，属于变相给付产权方财物，其行为满足向有影响力影响交易的单位进行商业贿赂的构成要件，违反了《反不正当竞争法》第七条第一款第三项规定。被诉处罚决定认定事实清楚，证据确凿，适用法律正确，程序合法，内容适当，请求法院驳回原告的诉讼请求。

被告国家市场监督管理总局辩称：被诉处罚决定合法，被诉复议决定认定事实清楚，适用法律正确，程序符合法律规定，请求法院驳回原告的诉讼请求。

法院经审理查明：2017 年 6 月 1 日，天津某文化公司（甲方）与天津某公司（乙方）签订协议，约定乙方为甲方坐落于创意园的项目提供电信配套工程的整体接入服务。乙方负责完成项目所需的通信配套设施建设，所需工程费为 100 万元。此项目工程由乙方投资，产权归乙方所有（合同期满后，产权归甲方所有）。同时协议还约定，甲方保证在合同期内，乙方是为本项目提供通信业务的唯一供应商。无乙方许可，甲方不得允许其他运营商或运营商代理企业进驻本项目。

2021 年 3 月 11 日，被告天津市市场监督管理委员会进行现场检查，后于 2022 年 11 月 7 日作出行政处罚决定，认为根据《电信条例》第四十五条第一款的规定和 211 号文的要求，创意园的通信配套设施建设费用应当由其产权方支付。当事人通过为创意园出资 100 万元修建通信配套设施，取得通信配套设施产权（15 年合同到期后产权归创意园产权方），获取在创意园内提供网络代理服务的唯一代理商地位，排除其他运营商或运营商代理企业进驻。创意园产权方也承担创意园物业管理职责，入园客户在创意园内经营，必须与创意园产权方签订房屋租赁合同，接受其物业管理，创意园产权方相对于入园客户天然具有较强影响力。创意园产权方在与入园客户签约时，将同意园区宽带由当事人提供服务作为签约的前提条件，限制入园客户选择其他运营商或者运营代理商企业的权利，从而使当事人取得了向入园客户提供网络接入服务的竞争优势。当事人的行为违反了《反不正当竞争法》第七条第一款："经营者不得采用财物或者其他手段贿赂下列单位或者个人，以谋取交易机会或者竞争优势：……（三）利用职权或者影响力影响交易的单位或者个人"的规定。被告天津市市场监督管理委员会责令当事人停止违法行为，并处以 10 万元罚款。天津某公司不服，向国家市场监督管理总局申请行政复议。2023 年 4 月 10 日，国家市场监督管理总局作出行政复议决定，维持上述行政处罚决定。

案件办理中，天津市市场监督管理委员会对相关人员进行了询问。天津某文化公司法定代表人在询问中认可签订涉案协议的事实，陈述"合同条款中的工程费 100 万元由天津某公司支付……如有其他运营商与其接洽进入园区开展宽带通信业务，我公司会告知通信设施产权属于天津某公司，其无权使用"，并向执法人员提供《某文创园客户签约确认书》，说明此确认书要求租户签字确认，从 2019 年 12 月开始使用，此前为口头告知。天津某公司法定代表人在询问中自述："根据合同约定，我公司出资修建的配套工程产权归我公司所有，使用权归天津某文化公司，天津某文化公司免费使用配套工程的管道敷设园区监控线路，未经我公司许可，天津某文化公司和园区内其他企业和个人不得使用我方建成管道敷设任何其他线路……天津某文化公司开发新建办公楼的通信业务，我公司有权禁止任何单位使用我方资产，天津某文化公司未经我公司同意擅自允许第三方使用我公司的通信管线及有关的通信配套设施，我公司有向天津某文化公司索赔我公司给予天津某文化公司免收的通信建设配套费用的权利……我公司希望在园区内打开市场，拥有优先提供服务的权利。"

【裁判结果】

北京市西城区人民法院于 2023 年 9 月 21 日作出（2023）京 0102 行初 377 号行政判决：驳回天津某公司的诉讼请求。宣判后，当事人未提出上诉，判决已发生法律效力。

【裁判理由】

法院生效裁判认为，根据《反不正当竞争法》第七条第一款第三项规定，经营者符合上述类型商业贿赂行为应当满足三个法律要件：一是行为手段应为采取了财物或其他贿赂手段；二是行为对象应为利用职权或影响力影响交易的单位和个人；三是行为目的应为谋取交易机会和竞争优势。具体到本案，应从以下三方面综合认定：第一，根据《电信条例》第四十五条规定，创意园项目的通信配套设施建设应由建设单位出资。天津某公司与天津某文化公司签订涉案协议，约定天津某公司负责完成项目所需的通信配套设施建设，所需工程费100万元由天津某公司投资。从约定内容看，天津某公司的投资行为不等同于天津某公司在诉讼中强调的"垫资"，不存在天津某文化公司事后偿还的约定及事实。同时，天津某公司的投资行为亦非直接的金钱给付，不存在天津某公司将款项直接转移至被告的事实。实际上天津某公司是通过投资实现为天津某文化公司降低建设预算、节约建设成本、减轻财务压力的效果，天津某文化公司是明显的受益方。第二，天津某文化公司作为某创意园区的开发建设及管理单位，电信运营商或运营商代理企业进驻项目必须与天津某文化公司进行接洽。同时，入园客户在入驻创意园前，必须与产权方签订房屋租赁合同，接受其物业管理，天津某文化公司得以向客户优先推荐或要求客户确认使用天津某公司的电信服务，可见天津某文化公司属于对创意园区电信业务交易具有较强影响力的单位。第三，根据涉案协议约定内容，天津某公司签订协议的目的是获得通信业务唯一供应商地位，天津某公司法定代表人在询问中亦表明投资是为了拥有优先服务的权利，天津某公司通过投资方式取得相较于其他竞争者的优势地位的意图十分明显。同时，"谋取交易机会和竞争优势"是商业贿赂行为的目的要件而非结果要件。由于商业活动的不确定性，天津某公司并未获得唯一供应商地位，甚至没有盈利致使协议目的并未实现，但协议履行情况并不影响对天津某公司主观目的的定性。综上，天津某公司与天津某文化公司签订涉案协议，通过投资手段为天津某文化公司节约建设成本，谋求某创意园区通信业务唯一供应商的优势地位，构成《反不正当竞争法》第七条第一款第三项规定的商业贿赂行为。

【案例注解】

信息化时代，通信配套设施已经成为商务楼宇不可或缺的基础建设。电信业务经营者利用通信设施为商户提供电信服务，实现经营利益。在此过程中，电信业务经营者只有公平地享有接入和使用通信设施的权利，才能营造有序的市场竞争氛围，才能切实保障用户的合法权益。这对广大中小企业享受提速降费的电信政策红利、优化营商环境具有重要意义。2020 年起，工业和信息化部会同公安部、住房和城乡建设部、国务院国有资产监督管理委员会、国家市场监督管理总局联合发文，针对商务楼宇宽带接入市场开展了一系列整治行动。依据职权范围，市场监管部门对相关市场主体存在的商业贿赂等不正当竞争行为进行查处，本案即为典型案件。

根据《反不正当竞争法》第七条第一款第三项的规定，商业贿赂是指采用财物或者其他手段贿赂交易相对方或者其他能够影响交易的单位或个人，排斥交易对手，在交易中获取机会或者谋取竞争优势的不正当竞争行为。随着市场竞争日益激烈，商业贿赂形式不断翻新，增加了执法难度。本案争议的核心问题即为电信经营者投资或垫资配套设施建设以谋求电信业务优先提供者或唯一提供者地位，是否构成商业贿赂。实践中应当围绕行为手段、行为对象、行为目的三方面进行综合判断。

一、贿赂手段的认定

商业贿赂行为的认定，首先是对贿赂手段的识别。贿赂手段本质是特定利益的输送，通常的表现形式是财物的给付，既包括现金、实物、有价证券等的直接给付，也包括减免债务或假借促销费、宣传费、赞助费、科研费、劳务费、咨询费、佣金等名义的变相给付。同时，为相对方提供一定的服务或便利条件，也属于贿赂手段，例如为相对方提供国内外旅游考察机会、为其子女入学提供帮助、创造学历提升机会等，均视为利益的输送。对此《国家工商行政管理局关于禁止商业贿赂行为的暂行规定》有所列举，实践中也并不鲜见。实际上，贿赂手段的本质就是"利益输送"。

本案涉及的贿赂手段是对电信基础设施建设进行投资或垫资，这种贿赂手段认定的难点主要体现在：一是投资不是直接针对建设单位的财物给付，不在投资人与建设单位之间发生钱款直接或间接的转移，同时投资人也并非为建设人提供便利条件或机会，与传统的贿赂手段存在差异；二是投资或垫资往往不是一次性支出，而是随着建设工程的推进随时发生支出，在时间上具有一定的跨度，在贿赂数额上也无法准确计算；三是投资人和建设单位之间的交易活动以合法有效的服务合同为基础，根据合同约定，投资后投资人获取一定年限的电信配套设施的免费使用权，表面上使投资人获得等价利益，与正常的商业行为难以界分，投资的"对价"使贿赂更具隐蔽性。

那么，投资或垫资电信基础设施建设是否属于贿赂手段，核心是要考虑投资或垫资行为是否产生了利益的输送，其与一般的商业行为如何界分。笔者认为，应主要考虑以下两方面因素：

第一，是否符合一般的商业投资（或垫资）逻辑。在本案诉讼中，天津某公司主张创意园区建设管理单位资金短缺，由其先行"垫资"，但从合同内容来看，双方未约定偿还时间、方式、利息等条款，也未约定建设基础设施投入使用后的收益分配等，不符合借贷关系的一般逻辑。天津某公司另主张属于行业内惯常的投资行为，该公司通过投资获取电信基础设施的免费使用权，再通过电信经营业务实现投资收益，但理性的投资应以实现资金增值为目的，条款中约定的通信基础设施的免费使用权无法形成100万元投资的合理对价，同时自由竞争的市场中用户对电信经营具有自主选择权，除非获得绝对的竞争优势，否则难以实现投资目的。因此，本案中，投资电信基础设施建设并非基于一般的商业投资逻辑，出于对投资项目产生增值的客观考量，而是通过投资为建设单位降低建设预算、节约经营成本、减轻财务压力，向建设单位进行"利益输送"，从而获取竞争优势。

第二，是否违反行政法律规范。《电信条例》第四十五条规定，城市建设和村镇、集镇建设应当配套设置电信设施。所需经费应纳入建设项目概算。2005年《信息产业部关于加强对电信管道和驻地网建设管理等有关问题的通知》以及2007年《信息产业部、建设部关于进一步规范住宅小区及商住楼通信管线及通信设施建设的通知》同样明确了电信配套设施建设应由建设单位出资，这实际上课以建设单位出资的法定义务。这一规定，一方面旨在明晰产权，由开发商投资建设并在竣工后统一移交，特别是对于住宅小区，一经售出可由业主共有；另一方面即为电信运营企业的平等接入提供条件，更好保证用户自由选择电信业务的权利。本案中，投资人与建设单位因合同履行问题引发民事诉讼，生效民事判决认定双方签订的合同合法有效。这就导致了合同义务与行政法义务的冲突。违反行政法律规范并非必然导致民事合同无效，民事合同审查主要侧重于对意思表示真实性的审查，并且从促进交易的角度出发，不对合同效力予以轻易否定。但该民事判决的认定不能阻却行政机关依职权对不正当竞争行为的依法查处，市场主体亦不能利用合同约定规避行政法律义务的履行。

二、受贿方的认定

我国对商业贿赂的立法演变，主要经历了两方面的重大转变。一是商业贿赂的适用场景从"销售或购买商品"转变为"谋取交易机会和竞争优势"，二是受贿方的范围从"交易相对方"扩充为"利用职权或者影响力影响交易的单位或者个人"。有学者将其概括为从代理人型商业贿赂到非代理人型商业贿赂的转变。① 由此构成行贿方—受贿方—交易相对方的三角关系。其中，行贿方为了在与交易相对方的交易中取得优势，对受贿方给予一定的利益输送，行贿方与受贿方是商业贿赂关系。但行贿方所追求的并不是受贿方将自己的利益让渡给行贿方，而是希望通过受贿方来获取交易相对方的利益。行贿方与交易相对方表现为交易关系，是行贿方获取利益的主要途径。

实际上在《反不正当竞争法》修改之前，执法实践中已经开始了对受贿方的扩大化认定。例如经销商向超市支付的"通道费"、啤酒公司给饭店服务员支付的"瓶盖费"、旅游景点给出租车司机支付的"拉人佣金"、商店给导游支付的"人头费"或"停车费"等，目的都是通过一定的利益诱惑实现优先推荐商品，从而在同类商品竞争中获得优势地位。与此同时，在"利益引诱"观念指导下，执法部门容易出现过于严格的倾向，一些正常的市场竞争及营销行为，如常见的商家赠送优惠券、满额减等促销手段也有可能被定为商业贿赂。那么问题的核心就在于如何把握受贿方的合理范围，即如何认定对交易产生"影响力"。笔者认为，应当从影响力来源、作用方式、效果进行具体判断。

第一，从影响力的来源看，影响力应指利用其职权或者地位能够对促成交易施加重要影响，这一影响力既不是指法律授予的权力，也不能扩展至人与人之间正常的社会联系，而通常指源自合同产生的民事关系、委托关系，或者是基于法律法规所确立的管理与被管理关系等。基于上述关系，受贿方往往成为行贿方与交易相对方的必要媒介，直接决定交易能否达成。第二，从影响力的作用方式看，如果仅以利益诱导认定受贿方范围同样失之偏颇，不易与广告、有奖销售、搭售等合法的销售行为进行区分。《反不正当竞争法》所禁止的应当是受贿方利用相较于交易相对方的信息优势地位而施加的影响，也即"秘密推销"。在交易相对方对推销理由并不知情，甚至基于信赖认为这些推销行为是受贿方基于自己的专业能力作出的最优选择。相反，《反不正当竞争法》不应对公开推销予以干预，消费者在明知受贿方受到资助的情况下而自愿选择的交易不属于商业贿赂规制的范围。第三，从影响力的效果来看，交易相对方与受贿方形成一定的信赖关系，相应的受贿方对交易相对方具有忠实义务。受贿方应基于自己的专业判断向交易相对方推荐优质的产品和服务。因此，非代理人型的商业贿赂行为所侵犯的客体应为交易相对方的信赖利益，这一利益属于预期利益，并未实际发生。

具体到本案，天津某公司为行贿方，创意园区建设管理单位为受贿方，创

---

① 侯利阳：《论商业贿赂行为的类型化处理——兼论〈反不正当竞争法〉相关条款的修订》，载《法学》2024 年第 5 期。

意园区的商户为交易相对方。天津某公司在与创意园区商户确立电信服务关系时获取优先于其他电信经营者的地位，向创意园区建设管理单位输送利益。创意园区建设管理单位作为创意园区的建设单位，同时也承担着物业管理的职能。一方面，电信经营者在进驻园区前必须与其接洽；另一方面，商户租赁楼宇也必须接受其物业管理，其具有优先推荐电信服务或要求客户确认使用电信服务的权利。创意园区建设管理单位收取贿赂后保证在合同期内，天津某公司为本项目提供通信业务的唯一供应商，并在与入园商户签约时，将同意园区宽带由天津某公司提供服务作为签约的前提条件，限制入园商户选择其他运营商或者运营代理商企业的权利，从而使天津某公司取得了向入园客户提供网络接入服务的竞争优势。因此，创意园区建设管理单位违背了对园区商户负有的忠实义务以及园区商户的信赖利益，应认定为受贿方。

三、商业贿赂主观目的的认定

目的要件是认定商业贿赂行为的核心要素。因行为目的属于主观意图，通常应当结合客观的贿赂行为进行判断。以投资为手段的商业贿赂往往签订有投资协议，行贿人以商事投资为名输送利益，具有较强的隐蔽性。判断商事投资的目的是否是谋取交易机会或者竞争优势，重点应当确认合同对价。以投资谋取竞争优势型商业贿赂中，行贿方出资参与建设，受贿方提供的对价并非到期支付的利息或者其他投资收益，而是交易机会。以医疗领域的设备投放协议为例，医疗企业向医院免费投放医疗设备，医院承诺的对价是在一定时间内排他性定向医药、耗材采购，医疗企业据此获得相较于其他企业的竞争优势，因此属于商业贿赂行为。[①] 本案中，天津某公司为创意园区建设管理单位出资完成项目所需的通信配套设施建设，创意园区建设管理单位保证在合同期内，天津某公司为本项目提供通信业务的唯一供应商。无天津某公司许可，创意园区建设管理单位不得允许其他运营商或运营商代理企业进驻本项目。足以说明天津某公司投资的核心目的是获取园区唯一供应商地位，天津某公司签署协议所获得的对价是排他性的竞争优势，因此构成商业贿赂。

值得注意的是，谋求竞争优势为目的要件，而非结果要件，至于输送利益后行贿方是否实际取得竞争优势、是否实际获利，可以在行政处罚裁量时作为评价危害后果的依据，但不影响商业贿赂行为性质的认定。

"自由竞争是市场经济之魂，市场经济在本质上是自由竞争经济。"在当前经济飞速发展的时代背景下，电信、医疗、基建等基础领域内的商业贿赂案

[①] 张天翔、张步峰：《试论医疗行业商业贿赂行政法律责任——以免费设备投放行为为例》，载《潍坊学院学报》2021年第4期。

件频发，致使依法打击商业贿赂、规范市场竞争秩序的重要性愈发凸显。司法应当在个案中注意准确识别商业贿赂行为，支持市场监管机关依法行政，同时也要防止将正常的市场交易行为纳入惩治范围，影响市场活力，发挥好司法保障作用。

（一审法院合议庭成员　曹　实　葛明柱　周光庆
编写人　北京市西城区人民法院　曹　实　颜九洲
责任编辑　李　晶
审稿人　韩德强）

余某某诉厦门市公安局思明分局行政处罚案

——听取未成年人意见的案件范围认定

关键词：行政　行政处罚　涉及未成年人案件　与未成年人有关联案件听取未成年人意见

【裁判要旨】

治安处罚案件中，需要听取未成年人意见的案件系未成年人作为违法行为人、受害人或其他利害关系人的案件，而非与未成年人有关联的案件。

【相关法条】

《中华人民共和国行政诉讼法》

第六十九条　行政行为证据确凿，适用法律、法规正确，符合法定程序的，或者原告申请被告履行法定职责或者给付义务理由不成立的，人民法院判决驳回原告的诉讼请求。

【案件索引】

一审：福建省厦门市集美区人民法院（2023）闽0211行初5号（2023年3月31日）

【基本案情】

原告余某某诉称：被告作出的行政处罚决定，主要证据不足，且处罚失当，于法无据。故根据《行政诉讼法》第七十条之规定，该行政处罚决定应当予以撤销。为维护自身合法权益，保证行政机关依法行使职权，根据《行政诉讼法》第十二条第一款第一项、第十四条之规定，特向法院提起诉讼，望法院查明事实，依法裁判。请求法院判令：（1）判令撤销被告《74 号行政处罚决定》；（2）判令被告承担本案全部诉讼费用。

被告厦门市公安局思明分局（以下简称思明公安分局）辩称：（1）根据《治安管理处罚法》第九十一条规定，思明公安分局有作出本案公安行政处罚决定的法定职权。（2）思明公安分局对原告余某某作出的行政处罚决定事实清楚，证据确凿。经依法调查查明：2022 年 4 月 30 日 20 时许，违法行为人余某某在厦门市思明区家中，因教育孩子问题与妻子佘某甲（本案被侵害人）发生口角，违法行为人余某某徒手殴打佘某甲的左侧头部。后经思明公安分局物证鉴定室鉴定，佘某甲的损伤程度系轻微伤。以上情况有违法行为人余某某的陈述和申辩、被侵害人佘某甲的陈述、鉴定文书、报警记录、到案经过、佘某甲的病历资料、违法行为人余某某的户籍信息以及违法犯罪经历查询情况说明等证据为证。（3）思明公安分局对原告余某某作出的行政处罚决定适用法律准确，程序合法，量罚适当。根据《治安管理处罚法》第四十三条第一款之规定，2022 年 6 月 10 日，思明公安分局依法作出对原告余某某行政拘留七日，并处罚款人民币 500 元的处罚，因疫情原因延缓执行行政拘留。综上所述，思明公安分局对原告余某某作出的行政处罚决定事实清楚、证据确凿、适用法律准确、程序合法、量罚适当，恳请法院依法驳回原告余某某的诉讼请求。

法院经公开审理查明：2022 年 4 月 30 日 20 时许，原告余某某与妻子佘某甲因教育女儿问题发生纠纷，余某某用手殴打了佘某甲左侧头部。被告思明公安分局于当日 20 时 53 分接到佘某甲的报警，称因家庭问题引发矛盾，后被丈夫殴打。该案于 2022 年 5 月 1 日予以受案登记。2022 年 5 月 1 日 1 时 38 分左右，佘某甲至某医院就诊，临床诊断为头面部软组织损伤。

2022 年 5 月 1 日，思明公安分局出具《到案经过》。2022 年 5 月 1 日、2022 年 6 月 10 日，思明公安分局对余某某进行询问并制作询问笔录。余某某在 2022 年 5 月 1 日的询问中陈述："我看到孩子被她打哭了之后实在气得忍不住，就直接挥拳打了她的左侧头部，阻止她对女儿进行殴打。"余某某在 2022 年 6 月 10 日的询问中陈述："我虽然造成了我的妻子佘某甲的受伤，但是我的初衷是为了防止佘某甲暴力伤害我们家小孩余某乙，不是故意要造成佘某甲的受伤。"

2022 年 5 月 1 日，思明公安分局对佘某甲进行询问并制作询问笔录。佘某甲在该次询问中陈述，案发当日，其与余某某因为家庭琐事和婆媳关系发生一些争执，其当时有打余某乙脸部和背部，轻轻踢了余某乙一两下，佘某甲认为该行为属于对自己孩子的正常教育。余某某系直接挥拳打了其左侧头部太阳穴和脸部五六拳。

2022 年 5 月 23 日，思明公安分局物证鉴定室作出思公鉴〔2022〕156 号《鉴定书》，鉴定意见为佘某甲的损伤程度系轻微伤。

2022 年 5 月 26 日，思明公安分局申请延长办案审限 30 日。

2022 年 6 月 10 日，思明公安分局就该案拟对余某某作出的行政处罚进行集体讨论。同日，思明公安分局向余某某告知拟对其作出的行政处罚，余某某于当日在告知笔录上签字确认并载明其要提出陈述和申辩。

2022 年 6 月 10 日，思明公安分局作出《74 号行政处罚决定》，查明 2022 年 4 月 30 日 20 时许，违法行为人余某某在厦门市思明区家中，因教育孩子问题与妻子佘某甲（本案被侵害人）发生口角，违法行为人余某某徒手殴打佘某甲的左侧头部。后经思明公安分局物证鉴定室鉴定，佘某甲的损伤程度系轻微伤。根据《治安管理处罚法》第四十三条第一款，决定对余某某处以行政拘留七日并处罚款 500 元。因疫情原因延缓执行行政拘留。上述处罚决定书于 2022 年 6 月 10 日送达原告余某某。同日，思明公安分局作出延缓行政拘留审批，并向余某某家属送达行政拘留家属告知书。

另查明，余某某与佘某甲育有一女余某乙，其于 2018 年 4 月 2 日出生。佘某甲在 2022 年 4 月 20 日本案案发时系肺癌晚期患者，后因病不治于 2022 年 12 月 27 日离世。第三人余某乙、曾某某系佘某甲父母。

原告余某某在庭审过程中陈述，案发当晚，因在公安机关专注处理案件，未带女儿余某乙就医。佘某甲当时打孩子很用力，孩子哭声很大。

【裁判结果】

福建省厦门市集美区人民法院于 2023 年 3 月 31 日作出（2023）闽 0211 行初 5 号行政判决：驳回原告余某某的诉讼请求。判决作出后，双方均未上诉，一审判决已生效。

【裁判理由】

法院生效裁判认为，《治安管理处罚法》第七条规定："国务院公安部门负责全国的治安管理工作。县级以上地方各级人民政府公安机关负责本行政区域内的治安管理工作。治安案件的管辖由国务院公安部门规定。"思明公安分局对发生于本行政区域内的涉嫌治安违法案件，具有依法调查处理的法定职权。

根据在案证据，余某某因家庭琐事及教育问题与佘某甲发生口角，进而徒手殴打佘某甲的头部，后经思明公安分局物证鉴定室鉴定，佘某甲的损伤程度系轻微伤，该处罚决定认定事实清楚。关于佘某某提出，其打佘某甲系保护其女儿免受佘某甲侵害的主张，法院认为，在案证据无法体现佘某甲对佘某乙实施了危害人身安全的行为，原告也未举证证明佘某乙存在伤情。且若原告认为佘某乙存在危险，其亦可以采用其他方式予以劝导、隔离，但原告却采用击打佘某甲头部的方式。思明公安分局结合案情，认定原告的行为构成故意殴打他人，定性准确。对原告的前述主张，法院不予采纳。

关于办案程序问题。佘某某主张案涉行政处罚告知未依法告知听证权利。法院认为，治安拘留并不属于法定的需要听证的情形，被告在行政程序中对原告进行了处罚前告知，保障了原告的陈述、申辩权，不违反法律规定。思明公安分局对本案经立案、调查、鉴定、罚前告知、集体讨论等程序后，作出案涉行政处罚决定，鉴定机构及鉴定人员具有相应资质，程序上符合规定。

关于原告提出的本案属于涉及未成年人案件，思明公安分局未听取未成年人意见，构成违法。法院认为，《未成年人保护法》第二十条规定："未成年人的父母或者其他监护人发现未成年人身心健康受到侵害、疑似受到侵害或者其他合法权益受到侵犯的，应当及时了解情况并采取保护措施；情况严重的，应当立即向公安、民政、教育等部门报告。"第一百零二条规定："公安机关、人民检察院、人民法院和司法行政部门办理涉及未成年人案件，应当考虑未成年人身心特点和健康成长的需要，使用未成年人能够理解的语言和表达方式，听取未成年人的意见。"根据前述规定，需要听取未成年人意见的案件系未成年人作为受害人的案件。本案系佘某某殴打佘某甲，受害人为佘某甲，不属于前述法律规定涉及的需要听取未成年人意见的范畴。原告的前述主张缺乏依据，法院不予采纳。

综上，被告思明公安分局作出案涉行政处罚决定，事实认定清楚，结果正确，量罚适当，程序上并无不当。

【案例注解】

一、"听取未成年人意见"相关立法现状及其必要性

（一）立法现状

在我国现行法律体系中，对"听取未成年人意见"作出专门规定的法律主要在《未成年人保护法》当中。该法第四条规定了保护未成年人，应当坚持最有利于未成年人的原则，并罗列了处理涉及未成年人事项时应当符合的要

求，其中之一即为听取未成年人的意见。① 同法第一百零二条则明确规定了"应听取未成年人意见"的情况，即公安机关、人民检察院、人民法院和司法行政部门办理涉及未成年人案件，应当考虑未成年人身心特点和健康成长的需要，使用未成年人能够理解的语言和表达方式，听取未成年人的意见。

（二）必要性

《未成年人保护法》第一百零二条的条文系由2012年修正的《未成年人保护法》第五十一条第一款修改而来，系考虑到未成年人因年龄较小、身心尚未成熟，且阅历不足，对一些事务及法律用语、程序等缺乏足够理解能力等现实情况，要求相关部门办理涉未成年人案件时，使用其可以理解的语言和表达方式推进，有助于未成年人全面准确理解相关事项，提高其表达内心想法、真实意见的意愿，在保证办理案件质效的同时，促进与未成年人之间的情感沟通，促使其降低心理防线，减轻畏惧情绪等，有利于后续帮扶教育及相关救助工作的开展。

从第一百零二条规定的立法观点来看，结合该法第四条、第十九条②、第二十条③规定，听取未成年人意见旨在通过充分保护未成年人的参与权、表达权，进而实现保护其合法权益不受侵害的目的。这是最有利于未成年人原则的相应体现，是实现最有利于未成年人原则的途径，亦是必须贯彻落实的方法论。

二、"涉及未成年人案件"认定

（一）未成年人涉案角色分类

1. 未成年人系违法犯罪行为人。未成年人本人系违法犯罪行为的作出者，司法活动的开展系为处理未成年人违法犯罪行为，例如要求其监护人加强监管、教育，或对其作出行政处罚，造成严重后果，构成犯罪的，追究其刑事责任。

2. 未成年人系被害人或受害人。被害人或受害人二者的区别主要在于，

---

① 《未成年人保护法》第四条规定："保护未成年人，应当坚持最有利于未成年人的原则。处理涉及未成年人事项，应当符合下列要求：（一）给予未成年人特殊、优先保护；（二）尊重未成年人人格尊严；（三）保护未成年人隐私权和个人信息；（四）适应未成年人身心健康发展的规律和特点；（五）听取未成年人的意见；（六）保护与教育相结合。"

② 《未成年人保护法》第十九条规定："未成年人的父母或者其他监护人应当根据未成年人的年龄和智力发展状况，在作出与未成年人权益有关的决定前，听取未成年人的意见，充分考虑其真实意愿。"

③ 《未成年人保护法》第二十条规定："未成年人的父母或者其他监护人发现未成年人身心健康受到侵害、疑似受到侵害或者其他合法权益受到侵犯的，应当及时了解情况并采取保护措施；情况严重的，应当立即向公安、民政、教育等部门报告。"

前者通常适用于刑事领域，后者通常适用于民事领域，共同特点是二者的权益均因违法犯罪行为人的行为而受到了损害。例如在刑事领域，作为遗弃、虐待等罪犯罪对象的未成年人，又如在民事领域，作为侵权责任纠纷被侵权人的未成年人等。

3. 未成年人系其他利害关系人。利害关系人的具体范围当前未通过立法明确规定，应具体问题具体分析，在涉及未成年人的案件中，只要司法活动的过程或结果可能对未成年人的权益造成影响，就应认为未成年人是其他利害关系人，例如在民事纠纷中的家事领域，司法活动对未成年人抚养权的归属判定，会对未成年人成长和生活产生影响，故应听取未成年人的意见，尊重其真实的意愿。

（二）"涉及未成年人案件"的具体认定

根据前文对未成年人涉案角色的分析，可以得出上述案件所具有的共同特征，即司法活动过程或结果会对案涉未成年人的主体利益、权利、权益等产生增加、增进、增值或者减少、降低、去除的影响，故在该类案件的办理过程中，为贯彻最有利于未成年人的原则，保护未成年人的合法权益，应充分尊重、保护未成年人的参与权与表达权，听取其意见，方符合未成年人保护法立法价值。

三、"与未成年人有关联的案件"识别与处理

司法实践中，有一类型案件易与涉及未成年人案件混淆，即与未成年人有关联的案件。在这类案件中，亦有未成年人的身影存在，但未成年人在其中的角色并非前文所提到的三类角色之一。在该类案件中，司法活动的过程、结果，不会对未成年人的利益、权利、权益等产生增加、增进、增值或者减少、降低、去除的影响。"皮之不存毛将焉附"，在该类案件中讨论未成年人的参与权与表达权、听取未成年人意见缺乏必要性，故可不将听取未成年人意见作为该类案件司法活动的必要程序而推进。因此，在办理涉及未成年人的案件时，应先行判断该案系涉未成年人案件，抑或与未成年人有关联案件，将案件定性之后，再依照前者应当听取未成年人意见、后者无须听取未成年人意见的司法程序要求办理案件。

在《行政处罚法》《治安管理处罚法》中，未对听取未成年人意见作出明确规定，但保护未成年人合法权益不受侵害也应是立法原则之一。故在行政领域的司法实践中，办理涉未成年人案件时，可参照民事领域对未成年人保护的相关规定，进行类推适用。

四、结合本案的分析

本案中，案涉行政处罚所针对的行为系原告佘某某故意殴打妻子佘某甲，该行为造成了受害人佘某甲受轻微伤的危害后果，佘某某提出该殴打行为系为阻止佘某甲对女儿佘某乙的殴打而发生，但一未提供相应证据，二即使该情况属实，其殴打行为亦超过了阻止佘某甲行为产生危害后果的必要限度，佘某某的殴打行为以及造成的危害后果已经符合予以行政处罚的主客观条件，对其作出行政处罚不会对其女儿佘某乙的权益产生直接影响，该案件应属于与未成年人有关联的案件，而非涉及未成年人的案件，故无须听取其女儿佘某乙的意见。被告思明公安分局作出案涉行政处罚程序合法正当，对于原告佘某某的诉求，不应予以支持。

（一审法院合议庭成员　蓝水凤　陈　鹏　孙晓玉
编写人　福建省厦门市集美区人民法院　陈佳菁
责任编辑　李　晶
审稿人　韩德强）

上海某公司诉上海市青浦区人力资源和社会保障局工伤保险资格认定案

——个人挂靠经营行为的性质认定及工伤保险责任主体的司法审查

关键词：行政　挂靠经营　工伤保险　责任主体　司法认定

【裁判要旨】

在车辆挂靠关系中，被挂靠方作为取得货物运输许可资质的授权主体，应与挂靠方共同承担经营运输风险，仅以协议约定不能免除其作为被挂靠方在工伤保险关系中应当承担的风险和责任。个人挂靠其他单位对外经营并非符合典型的劳动关系成立要件，对于工伤保险责任承担单位的司法确认，需要根据相关法律规定，结合挂靠合意、经营模式和登记注册等因素进行审查和认定。不仅应从外观形式考虑是否属于挂靠经营模式，更应综合审查是否符合挂靠经营的实质要件，依法审慎作出相应裁判。

【相关法条】

《最高人民法院关于审理工伤保险行政案件若干问题的规定》

第三条　社会保险行政部门认定下列单位为承担工伤保险责任单位的，人民法院应予支持：

（一）职工与两个或两个以上单位建立劳动关系，工伤事故发生时，职工为之工作的单位为承担工伤保险责任的单位；

（二）劳务派遣单位派遣的职工在用工单位工作期间因工伤亡的，派遣单位为承担工伤保险责任的单位；

（三）单位指派到其他单位工作的职工因工伤亡的，指派单位为承担工伤保险责任的单位；

（四）用工单位违反法律、法规规定将承包业务转包给不具备用工主体资

6

格的组织或者自然人，该组织或者自然人聘用的职工从事承包业务时因工伤亡的，用工单位为承担工伤保险责任的单位；

（五）个人挂靠其他单位对外经营，其聘用的人员因工伤亡的，被挂靠单位为承担工伤保险责任的单位。

前款第（四）、（五）项明确的承担工伤保险责任的单位承担赔偿责任或者社会保险经办机构从工伤保险基金支付工伤保险待遇后，有权向相关组织、单位和个人追偿。

【案件索引】

一审：上海市闵行区人民法院（2023）沪0112行初224号（2023年8月28日）

二审：上海市第一中级人民法院（2023）沪01行终838号（2024年2月27日）

【基本案情】

原告上海某公司（以下简称某公司）诉称：生效判决已确认张某与某公司无劳动关系，且人民法院查明张某系由岳某雇用，岳某未将案涉车辆开至某公司处车管所办理所有权变更登记手续。因某公司与岳某之间是车辆出售之后未办理变更登记的情形，依据《最高人民法院关于购买人使用分期付款购买的车辆从事运输因交通事故造成他人财产损失保留车辆所有权的出卖方不应承担民事责任的批复》，某公司不应对登记在自身名下的案涉车辆的交通事故承担连带责任。岳某从未以某公司的名义对外经营、招揽业务、招聘员工、签订合同；某公司也从未与岳某形成挂靠经营的合意，本案中也没有挂靠经营的其他情形。故上海市青浦区人力资源和社会保障局（以下简称青浦区人社局）认定岳某与某公司系挂靠经营关系，从而作出的认定工伤决定不符合法律规定，请求法院判令撤销青浦区人社局于2022年9月13日作出的认定工伤决定。

被告青浦区人社局辩称：案涉车辆转让给岳某的时间是2020年6月，根据《道路运输条例》第二十四条的规定，申请从事货运经营的，应当依法向市场监督管理部门办理有关登记手续后再向交通运输主管部门提出申请，即从事道路货运经营的主体不能是自然人；案涉车辆的道路运输证载明，业户名称为某公司，车辆审验及技术登记记录页表明该车每年要经过审验，最后等评有效期为2021年4月。本案中，岳某将案涉车辆登记在某公司处，以某公司的名义为该车辆办理道路运输证，以某公司的名义承揽快递公司的道路运输业务，快递公司支付运费，该情形符合"个人挂靠其他单位对外经营"的情形。张某发生事故的地点也处于运输货物的合理路线上。因此，青浦区人社局作出的认定工伤决定，认定事实清楚，证据确凿，适用法律、法规正确，程序和权限合法，请求法院依法驳回某公司的诉讼请求。

第三人孙某述称：案涉车辆系岳某所有，但其没有营运资质，车辆运输使用的是某公司行驶证；车厢配备及车辆保险也是由某公司安排与购买；微信工作群的聊天记录也可以证明张某的工作由某公司授意安排，服从某公司的管理制度。案涉车辆挂靠在某公司处，张某与某公司形成事实劳动关系，某公司应当承担张某的工伤保险责任。

法院经审理查明：2020年6月，某公司、赵某、岳某三方签订合作车辆转让单，约定某号牌的重型半挂牵引车由赵某转让给岳某。车辆的机动车行驶证载明的所有人为某公司，检验有效期至2021年10月，车辆的道路运输证载明的业户名称为某公司，车辆审验及技术等级记录页显示该车曾多次经过评审，最后等评有效期为2021年4月。2021年2月24日8时37分许，张某驾驶涉案车辆在高速匝道内，与左侧护栏发生刮擦碰撞后车辆侧翻，造成张某死亡、车辆受损、货物受损及高速公路设施受损的道路交通事故。经当地医院急救中心确认，张某死亡原因为颅脑损伤（车祸）。涉案车辆的"快递网络班车出车凭证"显示，当日的运输线路是临沂—南昌，计划出发时间为6时30分，计划到达时间为21时00分。

2021年7月5日，孙某（系张某妻子）就张某受伤死亡一事向青浦区人社局申请工伤认定。青浦区人社局于2021年7月13日予以受理，因张某与某公司劳动合同纠纷一案正在诉讼过程中，青浦区人社局于当日对该案中止审理。2022年7月21日，因中止原因消除，青浦区人社局恢复审理，并于当日向某公司发出提供证据通知书。经调查，青浦区人社局于2022年9月13日作出《认定工伤决定书》，主要内容为：2021年2月24日，张某驾驶车辆送货途中，发生交通事故导致死亡。该车辆登记在某公司名下。某公司将车辆违法转让给岳某，张某系岳某招用的司机，被长期安排在运输线从事货物运输工作。某公司为承担张某工伤保险责任的单位。张某受到的事故伤害，符合《工伤保险条例》第十四条第一项、《上海市工伤保险实施办法》第十四条第一项之规定，属于工伤认定范围，现予以认定为工伤。

因确认张某劳动关系等事宜发生争议，孙某等亲属于2021年4月13日向上海市青浦区劳动人事争议仲裁委员会申请仲裁。该仲裁委于同年6月1日作出裁决：某公司于裁决生效之日起5日内支付孙某等2021年2月21日至2021年2月24日期间张某的工资1600元；对孙某等要求确认张某与某公司于2020

年8月26日至2021年2月24日期间存在劳动关系的请求不予处理。孙某等与某公司均不服上述裁决结果，分别向上海市青浦区人民法院提起诉讼，法院依法审理，并追加岳某作为第三人参加诉讼。上海市青浦区人民法院经审理后于2021年11月22日作出判决：一、某公司于判决生效之日起10日内支付孙某等2021年2月21日至2月24日期间张某的工资1600元；二、孙某等要求确认张某与某公司于2020年8月26日至2021年2月24日期间存在劳动关系的诉讼请求不予支持。孙某等不服该判决，向上海市第二中级人民法院提起上诉。上海市第二中级人民法院经审查后作出判决：驳回上诉，维持原判。

【裁判结果】

上海市闵行区人民法院于2023年8月28日作出（2023）沪0112行初224号行政判决：驳回某公司的诉讼请求。

某公司向上海市第一中级人民法院提起上诉。上海市第一中级人民法院于2024年2月27日作出（2023）沪01行终838号行政判决：驳回上诉，维持原判。

【裁判理由】

法院生效裁判认为：根据《工伤保险条例》第五条第二款的规定，青浦区人社局受理孙某的工伤认定申请后，经法定中止和恢复审理程序，在调查后作出被诉认定工伤决定并送达当事人，程序符合法律规定。本案中，根据生效的民事判决可以确认，涉案车辆登记在某公司名下，但岳某与某公司订有合作车辆转让合同，涉案车辆由岳某占有使用并运营管理，张某系由岳某招聘入职、由岳某发放工资、驾驶岳某管理的车辆完成运输任务，上述事实符合"个人挂靠其他单位对外经营"的情形。某公司与岳某虽然存在涉案车辆的买卖约定，但涉案车辆所有权以及相关道路运输营运资质均仍登记在某公司名下，且岳某并不具有道路运输经营资质，同时，岳某在占有使用涉案车辆过程中雇请张某从事道路运输经营业务。综合上述事实，某公司与岳某之间既存在涉案车辆买卖的法律关系，也符合个人挂靠经营的实质要件。根据生效民事判决、事发当日涉案车辆的出车凭证、微信群聊天记录等证据可以证明，涉案车辆发生事故的时间、地点与出车凭证的记载相互印证，发生事故的地点处于运输货物的合理路线上。张某所受事故伤害，系在工作时间和工作场所内，因工作原因受到事故伤害，符合《工伤保险条例》第十四条第一项认定工伤的情形。青浦区人社局据此认定张某所受事故伤害属于工伤认定范围，符合法律规定。

【案例注解】

工伤保险责任主体认定既要考虑对职工正当权益的依法保障，又要避免不当增加用人单位的负担，加强对因工受伤者的医治和补偿，同时督促用人单位改善劳动保护条件。在车辆挂靠关系中，被挂靠方具有货物运输许可资质，应与挂靠方共同承担经营运输风险，仅以协议约定不能免除其作为被挂靠方在工伤保险关系中所承担的风险和责任。

一、要件审查：个人车辆挂靠其他单位经营行为的性质判定

道路交通领域的机动车辆挂靠，一般是指不具备道路运输资质的个人或者企业（挂靠方），为满足车辆运输经营管理上的需要，以其他具备资质的个人或者企业（被挂靠方）的名义，从事道路运输经营的行为。对于挂靠经营行为的性质判定，除考虑其行为外观是否符合挂靠经营的形式特征外，还应审查是否符合挂靠经营的实质要件。

（一）货物运输许可制度与车辆挂靠经营模式

根据《道路运输条例》《道路货物运输及站场管理规定》等规定，我国货物运输实行许可制度，从事道路货物运输经营必须向道路运输管理机构提出申请。道路运输管理机构予以许可的，取得道路运输经营许可证之后方可经营。从事道路货物运输的前提是取得相应的市场准入资格，并具有与其经营业务相适应并经检测合格的车辆、符合规定的驾驶人员以及健全的经营安全管理制度等基本条件。未取得国家道路运输经营资质的个体为合法从事货物运输经营活动，经常采用将货运车辆登记在有运输经营资质的单位名下，并由被挂靠方为挂靠车辆办理营运证件，挂靠方向被挂靠方支付一定费用的挂靠经营模式，实质上是具有道路运输许可证的被挂靠方向不具备道路运输经营资格的挂靠方提供使用道路运输经营许可证的行为。

车辆挂靠经营模式主要有以下特征：一是由挂靠方实际出资购买车辆，并拥有挂靠车辆的实际所有权；二是挂靠方通过支付一定费用，以被挂靠方的名义从事道路运输经营，规避行政机关对道路运输资质的审批；三是挂靠方作为车辆的实际控制人，并负责挂靠车辆驾驶人的聘用以及具体经营管理，被挂靠方的经营管理通常只是流于形式；四是被挂靠方难以切实履行车辆安全技术检验、驾驶人员安全教育培训以及业务管理等安全生产主体责任，对道路交通安全造成一定隐患。本案中，涉案车辆登记在某公司名下，但岳某与某公司订有合作车辆转让合同，车辆由岳某占有使用并运营管理，某公司通过关联企业向岳某定期支付运输费，某公司就部分运输线路与岳某存在合作经营关系。张某

系由岳某招聘入职、由岳某发放工资、驾驶岳某管理的车辆完成运输任务，符合"个人挂靠其他单位对外经营"的情形。

（二）车辆挂靠经营活动中的多重法律关系

在车辆挂靠运输经营活动中，涉及不同法律主体和多重法律关系。运输公司依法取得准入运输资格，按照运输企业的法律规定登记注册，负责管理车辆运输经营活动。运输公司与其直接雇用的司机等劳动者之间成立劳动关系，可以为其办理各类社会保险。由于货物道路运输行业的特殊性，部分自然人车主以个人投资购买的方式取得车辆用于运输经营，但无法取得运输许可资质，进而采取挂靠方式向有资质的运输企业定期交纳挂靠费用，以该企业名义从事运输业务，双方采用民事合同形式缔约。挂靠车辆的司机具有运输车辆的驾驶执照，一般与挂靠车主口头约定支付报酬并确定出车运输工作量。

上述三类主体之间形成的多重法律关系相对复杂。一是运输公司与挂靠车主之间基于挂靠产生的基础法律关系。二者之间系一般合同关系，挂靠方支付挂靠费用，被挂靠方提供运输资质。现行法律并未对挂靠法律关系作出明确的禁止性规定。因缺乏直接法律依据，对运输秩序、市场制度、车辆管制等领域造成了一定程度的影响。二是挂靠车主与其聘用的司机之间成立的民事雇佣关系。车主按照约定定期支付报酬，司机根据车主指示从事驾驶业务。实际上，车主雇用司机从事货物运输是以挂靠单位的名义进行，挂靠车主并不具备运营资质。三是运输公司与挂靠车辆的司机之间的关系。二者之间没有雇佣联络或者工作合意，不具备劳动关系的基本特征，不宜直接认定其形成劳动关系。运输公司与挂靠车辆的司机之间没有劳动合同，不存在从属性关系，运输公司不对挂靠车辆司机进行管理、培训、支付报酬、缴纳社会保险费用，形式上并不符合劳动关系的基本特征。但在挂靠车辆司机发生交通事故的情况下，挂靠车辆是以运输公司的名义进行经营，并不能据此排除运输公司应当承担的相关法律责任。

二、主体识别：挂靠运输经营模式的工伤保险责任单位

社会保险行政部门进行工伤认定，一般以劳动者和用人单位之间存在劳动关系为前提，除非法律、法规以及司法解释另有规定。由于个人挂靠其他单位对外经营并非符合典型的劳动关系成立要件，对于工伤保险责任承担单位的司法确认，需要根据相关法律规定，结合挂靠合意、经营模式和登记注册等因素进行审查和认定。

（一）挂靠经营的劳动关系审查和监督管理责任

在一般劳动关系中，用人单位应承担劳动者工伤保险待遇的支付责任。随着社会经济的发展，产生大量个人挂靠其他单位对外从事经营活动的新型业

态。在挂靠运输经营模式下，挂靠车辆的司机与被挂靠单位以及挂靠车主之间一般均不成立劳动关系。就劳动关系以外的法律责任而言，被挂靠单位、挂靠车主对所雇用的司机可能承担类似用人单位的雇主责任。通常情况下，社会保险行政部门作出工伤保险资格认定，应当以存在劳动关系为前提和基础，但是基于挂靠运输经营模式的特殊性，确定工伤保险责任承担主体，无论在归责原则还是责任后果上，均应体现对挂靠车辆的司机或者其他第三人的充分保护，以及对被挂靠单位和挂靠车主的严格要求。个人挂靠其他单位对外经营，若无证据证明被挂靠单位明确反对其特定关系人聘用人员驾驶挂靠车辆，被挂靠单位具有对所聘用的驾驶人员进行安全管理和风险防范的义务。

挂靠经营是以被挂靠单位的名义开展货物运输活动，被挂靠单位与挂靠车主所雇用的司机之间存在间接指挥与被指挥、管理与被管理的关系。挂靠运输经营中的挂靠方支付相关费用，作为使用其他单位货物运输许可资质的对价，被挂靠单位收取管理费用获取收益，亦应当对挂靠方的经营管理行为负责，同时承担特定的运输风险和管理义务。本案中，某公司作为涉案车辆的被挂靠单位，负有管理挂靠车辆、控制营运风险的义务、能力和可能性，岳某对外亦以某公司的名义从事货物运输服务，如果疏于监督管理，径行任由他人随意使用或者聘请驾驶人员驾驶车辆从事道路运输，某公司应当承担相应的法律责任。相比于一般小型车辆，从事道路运输的货运车辆危险更大、风险更高，被挂靠单位尽到必要管理义务，可以在一定程度上避免挂靠车辆构成危害运输安全的风险因素，维持正常的道路交通管理秩序。

（二）车辆挂靠经营的工伤保险责任主体确定

依据《最高人民法院关于审理工伤保险行政案件若干问题的规定》第三条第五项规定，个人挂靠其他单位对外经营，其聘用的人员因工伤亡的，被挂靠单位为承担工伤保险责任的单位。即挂靠车辆司机在工作中遭受工伤事故伤害，由被挂靠单位即运输企业作为承担工伤保险责任的单位。上述司法解释的规定内容回避了挂靠车辆司机与被挂靠单位之间是否存在劳动关系的问题，仅特别规定双方之间可以构成工伤责任关系，立足于保护劳动者合法权益的视角，将涉及挂靠经营关系的工伤保险责任主体认定作为例外情形，在认定工伤时无须另行确认劳动关系，系对《工伤保险条例》一般规定以外的特殊情形的处理，避免行政审判与民事审判的冲突，对于保护挂靠车辆司机的工伤权益具有重要意义。此外，确定被挂靠单位作为承担工伤保险责任的主体，符合挂靠运输经营的实际情况。被雇用的驾驶车辆的司机与被挂靠单位和挂靠车主相比，完全处于弱势地位，如果驾驶人员在货物运输过程中受到伤害，不能认定其属于工伤，挂靠车主又缺乏足够的财产赔偿损失，驾驶人员的利益就难以得到充分有效的保障。

（三）被挂靠运输单位的举证责任承担

在工伤保险资格认定过程中，用人单位负主要举证责任，职工也承担一定的举证责任，劳动者对劳动关系和工伤事实负有初步举证责任，用人单位否认属于工伤的，应当由用人单位承担举证责任。根据《工伤保险条例》的规定，职工承担的举证责任一般包括提供存在劳动关系的证据、证明在事故中受到实际伤害、提供医疗诊断证明书或者职业病诊断证明材料等。社会保险部门在进行工伤认定时，如果用人单位否认工伤的，应由用人单位承担举证责任，如果用人单位拒绝举证或者所举证据不能否定工伤事实，将承担对己不利的后果。在挂靠运输经营模式中，被挂靠单位应当对其所提出的否认工伤事实的主张，提供确实充分的证据予以证明。

本案中，孙某向青浦区人社局提交了道路交通事故认定书、涉案车辆的道路运输证、情况说明等证据，上述证据能够证明张某发生交通事故受伤的事实，已经尽到职工应当承担的举证责任。某公司提供的证据不足以否定工伤事实，应当承担举证不能的不利后果。根据生效民事判决、事发当日案涉车辆的出车凭证、微信群聊天记录等证据可以确认，张某系岳某招用的司机，被安排在临沂—南昌运输线从事货物运输工作，涉案车辆发生事故的时间、地点与出车凭证上的记载相互印证，发生事故的地点处于运输货物的合理路线上。张某所受事故伤害，系在工作时间和工作场所内，因工作原因受到事故伤害，符合《工伤保险条例》第十四条第一项认定工伤的情形。

三、利益衡量：工伤认定的价值判断与劳动者权益保障

工伤保险责任主体认定及相关责任承担，既要体现人文关怀，又要考虑社会的承受能力，促进工伤保障功能的及时有效实现，在避免增加用人单位负担和保障职工合法权益之间实现平衡。在涉及车辆挂靠经营的工伤认定纠纷中，应当体现工伤保障的预防、康复和救助功能，促进被挂靠单位加强劳动安全教育、提高劳动保护条件，从而实现工伤预防的目的。

（一）职工权益保障与用人单位经营成本的平衡

工伤保险制度，是维护劳动者合法权益的重要手段，旨在强调对遭受工伤事故的劳动者及其家人基本生活需求保障，力求实现社会整体利益最大化。《工伤保险条例》的立法精神在于最大限度保护主观无恶意的劳动者，在其因从事工作或者与工作相关的活动遭受事故伤害或者患职业病后，能够获得医疗救治、经济补偿和职业康复的权利。在车辆挂靠运输经营关系中，被挂靠单位和挂靠车主都属于经营者序列，必然应当承担货物运输经营的相关风险。由于实践中挂靠车主一般独立承担风险的能力有限，由被挂靠车主转承相关风险与责任，系对挂靠车辆司机安全保障的充分考虑，体现对劳动者弱势地位的倾斜

保护。司法裁判中，注重平衡职工权益保障和用人单位经营成本之间的关系，确定由被挂靠单位承担工伤保险责任，符合保护劳动者合法权益的立法宗旨。本案中，没有证据充分证明某公司明确反对岳某聘请张某作为涉案车辆的司机，确定某公司作为工伤保险责任的承担单位，有利于促进被挂靠单位采取措施有效控制挂靠车辆，并加强对挂靠车辆及驾驶人员的监督管理。

（二）督促改善劳动保护条件的社会导向价值

挂靠运输经营的运作模式长期存在，应当逐步纳入规范管理的轨道，进一步深化挂靠运输领域的劳动者工伤保障改革。实践中，社会资本已经进入货物运输领域，个人出资购买车辆挂靠于具有运输资质的单位从事运输经营，应当严格登记、备案并进行车辆检验。强化被挂靠单位承担工伤保险责任，有利于督促被挂靠单位切实监督管理挂靠车辆，避免只收取挂靠费用，而忽视挂靠中可能存在的潜在风险。由于挂靠车辆通常不是由被挂靠单位自行管理和维护，被挂靠单位往往不愿意承担过多的义务，但被挂靠单位与挂靠方之间仅以协议约定，不能免除其同意挂靠后应当承担的风险和责任。本案的处理体现严格规制挂靠运输的裁判立场和强化劳动权益保障的价值导向，明确个人挂靠其他单位对外经营，被挂靠单位作为承担工伤保险责任的主体，应当采取有效措施改善劳动保护条件，降低货物运输驾驶风险。

（一审法院合议庭成员　朱坚峰　俞锦林　程丽美

二审法院合议庭成员　岳婷婷　周瑶华　李　弘

编写人　上海市第一中级人民法院　岳婷婷　刘天翔

责任编辑　李　晶

审稿人　韩德强）

《人民法院案例选》征稿启事

　　《人民法院案例选》是最高人民法院最早创办的案例研究出版物，也是我国改革开放以后出版时间最早、延续时间最长、出版册数最多的案例研究书籍，至今已出版199辑。书籍出版三十多年来，始终坚持"反映审判面貌，总结审判经验，研究审判理论，服务审判实践"的编选方针，突出"真实、典型、说理、及时"的编辑特色，以深入浅出的法理论证、规范流畅的法律语言，将最具时效性、典型性、新颖性的案件及裁判情况，办案法官的分析逻辑、法理运用、经验智慧，以及办案体悟，清晰完整地呈现给广大读者，是法官们做好审判执行工作的重要参考，也是社会各界认识了解人民法院工作的一个窗口。自出版以来，一直受到业内和社会各界的关注和欢迎。

　　为进一步提高该书质量，丰富稿件来源，增进该书与作者的互动交流，现面向广大法官和法律工作者以及喜好案例研究的各界人士公开征集稿件。

一、稿件范围

　　稿件应是对人民法院已生效裁判的深入分析，包括民事、刑事、商事、知识产权、行政、国家赔偿、仲裁、执行等方面案例的分析。具体体例格式请参见微信公众号"中国应用法学研究所"登载的《〈人民法院案例选〉编写体例及报送规范》一文，或咨询《人民法院案例选》编辑部（电话：010 – 67555922，010 – 67555919）。

二、来稿要求

　　1. 每篇来稿字数应不少于6000字（含图表），案例注解（分析）部分不少于4000字。

　　2. 来稿所涉案件应为裁判已生效案件，关于未生效案件的稿件一律不予采用。

　　3. 来稿内容应遵守法律法规，不得泄露党和国家机密、审判执行工作秘密，不得侵犯当事人隐私，符合公开出版要求。

　　4. 来稿应采用WORD文档形式，案例注解（分析）部分请采用一级、二级、三级标题的格式，比如，一、（一）、1.，以此类推。

5. 来稿应确保引用资料文献的准确性；来稿中有图表、图片的，要确保图表、图片的清晰性和客观性。

6. 来稿所涉人民法院名称、裁判文书号、裁判作出日期、审判人员姓名等必须与相关裁判文书完全一致，并应附相关裁判文书。

7. 来稿文责自负。作者应保证稿件的原创性，不侵犯他人的著作权，不得一稿多投。本刊对拟用稿件有删改权，如不同意，请在来稿中注明。

8. 来稿请附作者简介，包括真实姓名、性别、职务、职称、工作单位、联系电话（手机号码）、邮寄地址。

9. 来稿不退，请自留备稿。来稿一经刊用，稿件的复制权、发行权、汇编权及信息网络传播权等著作权属于中国应用法学研究所。

来稿请以电子版形式发送至邮箱：rmfyalx@126.com，或将纸质稿件邮寄至最高人民法院中国应用法学研究所《人民法院案例选》编辑部（北京市东城区北花市大街9号，邮编：100062）。

期待您的来稿！

《人民法院案例选》通讯编辑

北京市高级人民法院　胡嘉荣　刘晓虹　何　琴

天津市高级人民法院　王　婧　孙　伟

河北省高级人民法院　王　佳

山西省高级人民法院　马云跃

内蒙古自治区高级人民法院　梁　宏　焦日清　杨智勇

辽宁省高级人民法院　周文政

吉林省高级人民法院　刘国春　敬晓清

黑龙江省高级人民法院　周　怡

上海市高级人民法院　牛晨光

江苏省高级人民法院　曹美娟　缪　芳

浙江省高级人民法院　杨　治

安徽省高级人民法院　吴　婧

福建省高级人民法院　刘　光

江西省高级人民法院　章光园

山东省高级人民法院　徐清霜　芦　强

河南省高级人民法院　郭宇凌

湖北省高级人民法院　宋淼军

湖南省高级人民法院　唐　竞

广东省高级人民法院　文靖之

广西壮族自治区高级人民法院　赵元松

海南省高级人民法院　李周伟

重庆市高级人民法院　游中川　吴雨亭

四川省高级人民法院　杜玉兰　金　晶

贵州省高级人民法院　尤　媛

云南省高级人民法院　郑天柱

西藏自治区高级人民法院　杨庭轶

陕西省高级人民法院　常媛媛　杨新斌

甘肃省高级人民法院　张文强
青海省高级人民法院　孙启英
宁夏回族自治区高级人民法院　吴培渊　杨　莹
新疆维吾尔自治区高级人民法院　马小菊
解放军军事法院　徐占峰
新疆维吾尔自治区高级人民法院生产建设兵团分院　王　琼
石家庄市中级人民法院　王红岩
太原市中级人民法院　张玉森
沈阳市中级人民法院　田　震
大连市中级人民法院　侯德强
长春市中级人民法院　赵　璐
哈尔滨市中级人民法院　周　磊
南京市中级人民法院　羊　震
南通市中级人民法院　谷昔伟
无锡市中级人民法院　宋婉龄
徐州市中级人民法院　葛　文
淮安市中级人民法院　解思辛
杭州市中级人民法院　邓兴广
宁波市中级人民法院　袁玮玮
合肥市中级人民法院　张小春
福州市中级人民法院　陈学凯
厦门市中级人民法院　陈荣炜
南昌市中级人民法院　陈　健
济南市中级人民法院　赵　雯
青岛市中级人民法院　傅庆涛
东营市中级人民法院　延　颜
郑州市中级人民法院　朱世鹏
武汉市中级人民法院　柯昌洁
宜昌市中级人民法院　黄金波
长沙市中级人民法院　张　明
广州市中级人民法院　王龙飞　林健涛
深圳市中级人民法院　丁业强
南宁市中级人民法院　周传明
海口市中级人民法院　崔玉坤
成都市中级人民法院　郝廷婷

泸州市中级人民法院　胡　艳
贵阳市中级人民法院　余长智
昆明市中级人民法院　冯丽萍
拉萨市中级人民法院　王　静
西安市中级人民法院　高　伟
兰州市中级人民法院　鲁千晓
西宁市中级人民法院　潘　伟
银川市中级人民法院　周志胜
天津海事法院　董丽娟
上海海事法院　英振坤
广州海事法院　付俊洋
宁波海事法院　孔　昱
青岛海事法院　张　静
厦门海事法院　吴海燕
武汉海事法院　王建新
大连海事法院　刘铁男
北海海事法院　邱德平
海口海事法院　刘本荣

（各法院通讯编辑若有变动，请及时告知中国应用法学研究所，电话：010-67555922 韩笑冬，邮箱：rmfyalx@126.com）